U0501156

# 鱼雁谊翰墨流芳

## 高振霄师友来书信札集

上海市文史研究馆 编

上海书画出版社

# 前　言

凝聚着高振霄先生、高式熊先生父子两代上海市文史研究馆馆员心血的《鱼雁雅谊 翰墨流芳——高振霄师友来书信札集》即将与读者见面了。这是珍贵的史料，字里行间体现出名士师友间的君子之交和真情实感；这是艺术的瑰宝，挥洒自如中尽显名士风流和深厚底蕴。鱼雁雅谊，翰墨流芳，让我们揭开尘封的历史，领略锦绣文章，大美书艺。

高振霄（1878—1956），字云麓，别名闲云，号洞天真逸。前清进士，翰林院庶吉士。历任翰林院编修，国史馆协修，赏加侍讲衔。著有《史发微》等。民国以后，从袁世凯、段祺瑞当政，到汪精卫伪政权，无数政客曾经千方百计引诱、拉拢他附随效力，均被其严词拒绝。他带着家眷离开京城，最后到上海定居，以教授书法、卖字为生。他书法四体都能，魏碑体最有功力。1932 年开始画墨梅，署名老顽、顽头陀。作画必自题一绝，久之，汇成《梅花诗五百首》，诗稿手写本 10 本。名其居室曰“云在堂”，是上海二十世纪三四十年代著名书法家。1952 年的一天，他应邀参加由上海市委统战部周而复副部长主持的座谈会，陈毅市长到会热情洋溢地讲话。晚宴时高振霄先生被安排在主桌上，陈毅市长亲切地对他说：您是翰林太史高振霄先生，我了解您的为人，知识渊博，为人耿直，是个好先生。1953 年陈毅市长聘他为上海市文史研究馆第一批馆员，1956 年高振霄先生因病去世。

高式熊（1921—2019），名廷肃，号羽弓。幼承庭训，书法得其父高振霄言传心授，自学篆刻，获海上名家赵叔孺、王福庵、张鲁庵等前辈的悉心指点，27 岁时即加入西泠印社，成为当时最年轻的社员之一。擅书法、篆刻、印学研究、印泥制作等。其书法出规入矩、端雅大方，正、草、篆、隶、行皆能，篆书尤精，与篆刻并称双美。高式熊先生继承了高振霄先生热爱祖国、热爱中华民族文化的优良家风。高式熊先生 1990 年被聘为上海市文史研究馆馆员后，非常关心和支持文史研究馆的各项书画活动，每当文史研究馆组织举办书画展、出版画册时，他总是精心创作，积极参与。2015 年，文史研究馆举办“爱国·和谐”朵云轩杯首届全国青年篆刻艺术选展，高式熊先生作为评委亲临会场遴选作品，参加考评活动，与青年选手亲切交流，成为篆刻界一段佳话。这一年他还为文史研究馆集体创作的《上海赋》精心书写隶书书法作品，与另外三位馆员作品汇集成《上海赋》四体书法集出版，传播优秀传统文化。近几年，高式熊先生依然笔耕不辍，每逢文史馆主办书画展览，他都以新作参展，其旺盛创作力令人钦佩。

高振霄与高式熊先生父子两代都是上海市文史研究馆馆员，他们浸染一生翰墨岁月，成就斐然；他们始终以传承文化为己任，不遗余力，对上海市文史研究馆更是饱含深情。当高式熊馆员诉说想为其父高振霄馆员编辑出版师友书信集后，上海市文史研究馆高度重视，馆党组书记、馆长郝铁川登门拜访，与高老商议书信整理等工作。馆党组会专题讨论，明确将该书的编辑出版工作作为馆传承文化的重要举措。分管馆领导，馆党组成员、一级巡视员王群多次探望高式熊馆员，听取高老意见，告知工作进展。高式熊馆员的女儿高定珠女士做了大量前期准备工作，并与馆业务处同仁，以及上海书画出版社的领导、编辑共同推进该书的编辑出版工作。

本书收录了龚心钊、李瑞清、罗振玉等近四十位高振霄馆员的师友写给他的书信。为使读者一睹书简风采，了解其内容，本书影印原件，并附师友简介和书信释文。上海市文史研究馆始终致力于传承中华优秀传统文化，此次遵照高式熊馆员的意愿，与其家属及高老生前的工作单位上海书画出版社共同努力编辑出版此书，既是向高振霄馆员与高式熊馆员致敬，也是体现上海市文史研究馆的办馆宗旨，同时向广大读者奉献一本珍贵史料和精美读物。限于时间和水平，不当之处请批评指正。在此，谨向为本书的编辑出版工作作出贡献、给予支持的各界表示衷心的感谢！

上海市文史研究馆

2019 年 10 月

# 目　录

# 图版

# 曹典初

曹典初（1876—？），字寅生，号淑甫，湖南长沙人。光绪二十九年（1903）进士，授翰林院编修，官山西学政。治学渊博，工书，书法颜柳，擅写行楷，气韵平和，拙中含姿，有名于时。宣统二年（1910），和安徽知州鲍有恪到山阳县西南白马湖畔（今岔河镇东南）购水荒地、旱荒地各六个区，招股集资，招聘佃农垦殖。经数年经营，创办长湖垦殖公司。民国二十七年（1938）白马湖畔大水，长湖垦殖公司遭灾，损失巨大，难以恢复。加上日军侵华战争影响，被迫退役卖田，寄居上海，以卖字为生。

曹典初书 第一通

云老同年有道：前诣谭后忽逾两月，只就近从许鲁丈处得闻朋知略讯。鲁渔同年独撰一忠悬之文寄于当路，谓一写其蕴抱，可无遗憾。翰怡兄及王君九同年诸公继有奔走，许老均为敬佩。然终以公实事求是为最得审处之本义。目前怪现状诸魔道尚无定象，忧虑正多，每为浩叹。许公亦感生活逼人，君九劝入彼四人组开鬻书会，可见薪米同困，孤怀且无由自安。昨闻纸店人言，重五各书家均增润，公亦不复例外。弟下月朔始当追随试行，但加费不能加件，只徒觉效颦之丑耳。顷有镇江敝同姓刻扇章来馈，其石质尚古泽，惜篆法不足称之，兹特烦求式熊年世兄一为磨琢。但其白文名章似非改刻不可，朱文二章亦不高明（若赐全磨改尤佳，原边款削去无妨），随世兄如何雕饰。老同年所用小扇章极佳，常深羡慕，今因此得追仿名家印范，应夏令题扇者求之，或可借好图章多招偏嗜，实私心所盼幸。特屡烦世兄劳神，无可将意，兹得清茶二小匣，聊佐解渴，敢乞转交哂存为祷。顺颂著安。年小弟制初顿首，五月廿日。

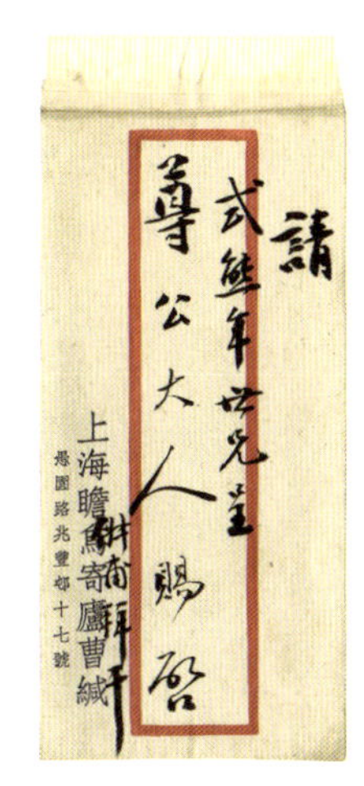

曹典初书　第二通

云老同年大鉴：傭回奉到复示并式熊世兄镌章，忻慰之至。小石重费磨勒，殊觉不安。先以为尚未刻，故请改，两篆均精妙，惜未前知，重奉一石求之也。世兄想有笔单，望检示一二纸，颇有欲乞健笔者，便于应答。承告毛君必欲送润，实为厚道，劳神展转递交，至感。近得抱冬同年书未？弟久不见津缄，昨有邮书并拙稿《谭烈妇诗抄》寄，想可达到。致豫丈信承转投邮，谢谢。此叩道安。弟初顿首，浴佛前一日。贵体日内当全爽快，敬问。

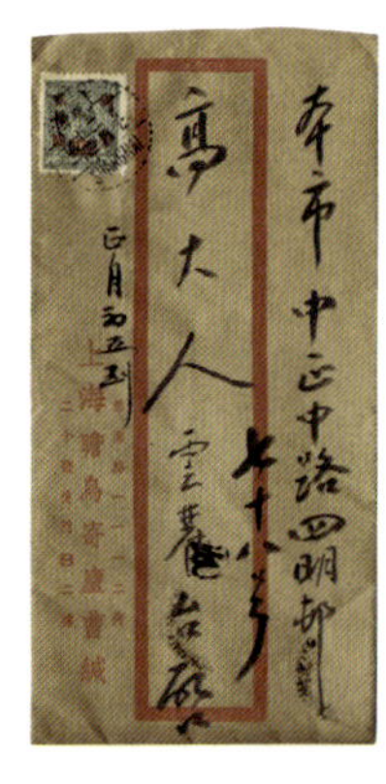

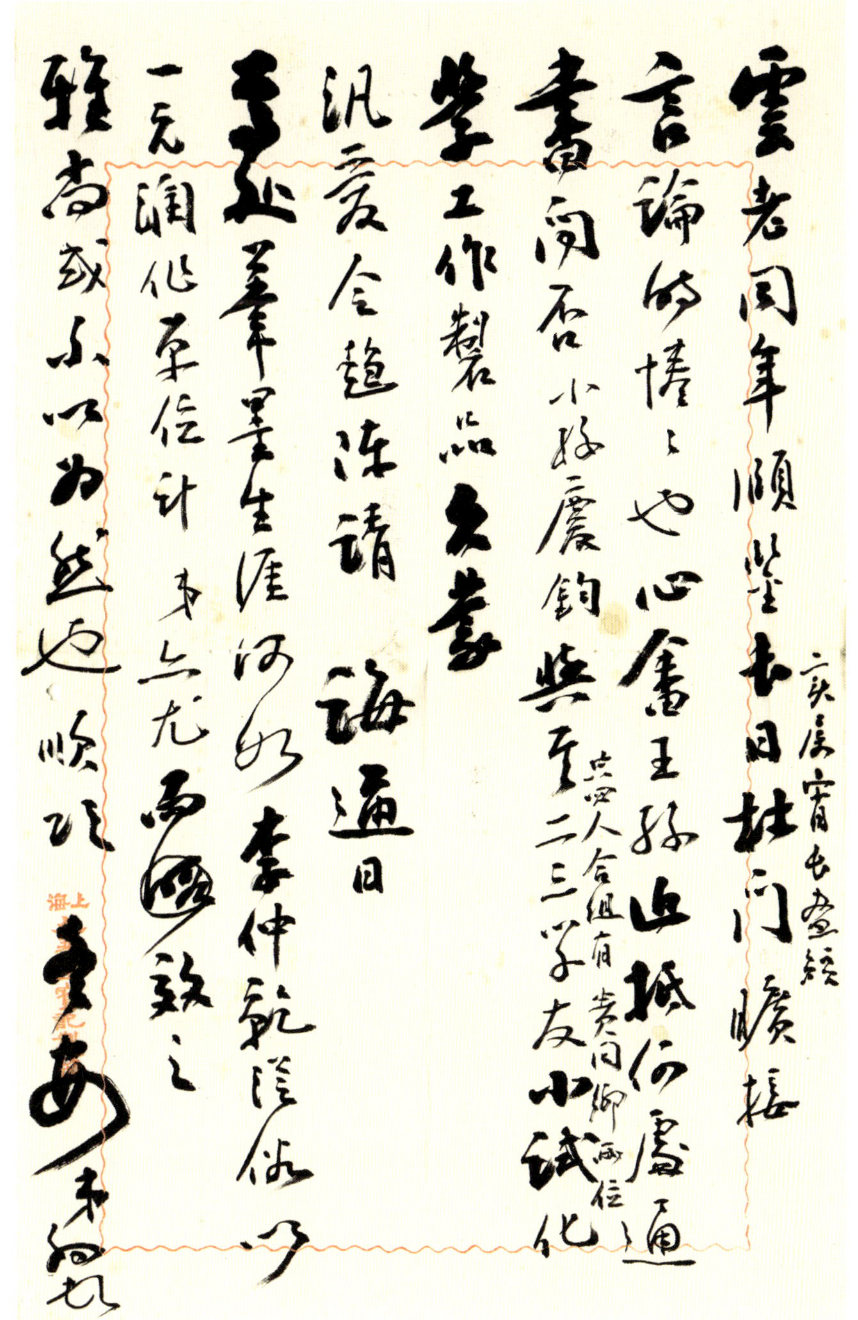

曹典初书　第三通

云老同年颐鉴：长日杜门，实属宵长昼短。旷接言论，时惓惓也。心畬王孙近抵何处？通书问否？小孙庆钧与其二三学友（共四人合组，有贵同乡两位），小试化学工作制品。久蒙泛爱，令趋陈请诲。迩日尊处笔墨生涯何如？李仲乾从俗，以一元润作单位计，弟亦尤而效之，雅尚或不以为然也。顺颂冬安。弟初顿首。

曹典初书　第四通

云老同年大鉴：前日承赐大札，持往金城，得晤章以吴世兄，意尚殷勤。惟言行规现不放借，以不动产作押，款项歉难为力，不便勉强。询知抱冬老人近体佳安，有南来之思。以吴并道见过高年伯，尚未趋谒，殊缺礼云云。知注谨闻，日来友人为设计借款，现固不易，且息金尤为累重，已另代进行互拉知交邀集帮会之法。纯讲人情，不计利息。拟以廿万元为一会，共集十会，分十个月，拈阄次序缴还。谓上海向有此例，详细由小儿面陈，敢求指助。弟苦交游太寡，期借大力保证招邀，未知何如？此叩，著安。弟制初顿首。

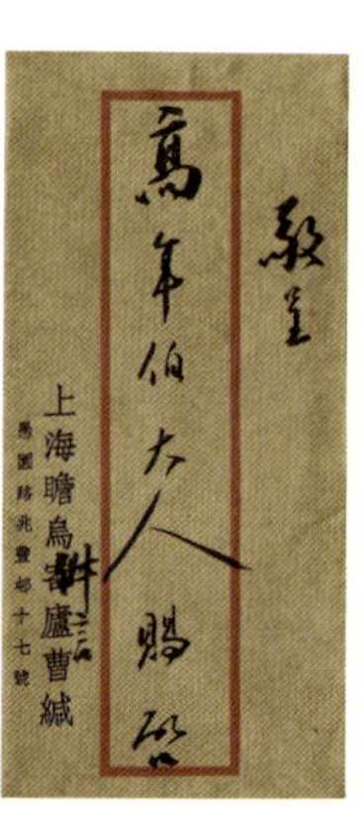

曹典初书 第五通

云麓老兄同年著席：顷晤贵宗颖老，读其和大作祀变三章，严重典雅，至可佩诵。又有落花词五阕，其中指海藏楼樱花一首绝佳。弟以环境不适，殊少吟趣，有愧此老多矣。兹订此月十七日午后诣尊处叩求书表，并率小孙行登堂晋谒之礼，求得时相启诲，想可蒙不弃也。专此，顺颂秋禧。弟初顿首。八月十二日。

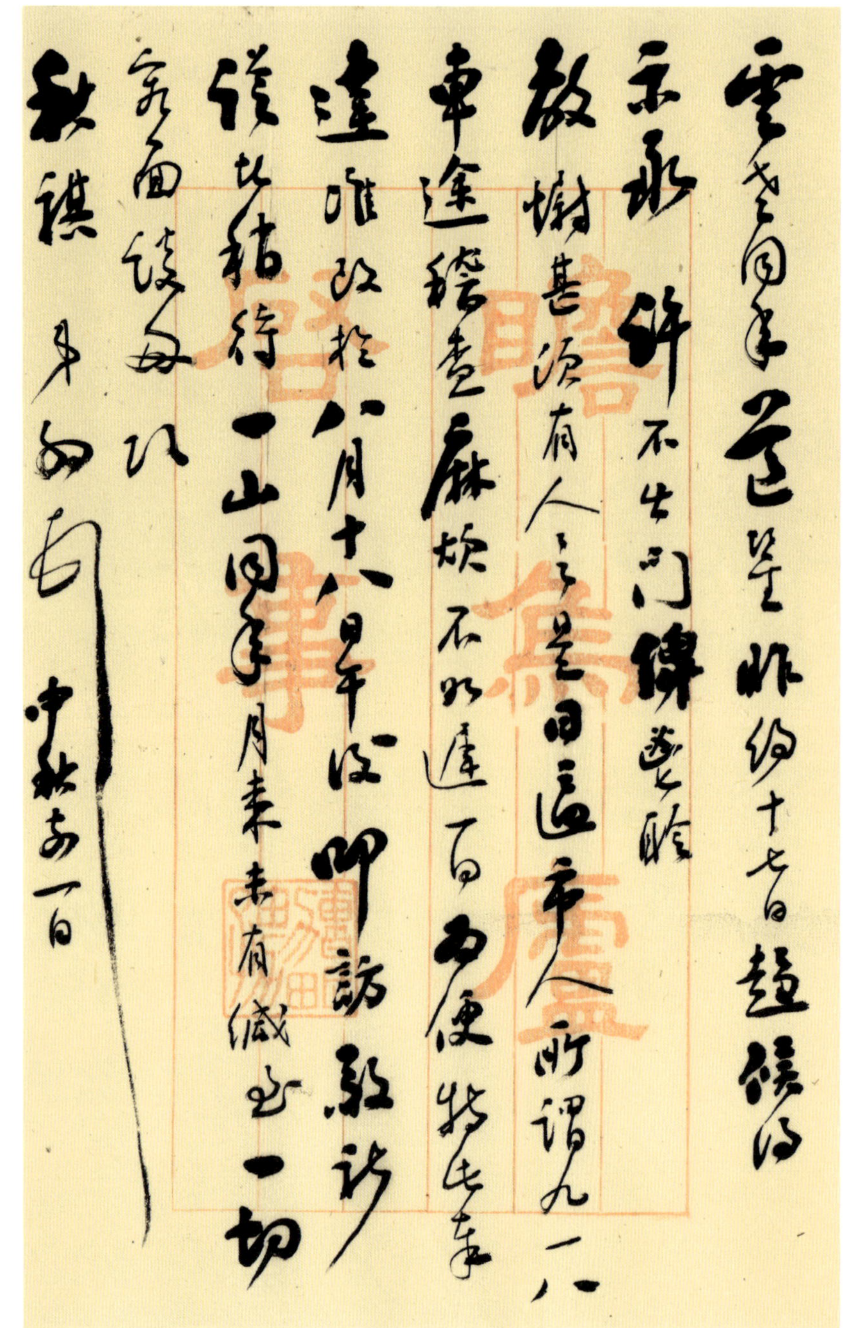

曹典初书 第六通

云老同年道鉴：昨约十七日趋候，得示承许不出门，俾畅聆教，慰甚。顷有人言是日遍市人所谓九一八，车途稽查麻烦，不如迟一日为便。特此奉达，准改于八月十八日午后叩访。敬祈从者稍待。一山同年月来未有缄至，一切容面谈。匆颂秋祺。弟初顿首。中秋前一日。

曹典初书　第七通

云老同年大鉴：又经两月未通音候，想松柏之概，岁寒愈劲。日前张体仁世兄来，道及乃弟在杭州晤抱冬老人，所居一室颇狭，精气尚足，惟多偃卧。弟以近多杂扰，虽询通讯地址，尚未邮书。公当已有信往还矣。田鲁渔同年又避迁至镇江，到即大发痔疮。小儿为诊治告痊，而坠肛故恙一时尚未复元。昨得其复缄，为其孙代书，谓尚只强起欠伸倒坐，不能伏案。造乱者兴正未阑，不知吾辈仍能过几日清静时光否？弟闭门与外间不相闻问，为薪米炊料耗费逼人，无可奈何。尊处润例计新有应时增改者，乞赐示一纸为盼。拙例拟有改更，见者谓太少不及时，故俟尊例步趋之。此颂除安。弟初顿首，岁除前七日。

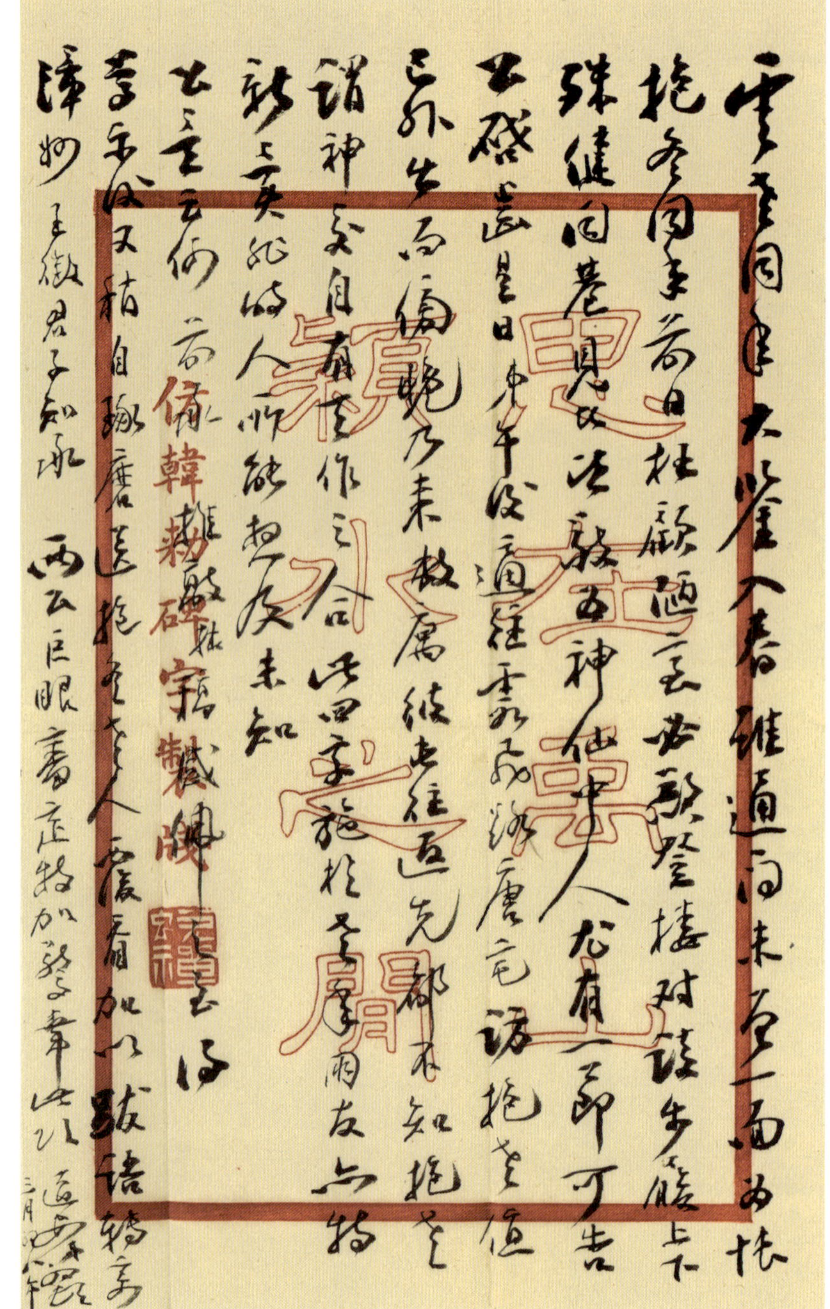

曹典初书 第八通

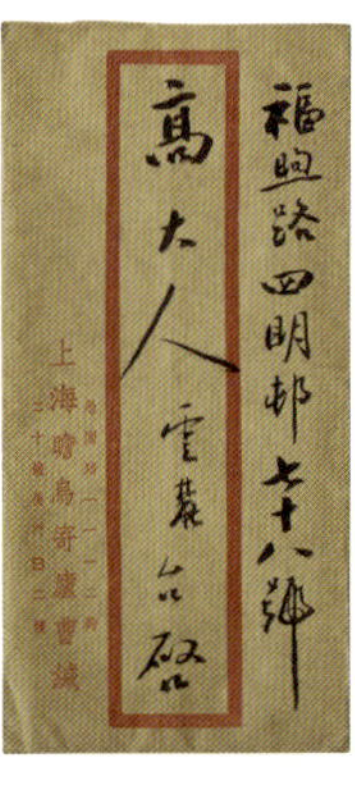

云老同年大鉴：入春虽通问，未曾一面为怅。抱冬同年前日枉顾陋室，必欲登楼对谈，步履上下殊健，同巷见者皆敬为神仙中人。尤有一节可告公启齿，是日弟午后适往霞飞路唐宅访抱老，值已外出而傍晚乃来敝寓，彼此往返先都不知。抱老谓神交自有天作之合，此四字施于老年朋友亦特新异，非时人所能想及，未知公意云何？前承推敲拙稿，感佩之至。得尊示后又稍自琢磨，送抱冬老人复看，加以跋语，转寄漳州王徵君子知。承两公巨眼审定，特加惊幸。此颂道安。弟初顿首。三月初八午。

曹典初书 第九通

云麓老兄同年大鉴：久不通候，积热改凉，想北窗夷豫为念。顷有纸店来询润例，当从市值以金圆定码。将如何改订，弟对此尚无考虑，望以高见示知，并尊例化金数目赐阅，俾资模仿。再拙意报纸宣传公用事，皆当规复战前价格，如邮平信或用五分，若以金券一元兑法废币三百万计之，是增值十倍矣。由此以观，物价必有增无减，我等订润亦当以战前值为标准。请命式熊世兄检戊寅以前旧存尊例一纸邮示，不独借为参证，且可作比集邮古玩存览。记抱冬老人曾言，老同年曩时订润最廉，且不以多加为宜，实为雅范。今盼检示甲戌年上下银行票尚可兑现时之尊例，以定现所谓不兑换金圆券对值，似为周妥。混沌时代，朝三暮四之术原不足视为重轻，以久久无话作通信资料，聊以此作诨科，如散原老人所谓打皮磕，当不惜以一缄赐复也。顺问著安。弟初顿首。七月十九晨。

曹典初书　第十通

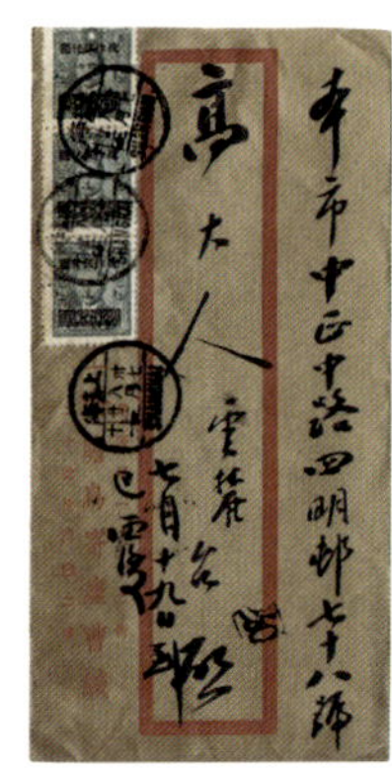

云老同年大鉴：久不通候，时事如炽，不戢自焚，天候应人，乍凉复热，只有坐耐，它不必言。小孙庆钧外出数载，幸免漂泊，知关廑注，兹令叩谒，顺询兴居安豫。有禹友为其父母寿，托转求宏笔赐题四字匾额，黄纸方幅请端写，款式另纸开呈。附奉润金拾万元，交小孙带上，乞即许法挥，改日由禹友走领。再小孙曾蒙墨宝，久珍什袭，现更敬求赏书魏碑擘窠条幅一纸，奉为庄临楷式，敢祈乘隙加墨，至深感荷。又另奉啤酒二瓶，望转畀式熊世兄，薄消暑渴。别有不情之请，前年曾乞世兄篆“恒不老斋”一章，今以上侍无状，藏不可用，欲请代达改镌朱文“庆基有蔚”四字，用“庆基既启，有蔚颍滨”陈语，仍寓依颍之意，将来弟不用时，即以贻于庆钧永为世宝。特烦名手再三奏刀，万分不安，并命小孙持原章候命，酌度呈叩。匆颂炎安。弟初顿首。六月廿三。

耐冬老人处想仍有信札往来，时殷系念。

曹典初书　第十一通

云老同年有道：日前奉示诵悉，天久零雨，不及时和暖，诸多闷滞。抱冬老人语微妙可味，如弟者习艺不能自给，又将无以自解矣。前有亳友属作前狼山镇总兵李某神道碑，其状谓张勋督师江北时极倚重之膺奏保。逮国变，张移防徐州，委任定武军统领，及复辟政变，张去职，李以知遇深，相从休退。后虽因桑梓故，被当路强任为新安武军统领，既以此军裁撤，遂决然不任职事。唯一再因乡里寇乱，出为呼吁，其嗣孙欲但书旧职，国变后所更事从略不书。又其乡人言，李某于复辟一役从张奔走颇力，但此事是非尚无定论，亦不便显书。此中应如何斟酌得宜，弟一时未能思索妥协，特此请教，望就卓见指示，俾参取创纂，奉求删润。复辟系某年某月事，亦乞示知。再前承告神道碑如汉墓碑可有铭，查曾文正为人作神道碑及墓记，亦皆有铭，标题或书神道碑铭，当可从其例。特此，即颂著安。弟初顿首，三月廿一早。

承属世兄篆石，忻感无既。迟日当着人走领，藉资把玩。

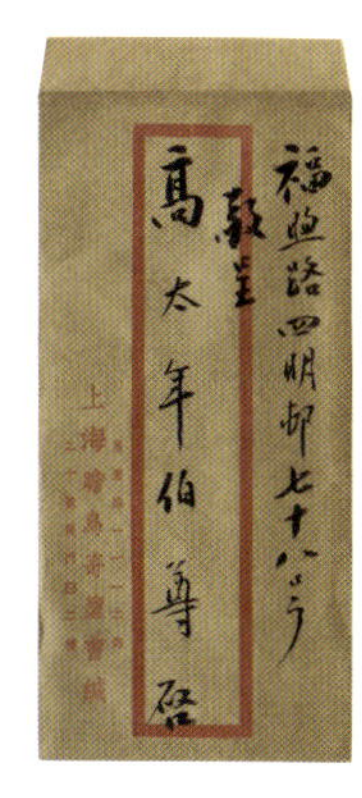

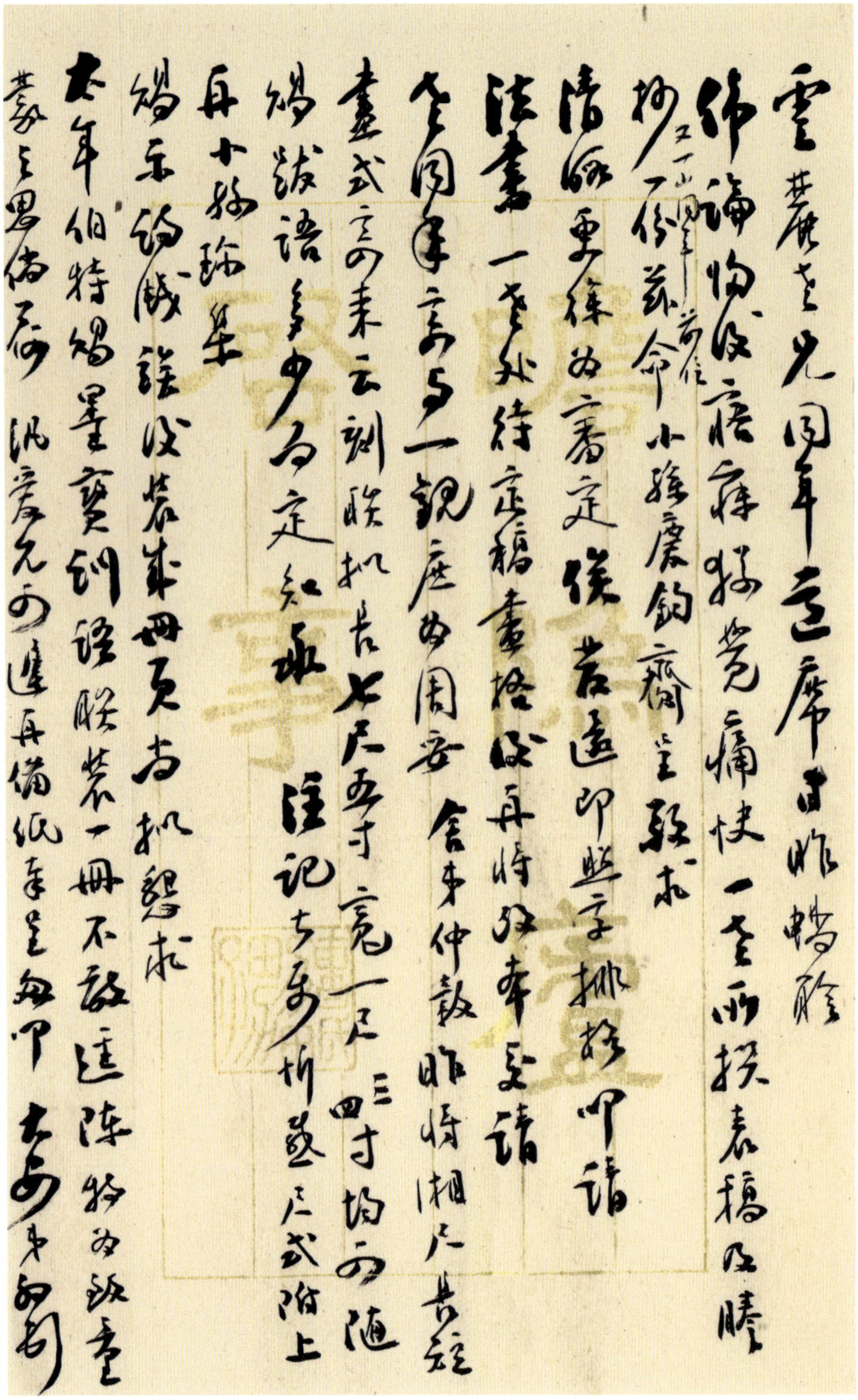

曹典初书 第十二通

云麓老兄同年道席：日昨畅聆伟论，归后寤寐犹觉痛快。一老所撰表稿及誊抄一份，又一小同年前信，兹命小孙庆钧赍呈。敬求清暇更徐为审定，俟发还即照字排格，叩请法书。一老处待定稿画格后再将改本交请老同年寄与一观，庶为周妥。舍弟仲毅昨将湘尺长短画式寄来，云刻联拟长七尺五寸，宽一尺三四寸，均可随赐跋语多少而定。知承注记，甚属忻感。尺式附上。再小孙珍集赐示诗笺，俟后装成册页，尚拟恳求太年伯特赐墨宝训语联装一册，不敢径陈，特为致童蒙之思，倘荷泛爱允可，迟再备纸奉呈。匆叩大安。弟初顿首。

# 陈邦瑞

陈邦瑞(1855—? ),字瑶圃,一字辑侯,浙江慈溪(掌起桥陈家村)人。出身书香门第,自幼勤奋好学。十八岁中秀才,第二年乡试中举人,清光绪丙子年(1876)进士。经殿试取为二等,授内阁中书职。历任户部左侍郎,吏部左侍郎,度支部右侍郎,1911年协同纂拟宪法大臣,任袁世凯内阁弼德院顾问大臣。一生经历洋务"新政"、甲午战争、戊戌维新、义和团运动及辛亥革命,身居高位能为官清廉,刚正不阿,深受乡人爱戴。

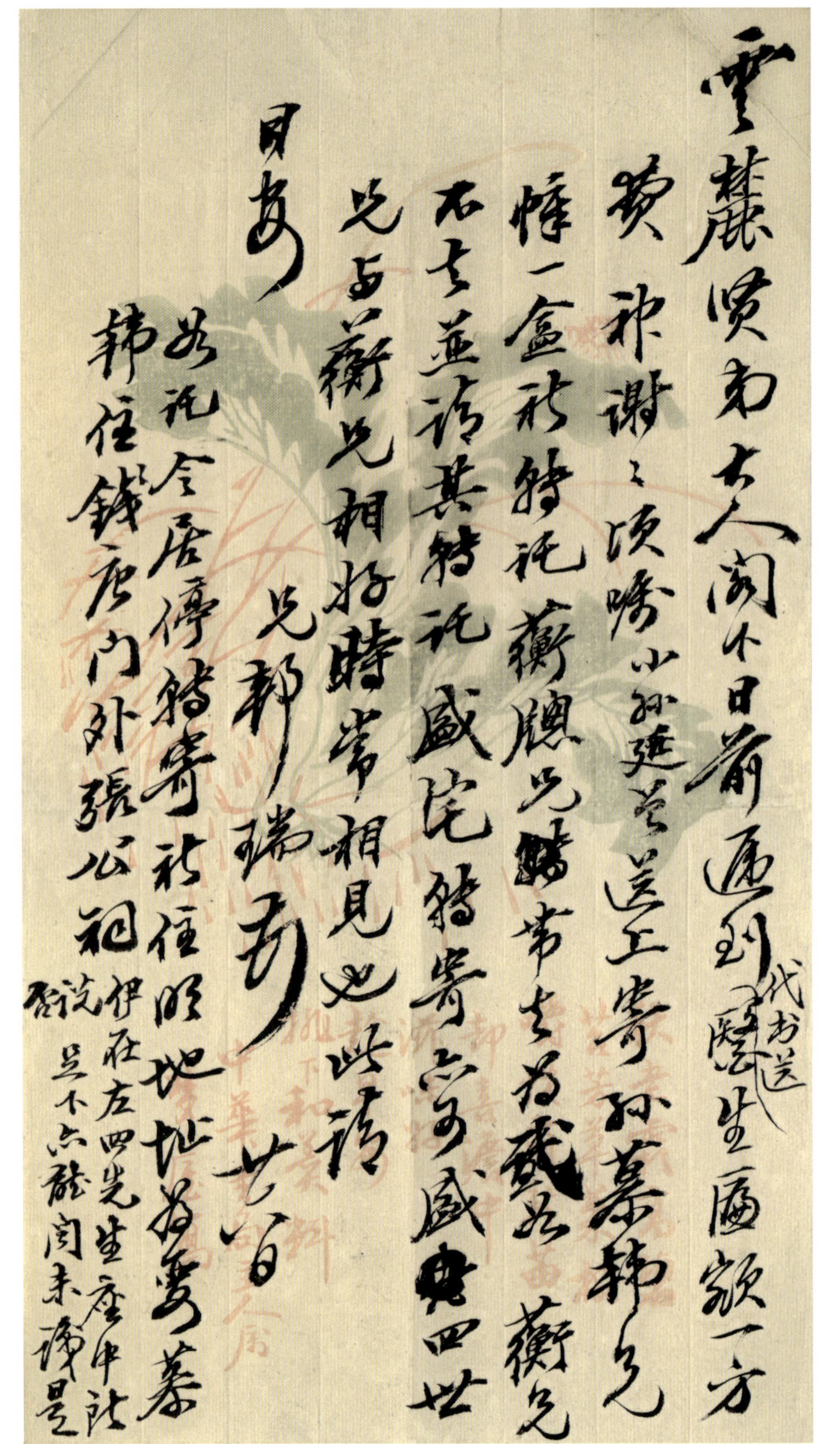

陈邦瑞书　第一通

云麓贤弟大人阁下：日前递到代书送医生匾额一方，费神，谢谢！顷嘱小孙延曾送上寄孙慕韩兄幛一盒，祈转托蘅窗兄带去为感。如蘅兄不去并请其转托盛宅转寄亦可，盛四世兄与蘅兄相好时常相见也。此请日安。兄邦瑞顿首。廿六日。

如托令居停转寄，祈注明地址为要。慕韩住钱唐门外张公祠，伊在左四先生座中所说，足下亦听闻，未识是否。

雲麓賢弟大人閣下 子異兄擬初九日下午陪伊世兄來上館 因是日星宿較初十為好 囑即轉告等語 如有不便之處准初十 可否祈即示下 以便轉達此語 日安 兄邦瑞頓首 初八日

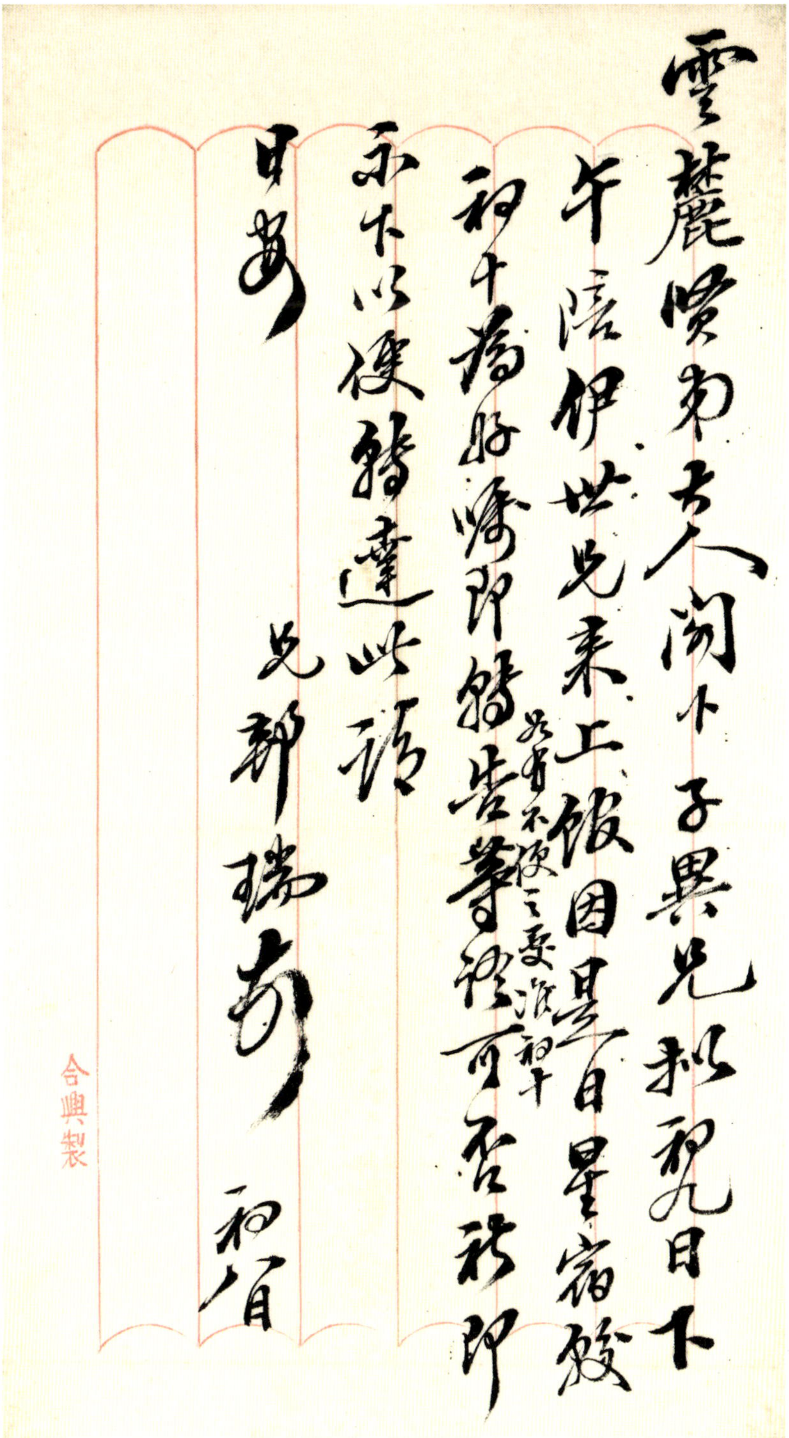

陈邦瑞书 第二通

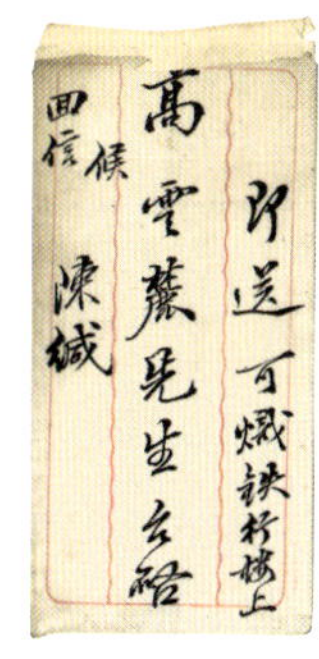

云麓贤弟大人阁下：子异兄拟初九日下午陪伊世兄来上馆，因是日星宿较初十为好，嘱即转告等语，如有不便之处，准初十。可否祈即示下，以便转达。此请日安。兄邦瑞顿首。初八日。

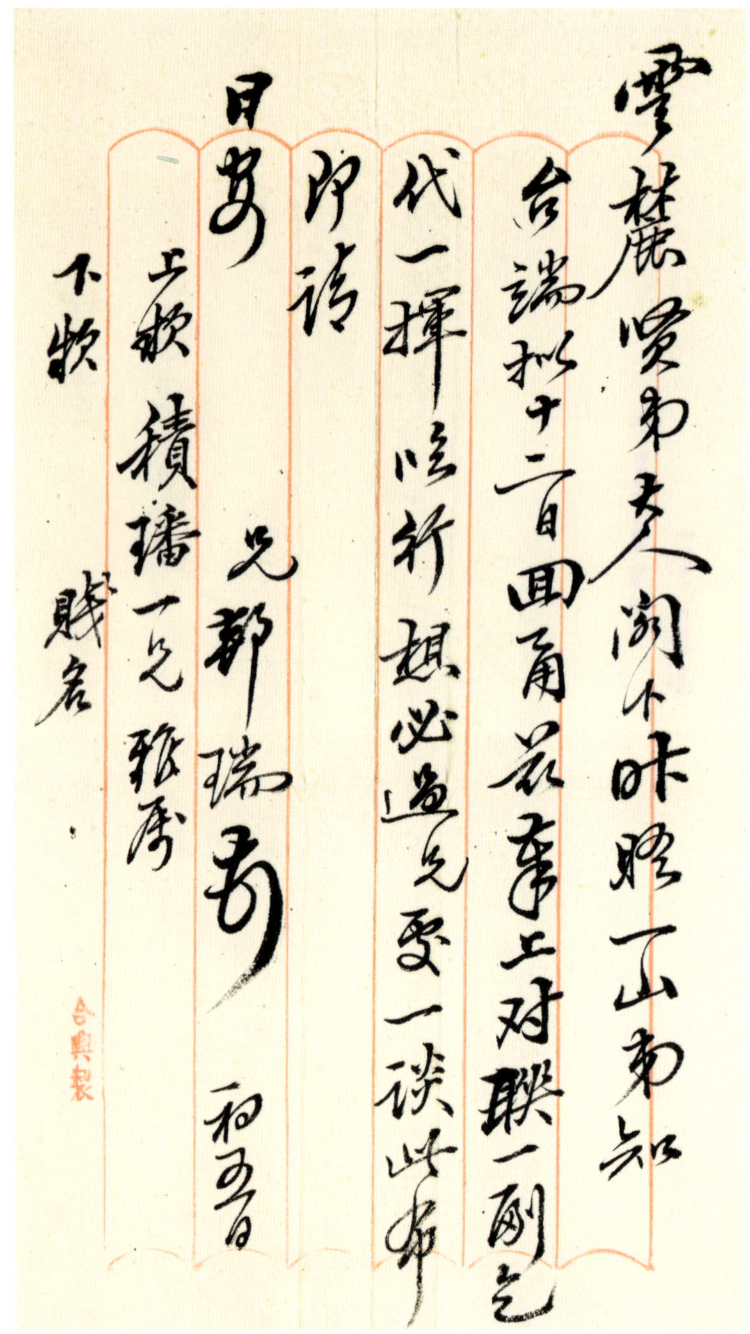

雲麓賢弟大人閣下昨晤一山弟知
台端擬十二日回甬茲奉上對聯一副乞
代一揮臨行想必過兄處一談此布
即請
日安　兄邦瑞頓首
上款積播一兄雅屬　初五日
下款賤名

陈邦瑞书　第三通

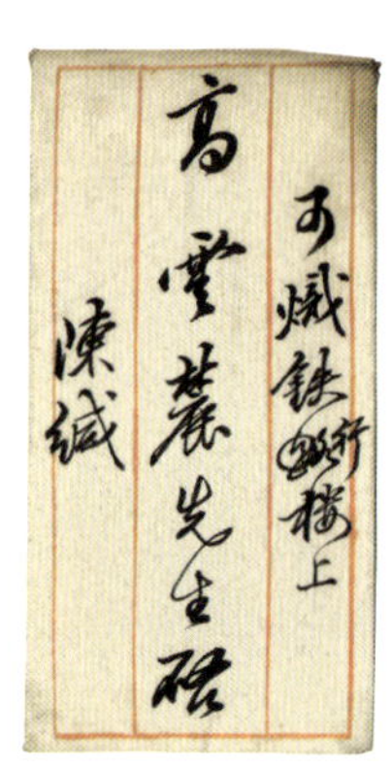


云麓贤弟大人阁下：昨晤一山弟，知台端拟十二日回甬，兹奉上对联一副，乞代一挥。临行想必过兄处一谈。此布，即请日安。兄邦瑞顿首。初五日。

上款积播一兄雅属。下款贱名。

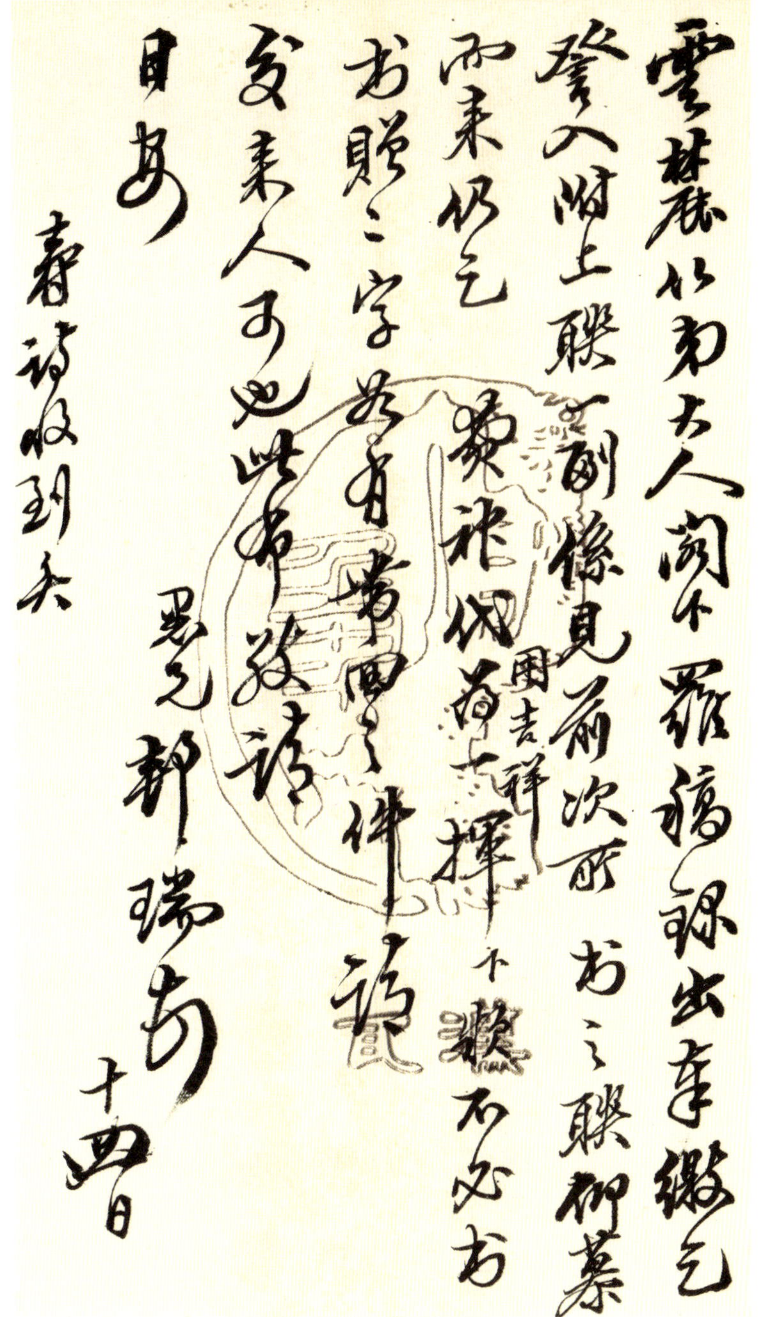

陈邦瑞书 第四通

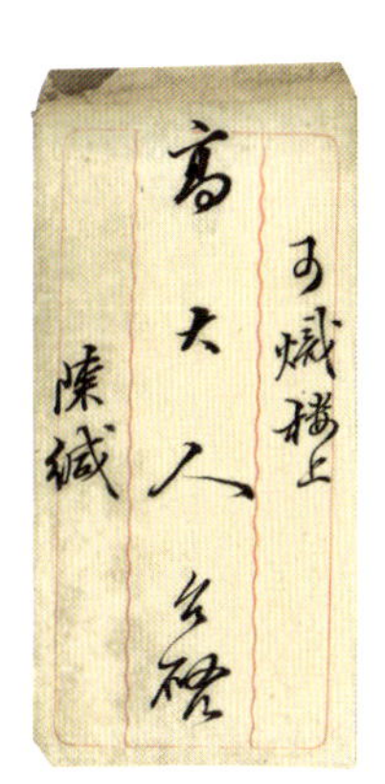


云麓仁弟大人阁下：罗稿录出奉缴，乞察入。附上联一副系见前次所书之联，仰慕而来，仍乞费神代为一挥，下款不必书“书赠”二字。如有带回之件，请交来人可也。此布，敬请日安。愚兄邦瑞顿首。十四日。

寿诗收到矣。

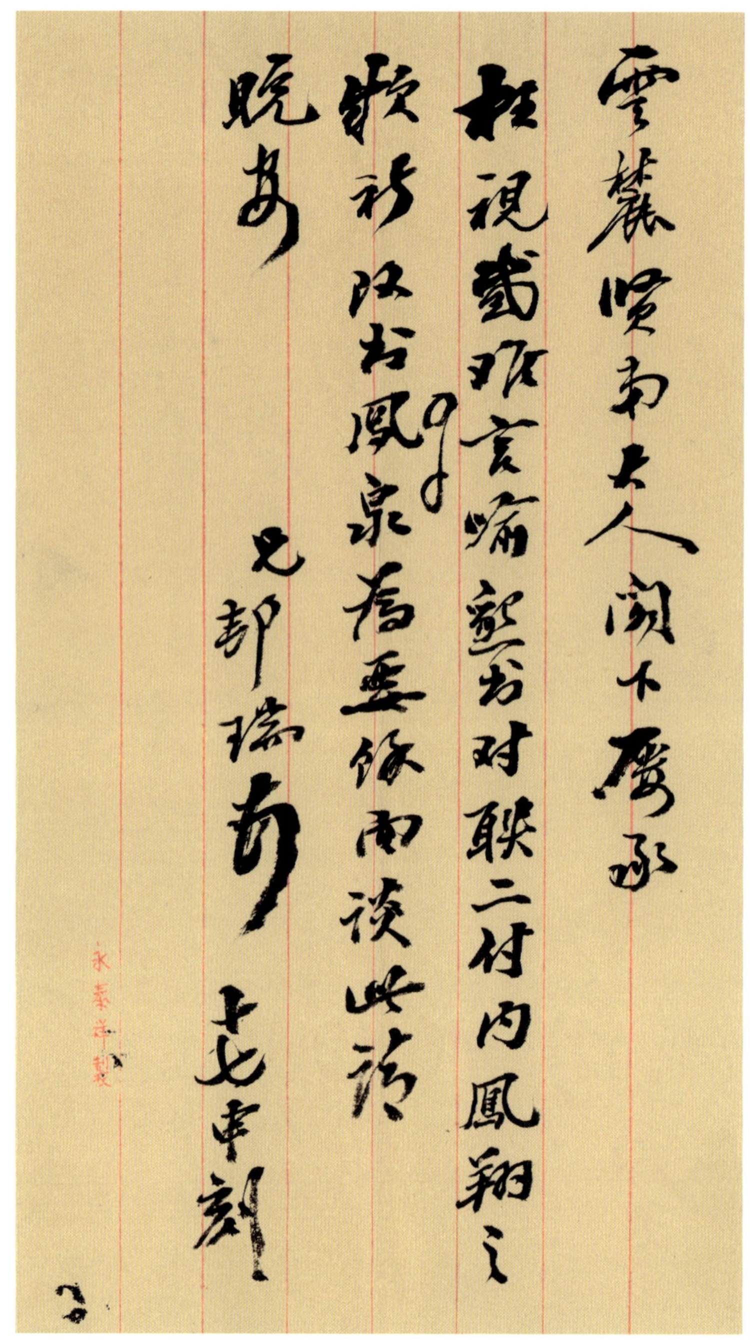

陈邦瑞书　第五通

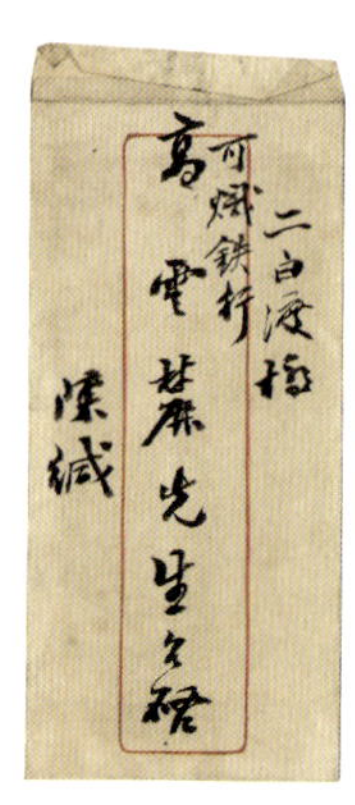

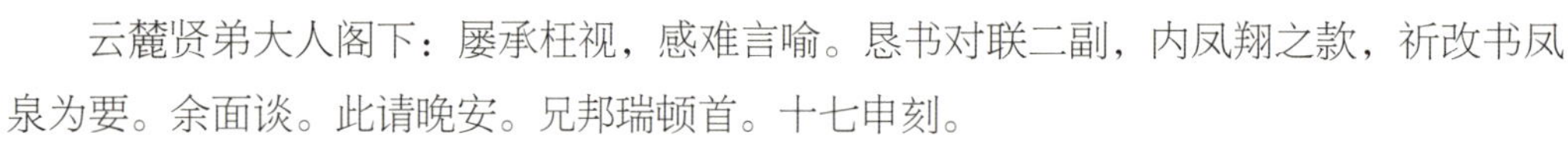

云麓贤弟大人阁下：屡承枉视，感难言喻。恳书对联二副，内凤翔之款，祈改书凤泉为要。余面谈。此请晚安。兄邦瑞顿首。十七申刻。

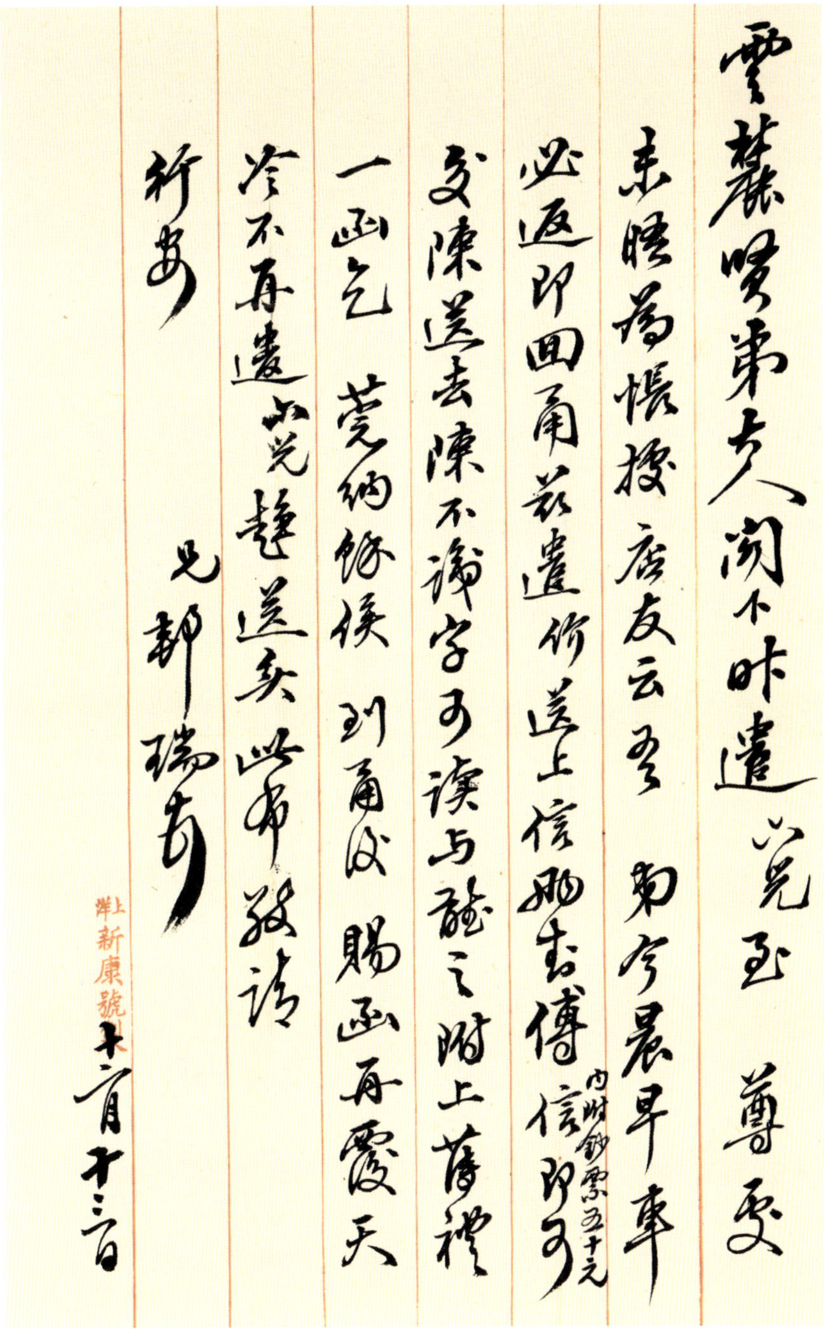

陈邦瑞书 第六通

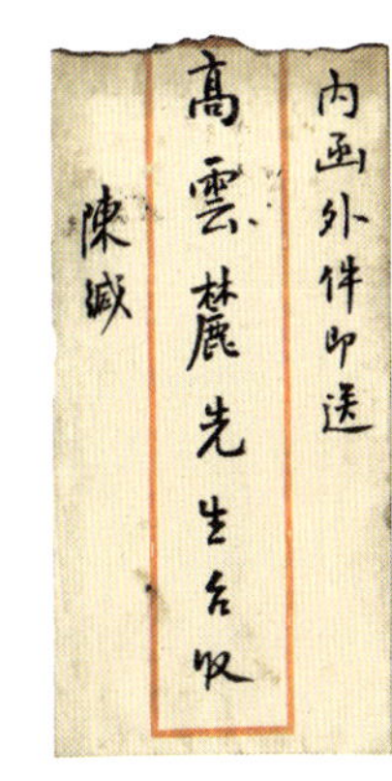
内函外件即送
高雲麓先生台收
陳緘

云麓贤弟大人阁下：昨遣六儿至尊处，未晤为怅。据店友云，吾弟今晨早车必返。即回甬。兹遣价送上信两封，傅信即可交陈送去（内附钞票五十元），陈不识字，可读与听之。附上薄礼一函，乞莞纳，余俟到甬后赐函再复。天冷不再遣六儿趋送矣。此布，敬请行安。兄邦瑞顿首。十二月十三日。

陈邦瑞书 第七通

云麓老弟大人阁下：手示读悉。寿屏出名兄却允他，缘伊不来告，擅写亦无法也。至请弟作文一节，兄云甚好，但非予意嘱其转请我弟作也。挽张母诗，苍凉悲慨，甚佳。但劝我弟须寻乐趣，胸怀不宜过于抑郁。吴荫庭兄寿联已买就，俟老弟来寓当面恳椽笔一挥也。左世兄肯读书，此是最好之事。《资治通鉴》已由敝处借去，不日伊当亲自送上云云。此复，敬请秋安。兄邦瑞顿首。廿三傍晚泐。

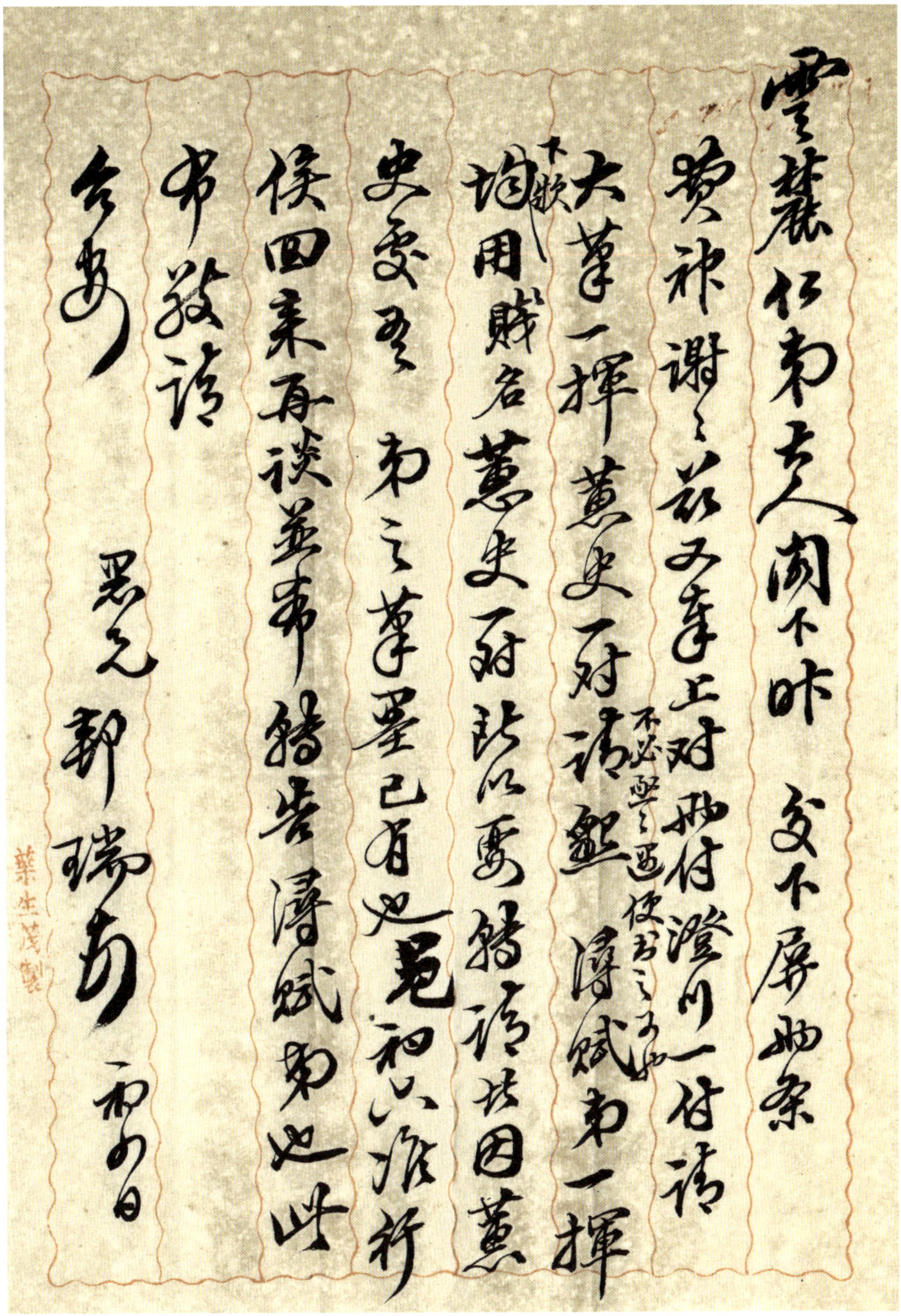

陈邦瑞书　第八通

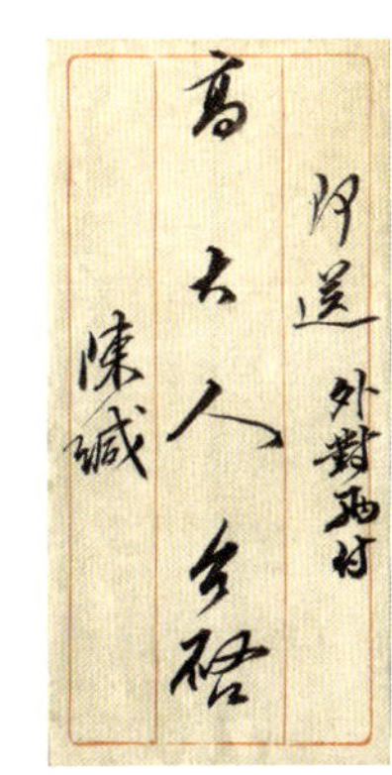
附送　外對兩付
高大人　台啓
陳緘

云麓仁弟大人阁下：昨交下屏两条，费神谢谢。兹又奉上对两副。澄川一副，请大笔一挥，不必亟亟，遇便书之可也。蕙史一对，请恳浔赋弟一挥，下款均用贱名。蕙史一副所以要转请者，因蕙史处吾弟之笔墨已有也。兄初六准行，俟回来再谈，并希转告浔赋弟也。此布，敬请台安。愚兄邦瑞顿首。初四日。

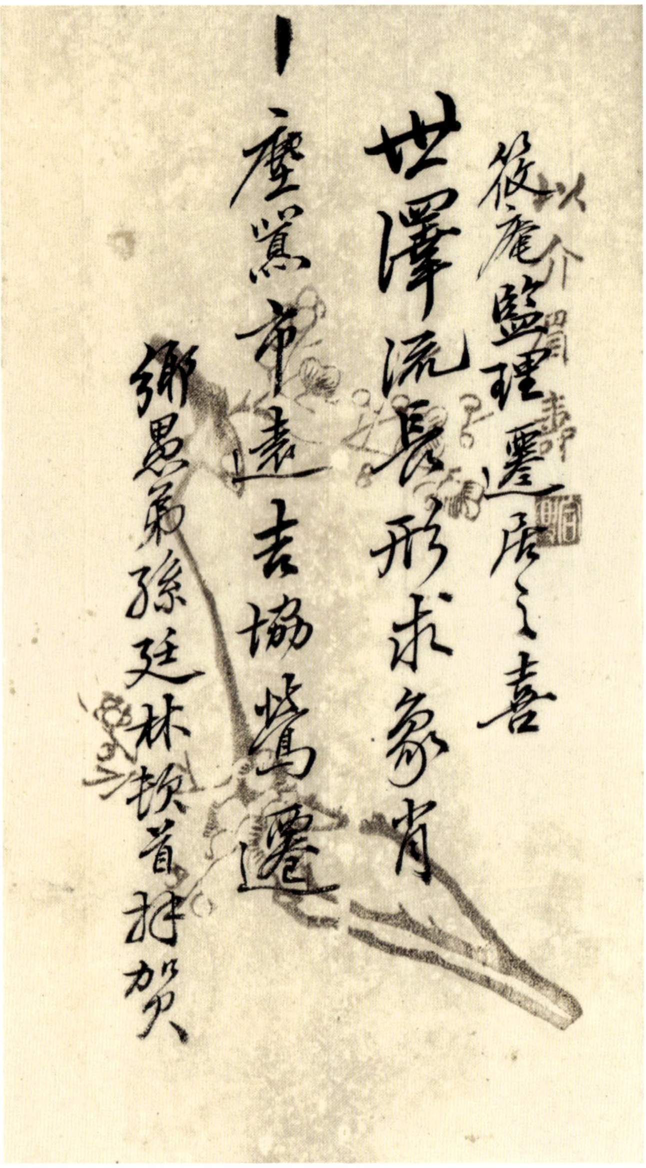

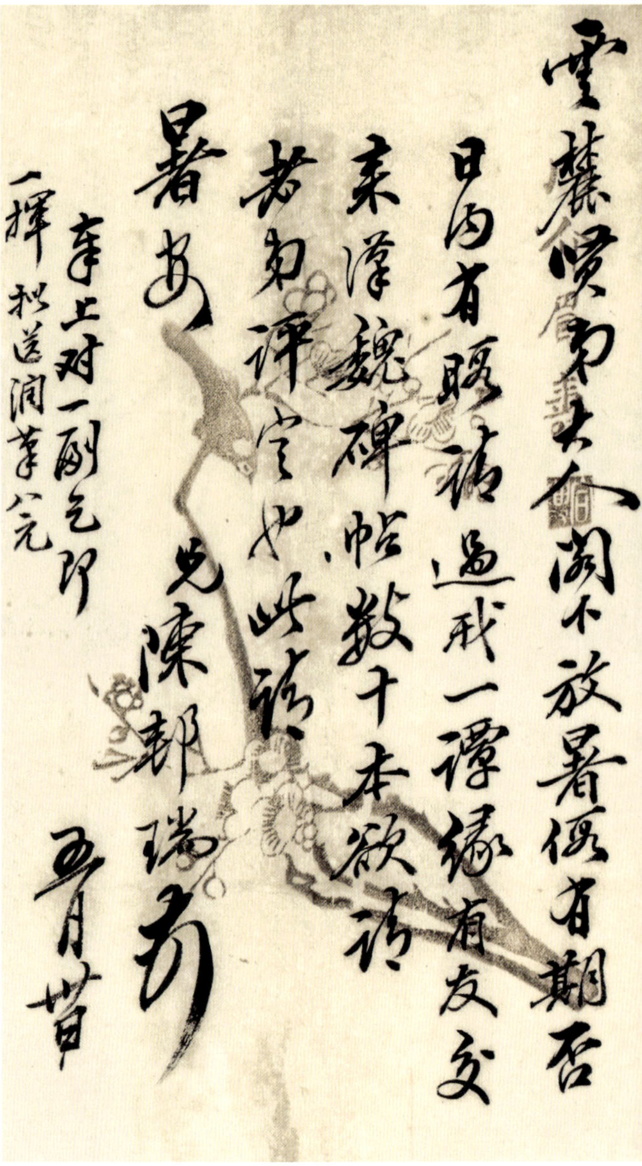

陈邦瑞书 第九通

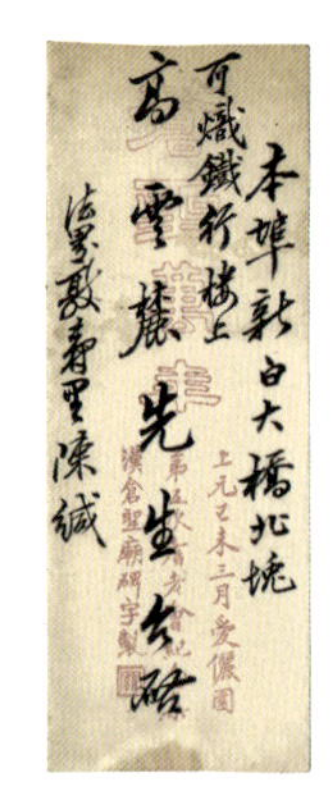


云麓贤弟大人阁下：放暑假有期否？日内有暇请过我一谭，缘有友交来汉魏碑帖数十本，欲请老弟评定也。此请暑安。兄陈邦瑞顿首。五月卅日。

奉上对一副乞即一挥，拟送润笔八元。

筱庵监理迁居之喜。

世泽流长形求象肖，

尘嚣市远吉协莺迁。

乡愚弟孙廷林顿首拜贺。

# 陈夔龙

陈夔龙（1857—1948），又名陈夔麟，字筱石，一作小石、韶石，号庸庵、庸叟、花近楼主，室名花近楼、松寿堂等。贵州贵筑（今贵阳）人，原籍江西省抚州市崇仁县。同治十一年（1872）中秀才，光绪元年（1875）中举人，十二年（1886）中进士。由寒士官运亨通，经同治、光绪、宣统三朝，历官顺天府尹、河南布政使、河南巡抚、江苏巡抚、四川总督、直隶总督。宣统元年（1909）调任直隶总督北洋大臣。入民国后寓居上海，常叹“二百六十八年之天下，从此断送，哀何可言”。张勋复辟时大力支持，任弼德院顾问大臣，举事不济后，再度流寓沪上，以遗老自命，诗酒度日。第二次直奉战争，冯玉祥入京，幽囚曹锟，将废帝溥仪逐出紫禁城，对此更是痛心疾首，“瞻望北庭，神魂飞越”。之后清帝复辟及伪满成立，对上“征召”均托病不赴。抗战胜利之后出席公众场合，受到尊敬。1948 年因病逝世，葬于杭州三台山麓。著有《梦蕉亭杂记》《花近楼诗存》《庸庵尚书奏议》等。

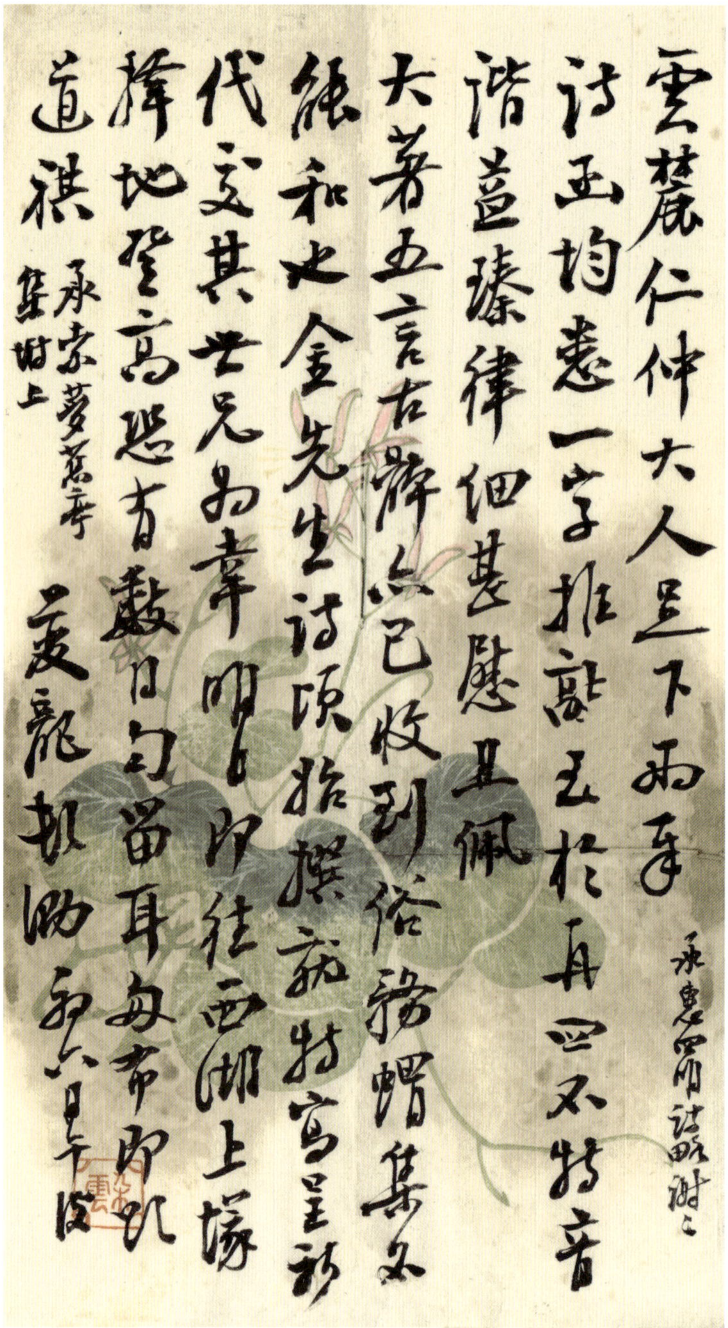

陈夔龙书 第一通

云麓仁仲大人足下：两奉诗函均悉，一字推敲至于再四，不特音谐益臻律细，甚慰且佩。大著五言古体亦已收到，俗务蝟集不能和也。金先生诗顷始撰就，特写呈祈代交其世兄为幸。明日往西湖上冢，择地登高，恐有数日勾留耳。匆布，即颂道祺。夔龙顿泐，初六日午后。

承惠《四明诗略》，谢谢。

承索《梦蕉亭集》，附上。

陈夔龙书　第二通

云麓仁仲大人足下：昨展手教并读大作，长篇洋洋洒洒，灏气流行，置之唐贤集中几莫能辨，妙在精神团结，不涉游骑无归，合作也。顷赋《赠聘三》一诗录正。余晤谈时局无可言，所谓楚固失矣，齐亦未为得也。匆复，即颂撰安。龙启，初四。

赋谢王聘三侍郎谈命，录似云麓太史仁仲正句。

莺花时节午初晴，作客江南百感生。差喜闻歌偕子野（前夕得聆女伶度曲），早因问卜识君平。图云筑国空投檄（贵阳城南图云关扼全省形胜），话雨巴山未洗兵（蜀乱未已）。曾是画眉两京兆，而今白发不胜情（余与聘三尹京时均年未五十）。庸庵初稿。

陈夔龙书　第三通

云麓仁仲大人阁下：前惠临失迓为歉。《谢孝子传》立言得法，气味尤好，佳制也，容题就奉上。慰散原诗改本格韵较前尤胜。陈仁先海棠诗当日已送缴，计已查入。顷得酬志韶一律，录正。肴馔尚未入口，已耗却半夜心血矣，一笑。复颂台祺。龙启。初八。

志韶太史十三日招饮，消闲别墅，先期赋谢。市楼一角酒旗飘，近局翻芳旧雨招。退直曾移归院炬，携家先避隔江潮。才名早已腾三馆（曾兼国史馆会典馆功臣馆各差使），乡梦依然绕六桥。省识二分春色好，只缘昨日是花朝。云麓仁仲太史正句。庸庵初稿。

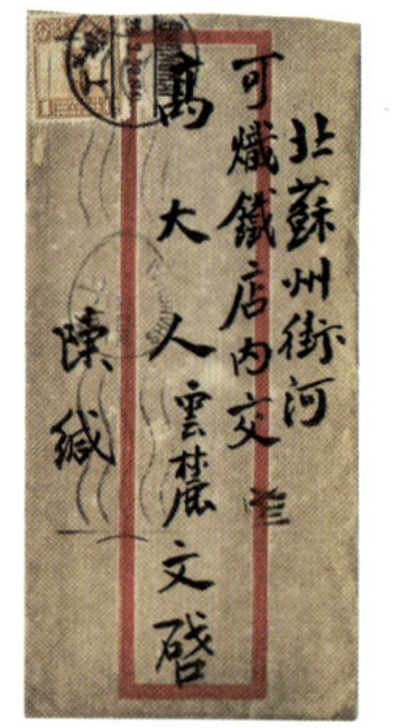

陈夔龙书　第四通

云麓仁仲大人足下：承椽笔代书各联，工而且速，至为感荷。原撰竟有雷同字未经看出，甚矣，吾衰久矣。改易处甚好，继思不如改上联“清白传家”为“簪笏传家”，仍留下联“白公”二字，庶于对仗平仄韵协。希审定改书数字，即粘于原纸上面，以便钩摩。又联句太长，上下款字太多，殊不称，今添字数仍烦法书，种种渎神，容面谢。至大作则典重坚凝，写作俱佳，尤为佩慰。专此奉商，即颂撰祺。愚兄夔龙顿首。卅。

上下联款另拟乞书：“岁在丁卯仲冬月长至前十日，七十一叟贵阳陈夔龙庸庵氏拜撰并书。”

陈夔龙书　第五通

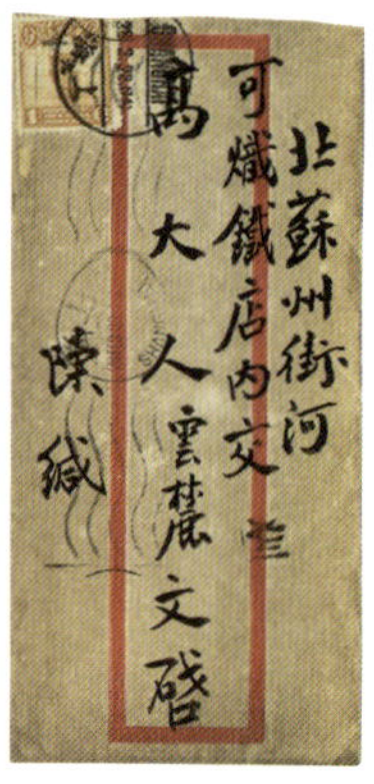


云麓仁弟大人足下：昨承枉顾失迓为歉。大稿拜诵一过，清新俊逸，大雅不群，述哀长古尤佳，洵可传也。前晤一山，神气完好，可喜之至。品三彼此往拜，均未晤。闻渠长住海上，大可随时叙谈。兄日内有杭州之行，容归后诣谈。大稿先行奉缴。即颂道安。夔龙再拜。廿八。

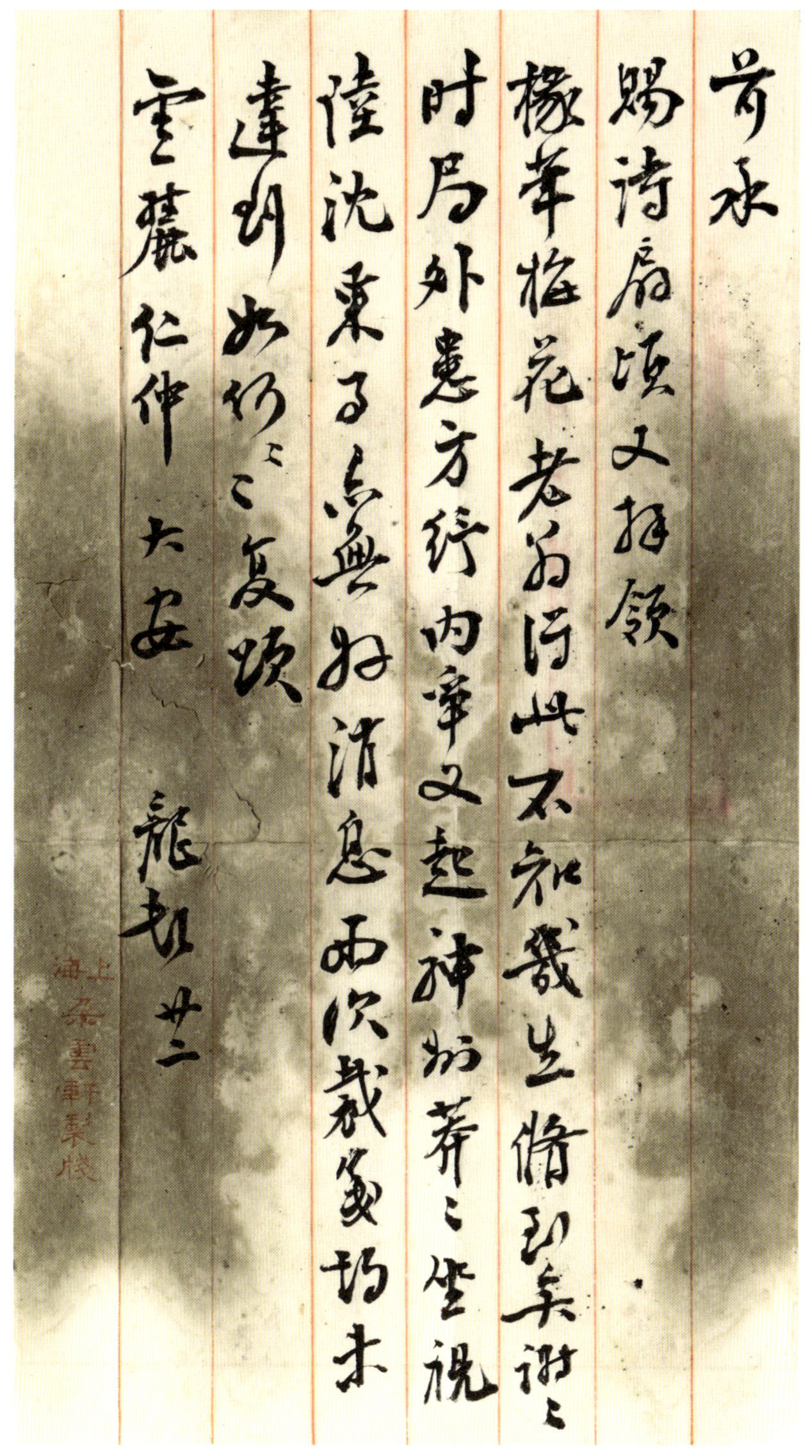
前承
赐诗扇顷又拜领
橡笔梅花老翁得此不知几生修到矣谢谢
时局外患方纾内争又起神州莽莽坐视
陆沈东事亦无好消息两次裁笺均未
达到如何如何复颂
云麓仁仲大安
龙顿首 廿二
上海朵雲軒製牋

陈夔龙书 第六通

前承赐诗扇，顷又拜领橡笔梅花，老翁得此不知几生修到矣，谢谢。时局外患方纾，内争又起，神州莽莽，坐视陆沈。东事亦无好消息，两次裁笺均未达到，如何！如何！复颂云麓仁仲大安。龙顿首。廿二。

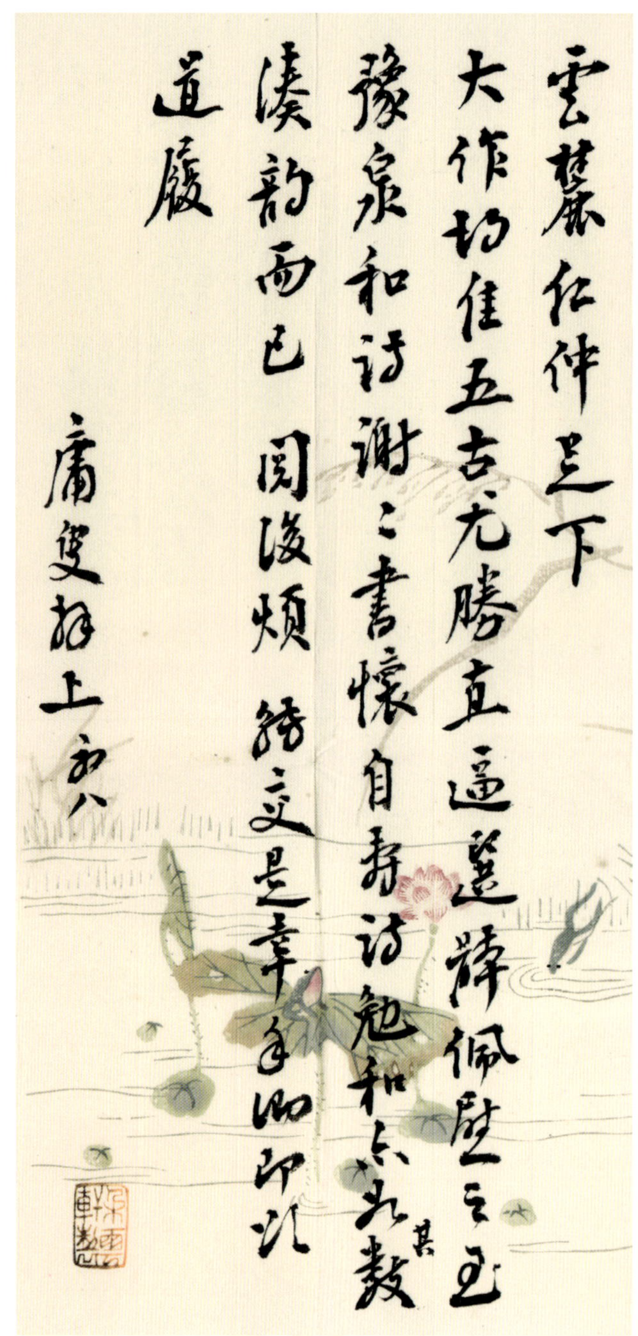
雲麓仁仲足下
大作均佳五古尤勝直逼選體佩慰之至
豫泉和詩謝謝書懷自壽詩勉和亦如其數
湊韻而已　閱後煩轉交是幸手泐即頌
道履
庸叟拜上　初八

陈夔龙书 第七通

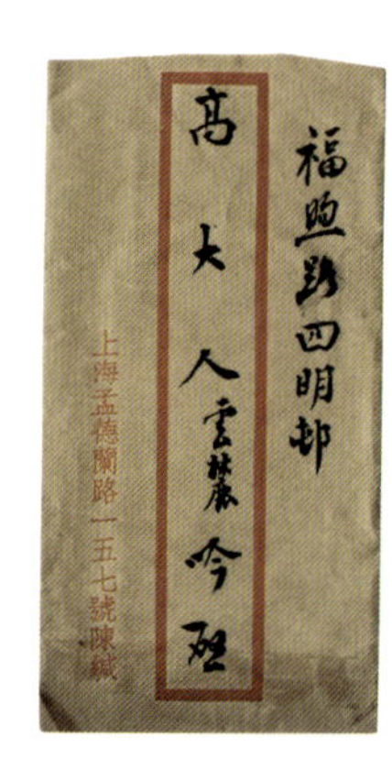


云麓仁仲足下：大作均佳，五古尤胜，直逼选体，佩慰之至。豫泉和诗，谢谢。书怀自寿诗勉和，亦如其数，凑韵而已。阅后烦转交是幸。手泐，即颂道履。庸叟拜上。初八。

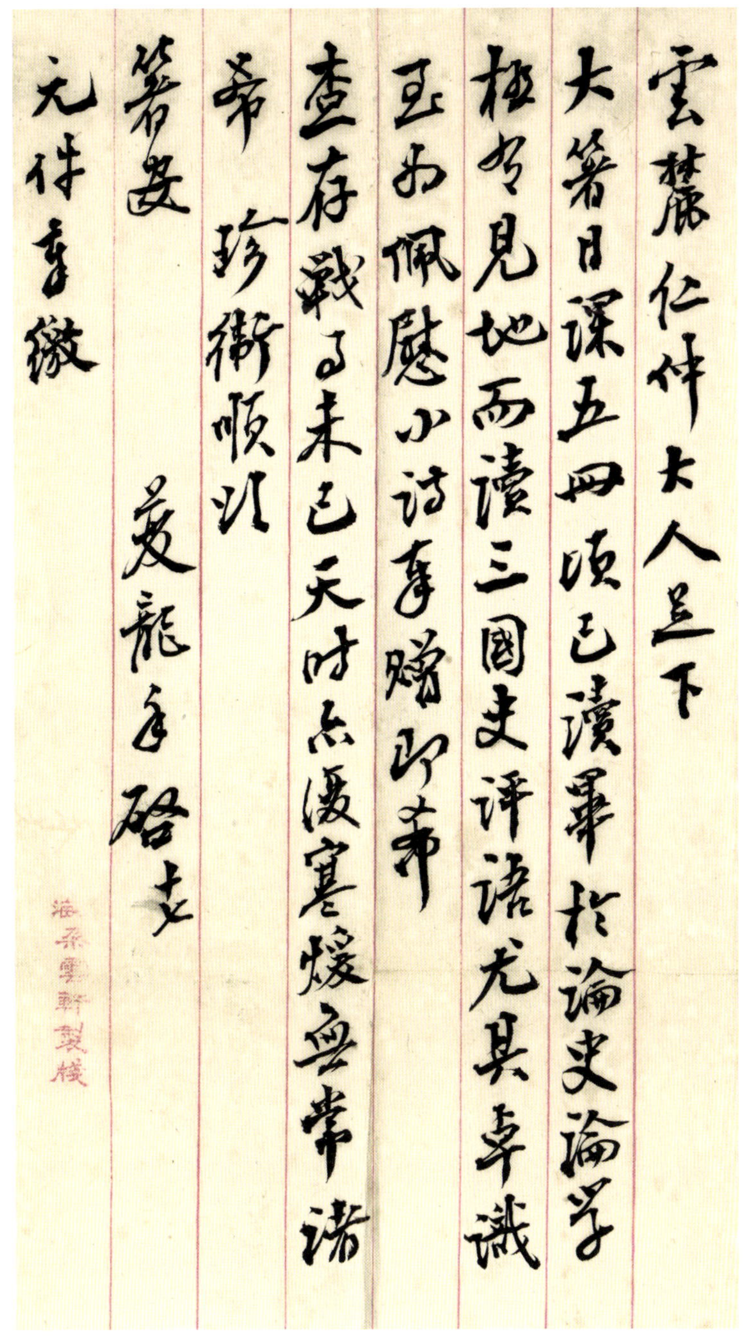
雲麓仁仲大人足下
大著日課五冊頃已讀畢於論史論學
極有見地而讀三國史評語尤具卓識
至爲佩慰小詩奉贈即希
查存戰事未已天時亦復寒暖無常諸
希珍衛順頌
著安　夔龍手啟　十七
元件奉繳

陈夔龙书　第八通

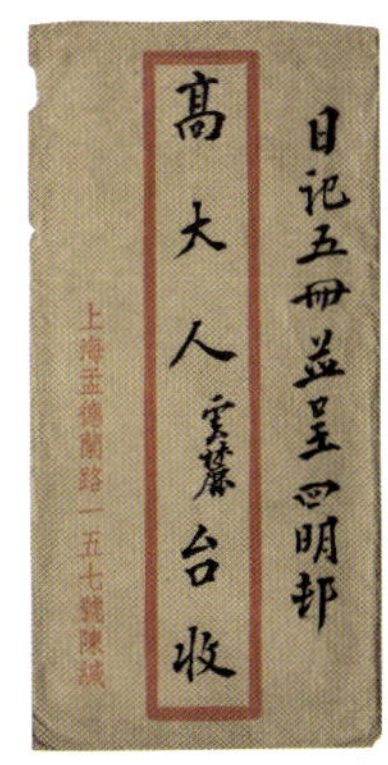


云麓仁仲大人足下：大著日课五册，顷已读毕。于论史论学极有见地，而读三国史评语尤具卓识，至为佩慰。小诗奉赠，即希查存。战事未已，天时亦复寒暖无常，诸希珍卫。顺颂著安。夔龙手启。十七。

元件奉缴。

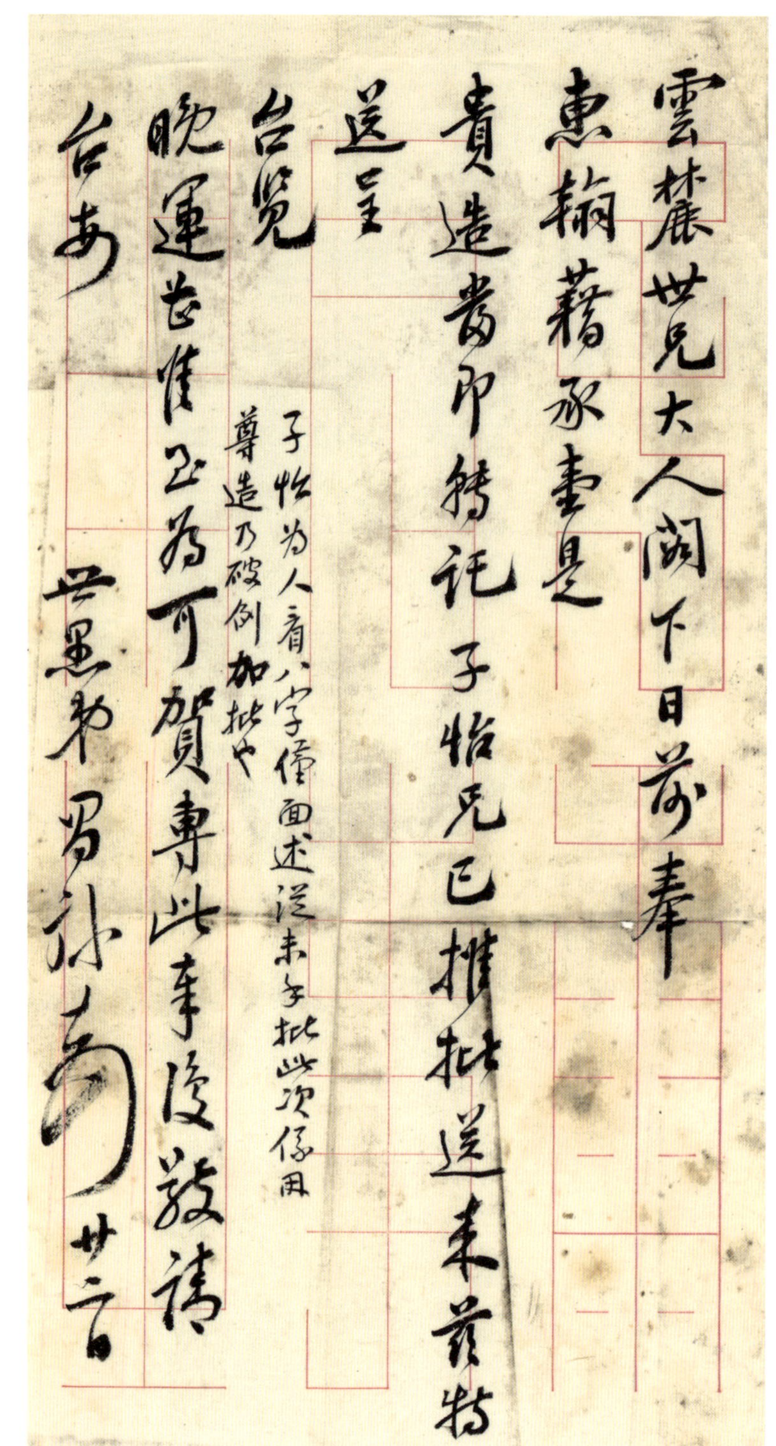

雲麓世兄大人閣下：日前奉
惠翰，藉承壹是。
貴造當即轉託子怡兄，已推批送來。茲特
送呈
台覽。
晚運甚佳，至為可賀，專此奉復，敬請
台安。
世愚弟昌豫頓首。廿二日

子怡為人看八字僅面述，從未手批。此次係因
尊造乃破例加批也。

陈昌豫书

云麓世兄大人阁下：日前奉惠翰，藉承一是。贵造当即转托子怡兄，已推批送来。兹特送呈台览。晚运甚佳，至为可贺，专此奉复，敬请台安。世愚弟昌豫顿首。廿二日。

子怡为人看八字仅面述，从未手批。此次系因尊造乃破例加批也。

注：陈昌豫为陈夔龙之子。

# 龚心钊

龚心钊（1871—1949），字怀希，号仲勉、瞻麓，安徽合肥人。光绪二十一年（1895）二十五岁中进士，为清代最后一任科举考官。光绪年间出使英、法等国，清末出任加拿大总领事，是清代著名的外交家。

龚心钊平生笃好文物，潜心研究，收藏的文物精品颇多。如秦商鞅方升，战国越王剑，宋代米芾、马远、夏圭等名家书画，宋汝窑盘，以及时大彬、徐友泉、陈鸣远、陈曼生等制作的紫砂壶。所藏印章既多且精，有战国至六朝的铜、玉、石的官、私印章两千余方。1960年，龚心钊后人将珍藏的五百余件文物，捐献给上海市文物管理委员会，受到市人民政府表彰。晚清以来，收藏文人器玩之大家，南北有两位，时称“南龚北徐”。北徐为徐世章，民国总统徐世昌之胞弟，南龚即瞻麓斋主人龚心钊。

龚氏簪缨缙绅世家，传古尚文之风，流播数代，至今不衰。家族中最有名气的是先祖龚鼎孳，号芝麓，文采风流，名动江南，与钱谦益、吴梅村人称“江左三大家”。龚心钊颜其斋“瞻麓斋”，寓高瞻仰怀先祖之意。龚心钊与兄龚心铭皆为享誉东南的金石收藏家。

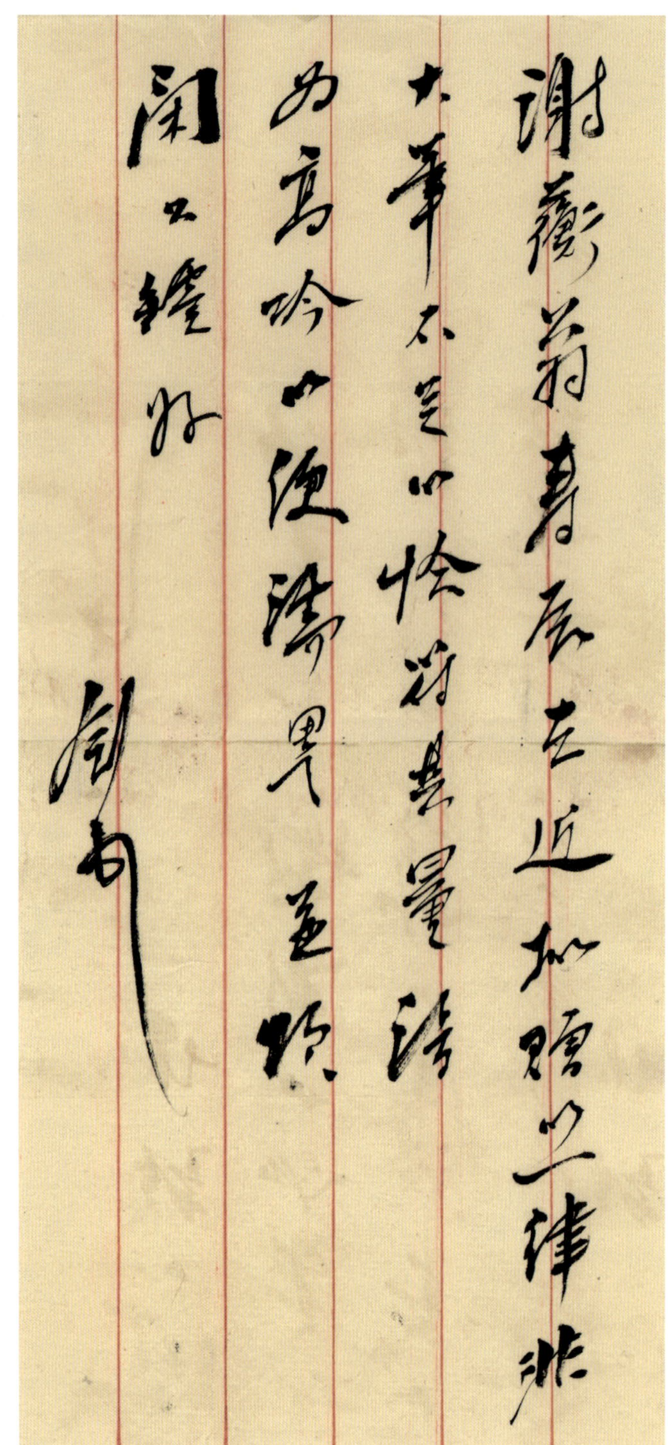

龚心钊书　第一通

谢蘅翁寿辰在近，拟赠以一律，非大笔不足以恰符其量，请为高吟以便濡墨。并颂闲公炉好。钊顿首。

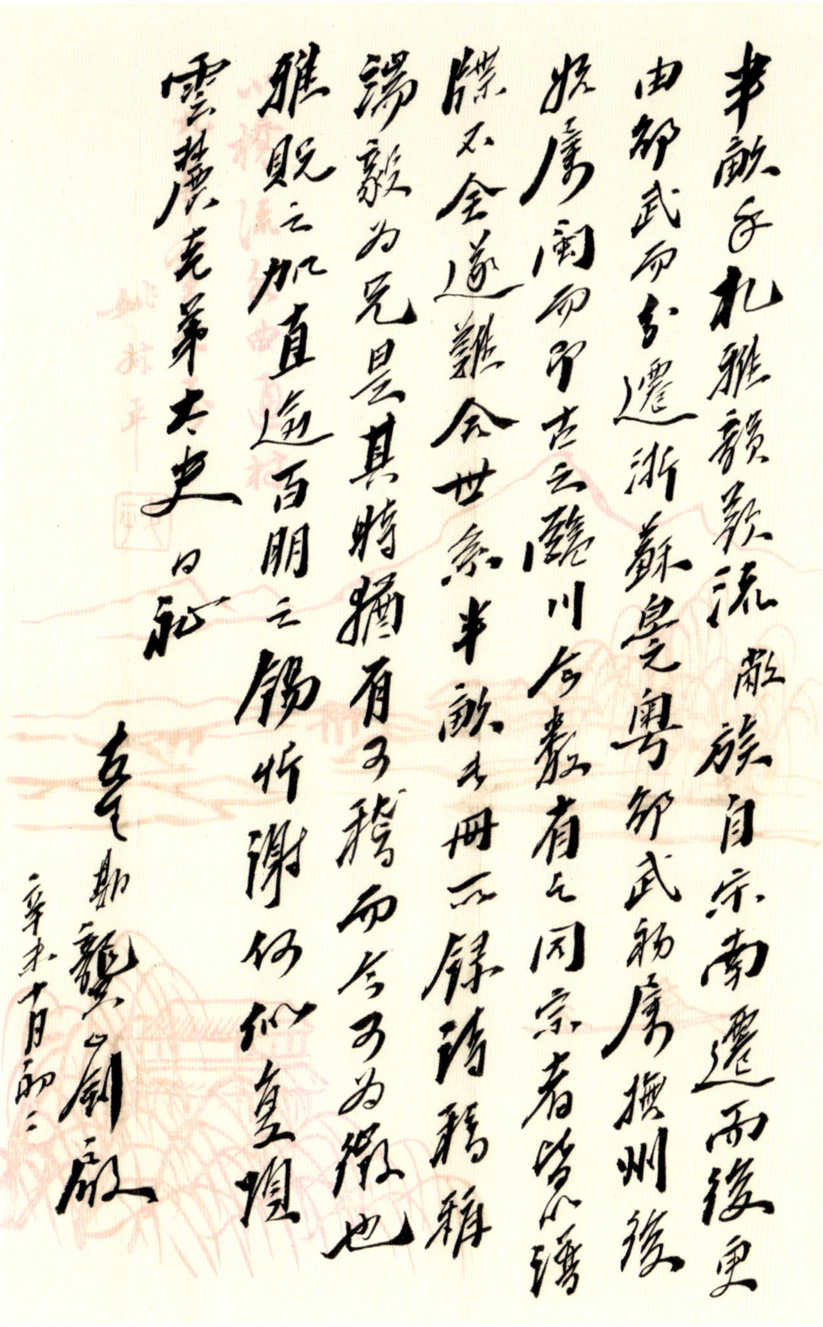
半畝手札雅韻欲流　敝族自宋南遷而後更由邵武而分遷浙蘇皖粵邵武初屬撫州後始屬閩而即古之臨川今數省之同宗者皆以譜牒不全遂難合世系半畝此冊所錄詩稿稱端毅為兄是其時猶有可稽而今可為徵也雅貺之加直逾百朋之錫忻謝何似復頌雲麓老弟太史日祉　友生期龔心釗啟　辛未十月初二

龚心钊书 第二通

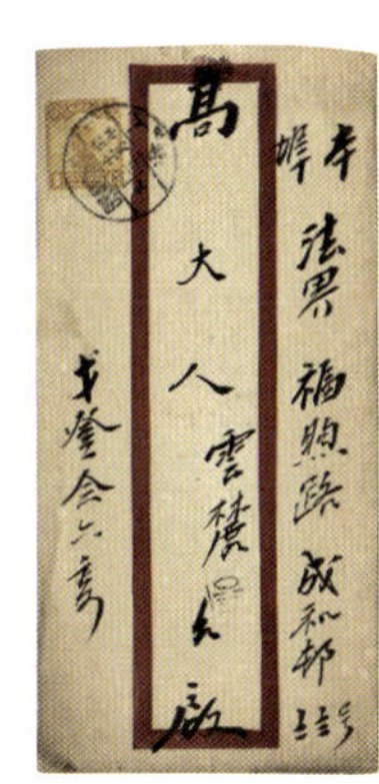

半亩手札雅韵欲流，敝族自宋南迁而后，更由邵武而分迁浙、苏、皖、粤；邵武初属抚州，后始属闽，而即古之临川。今数省之同宗者皆以谱牒不全，遂难合世系。半亩此册所录诗稿，称端毅为兄，是其时犹有可稽而今可为征也。雅贶之加直逾百朋之锡，忻谢何似。复颂云麓老弟太史日祉。友生期龚心钊启。辛未十有初二。

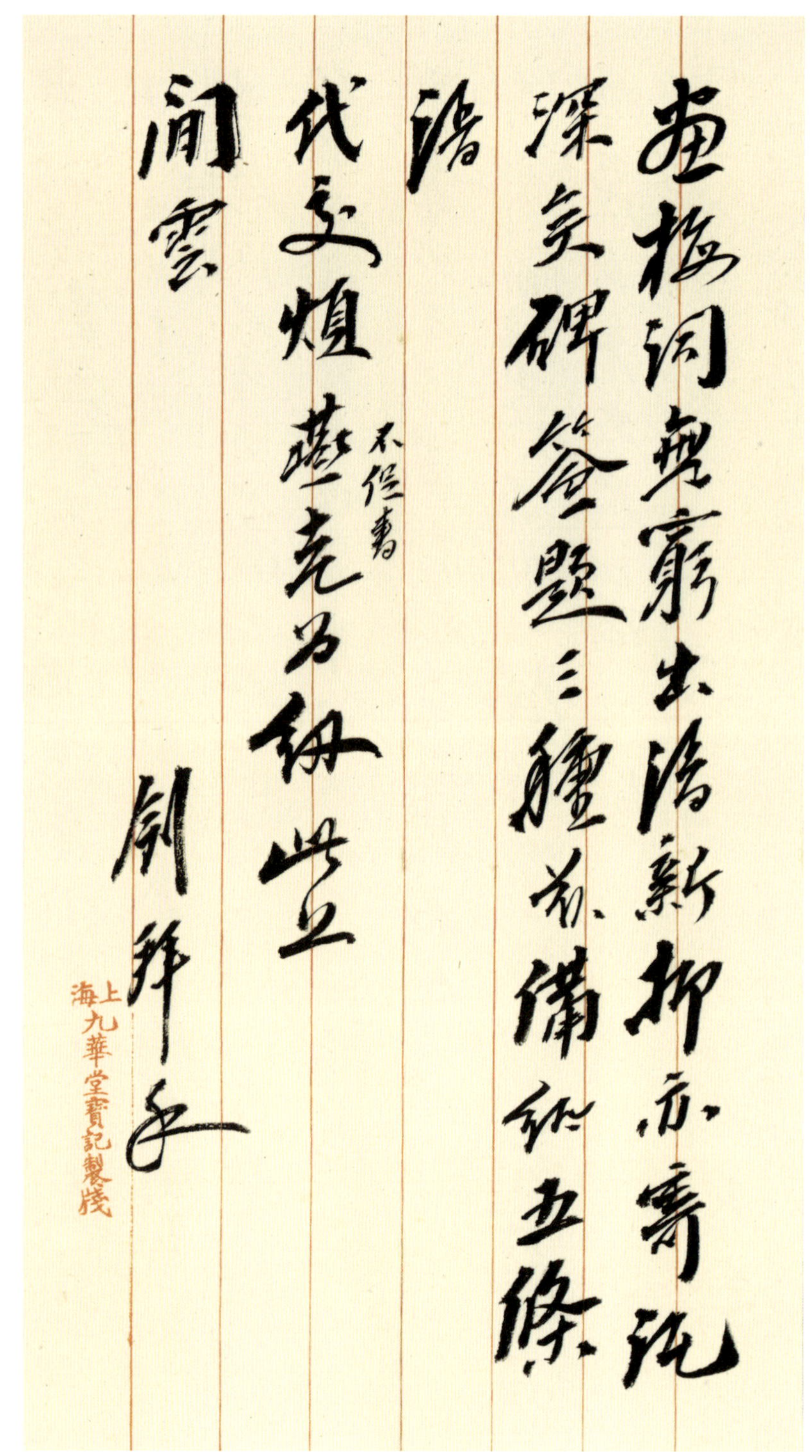
畫梅詞無窮出清新抑亦寄託深矣碑簽題三種茲備紙五條請代交煩燕老為紉（不促書）此上閑雲

釗拜手

上海九華堂寶記製牋

龚心钊书 第三通

画梅词无穷出清新，抑亦寄托深矣。碑签题三种，兹备纸五条，请代交烦燕老为纫（不促书）。此上闲云。钊拜手。

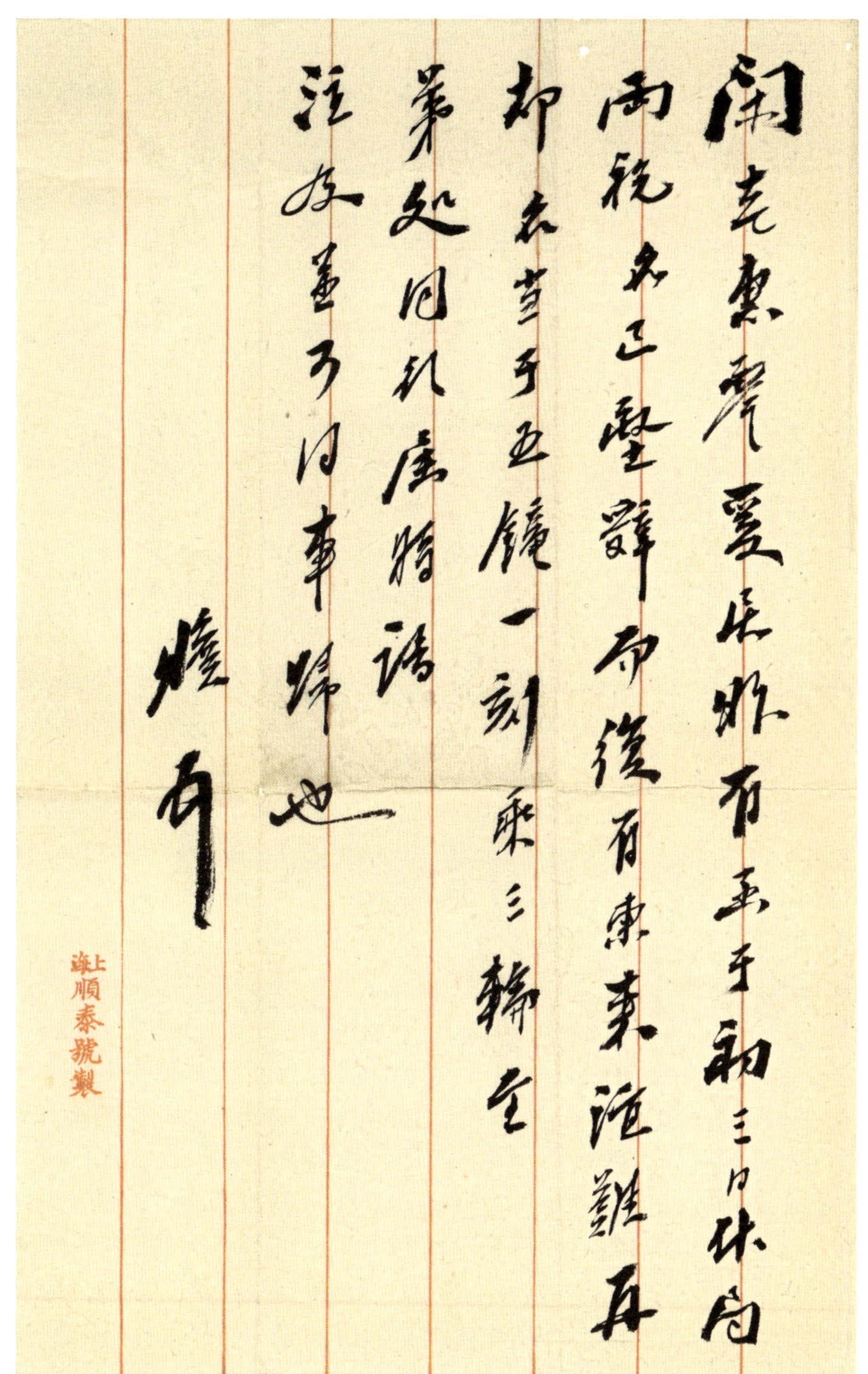
闲老惠鉴
爱居昨有函于初三日作局
两祝名已坚辞而复有柬来谊难再
却名当于五钟一刻乘三轮至
弟处同行届时请
注及并可同车归也
瞻首


龚心钊书 第四通

闲老惠鉴：爱居昨有函，于初三日作局。两祝名已坚辞，而复有柬来，谊难再却。名当于五钟一刻乘三轮至弟处同行，届时请注及，并可同车归也。瞻顿首。

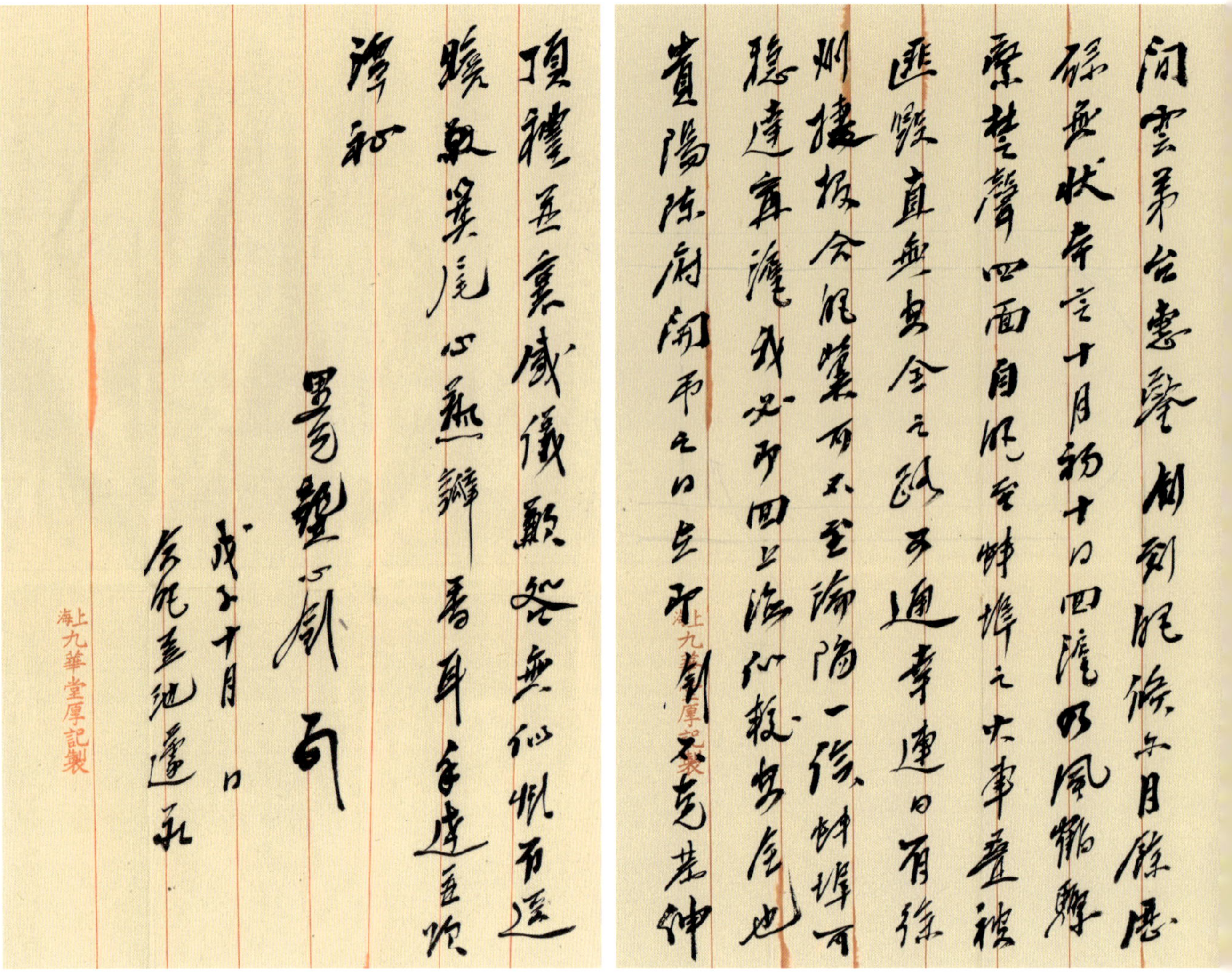

龚心钊书　第五通

闲云弟台惠鉴：钊到肥倏尔月余，历碌无状。本定十月初十日回沪，乃风鹤骤紧，楚声四面，自肥至蚌埠之火车叠被匪毁，直无安全之路可通。幸连日有徐州捷报，合肥冀可不至沦陷，一俟蚌埠可稳达宁沪，我必即回上海，似较安全也。贵阳陈府开吊之日在即，钊不克恭伸顶礼并襄盛仪，歉咎无似，惟有遥瞻箕尾心爇瓣香耳。手达，并颂潭祉。愚兄龚心钊顿首。戊子十月日，合肥豆池蘧庄。

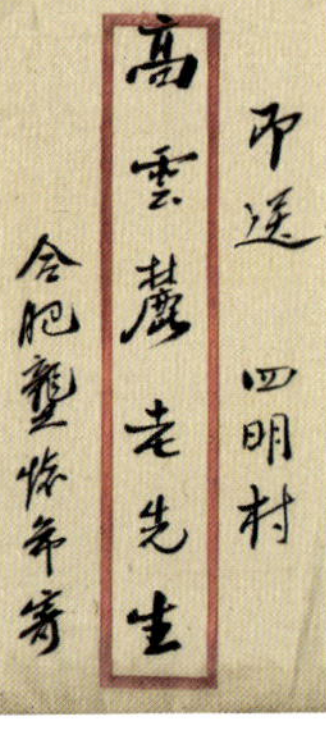

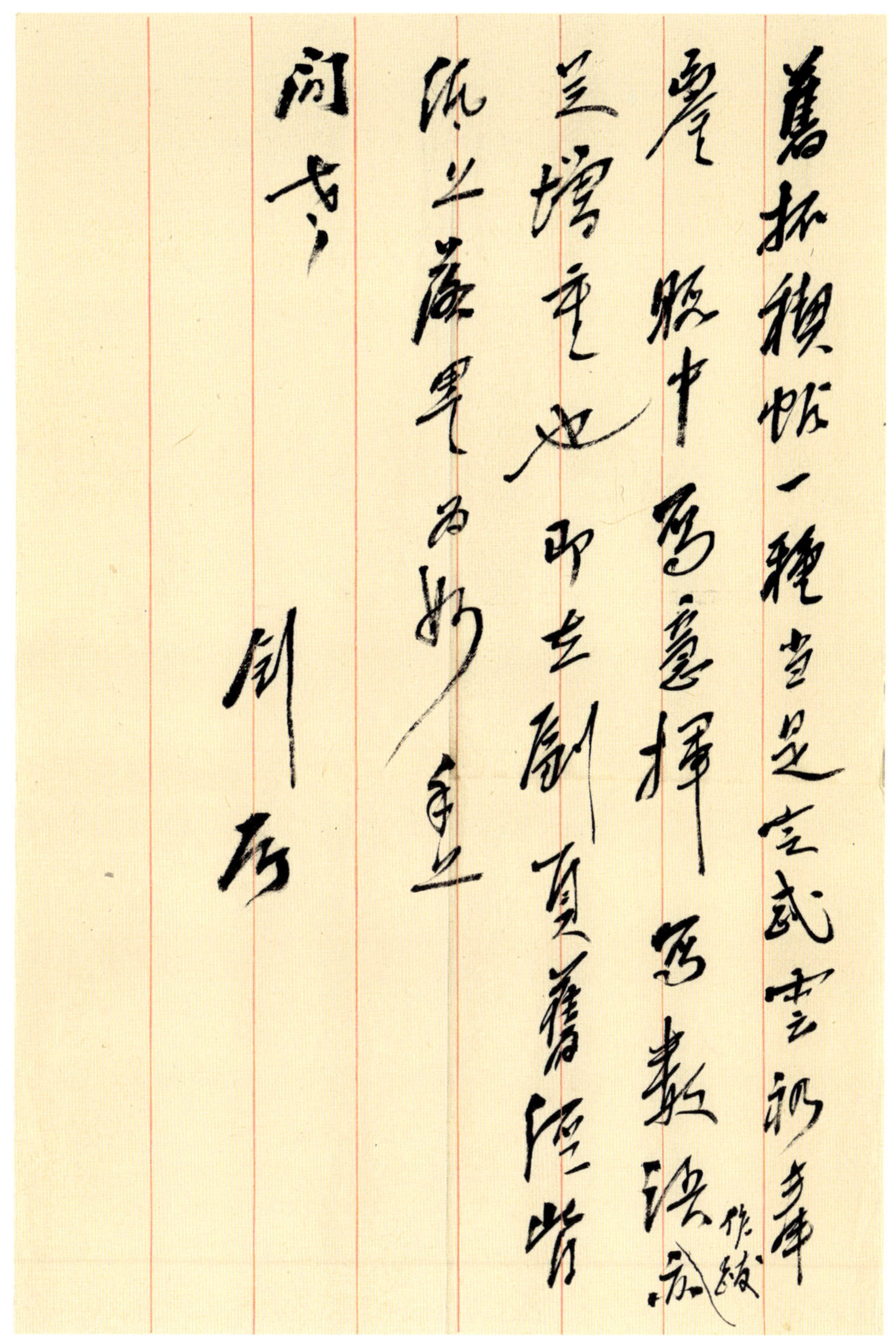

龚心钊书 第六通

旧拓《禊帖》一种，当是定武云初，奉鉴。暇中属意挥写数语作跋，亦足增重也。即在副页旧经背纸上落墨为妙。手上闲老。钊启。

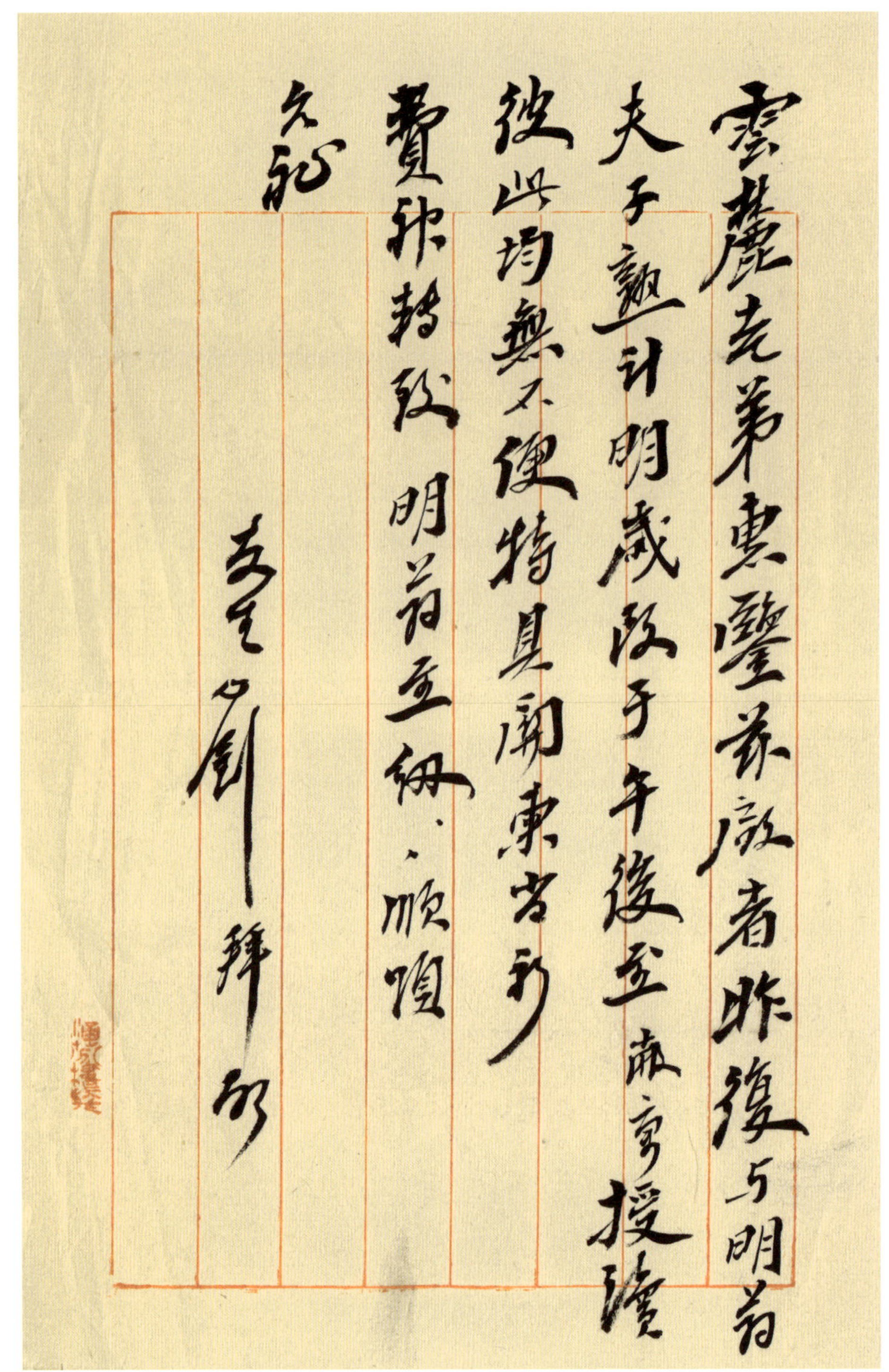

雲麓老弟惠鑒：茲啟者，昨復與明翁
夫子熟計，明歲改於午後至敝寓授讀
彼此均無不便，特具關束，尚祈
費神轉致
明翁，至紉，至紉。順頌
台祉
友生心釗拜啟

龚心钊书 第七通

云麓老弟惠鉴：兹启者，昨复与明翁夫子熟计，明岁改于午后至敝寓授读，彼此均无不便，特具关束，尚祈费神转致明翁，至纫，至纫。顺颂台祉。友生心钊拜启。

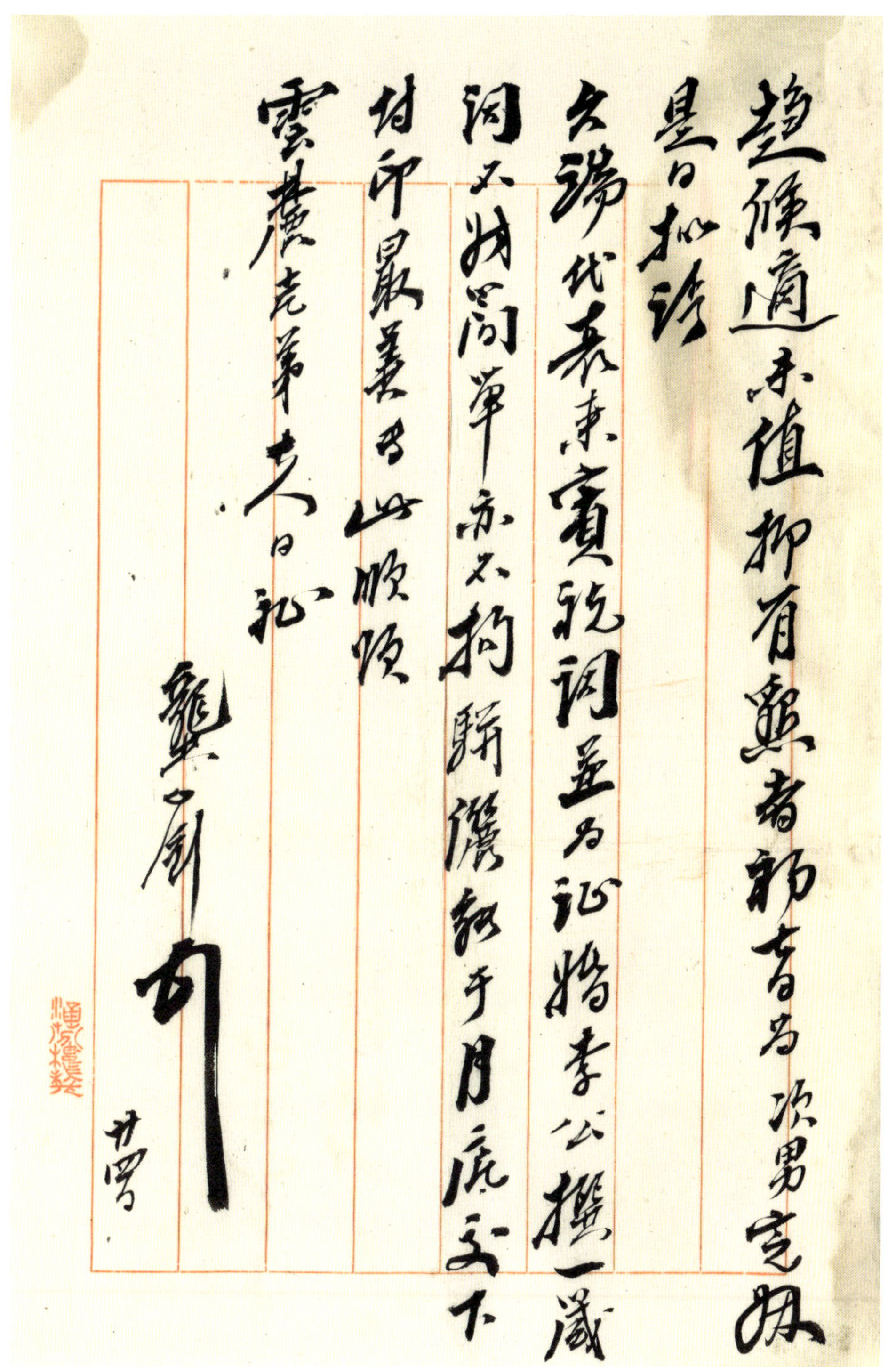

龚心钊书　第八通

趋候适未值。抑有恳者，初七日为次男完姻，是日拟请台端代表来宾祝祠，并为证婚。李公撰一箴词，不妨简单，亦不拘骈俪，能于月底交下付印最善。专此，顺颂云麓老弟大人日祉。龚心钊顿首。廿四日。

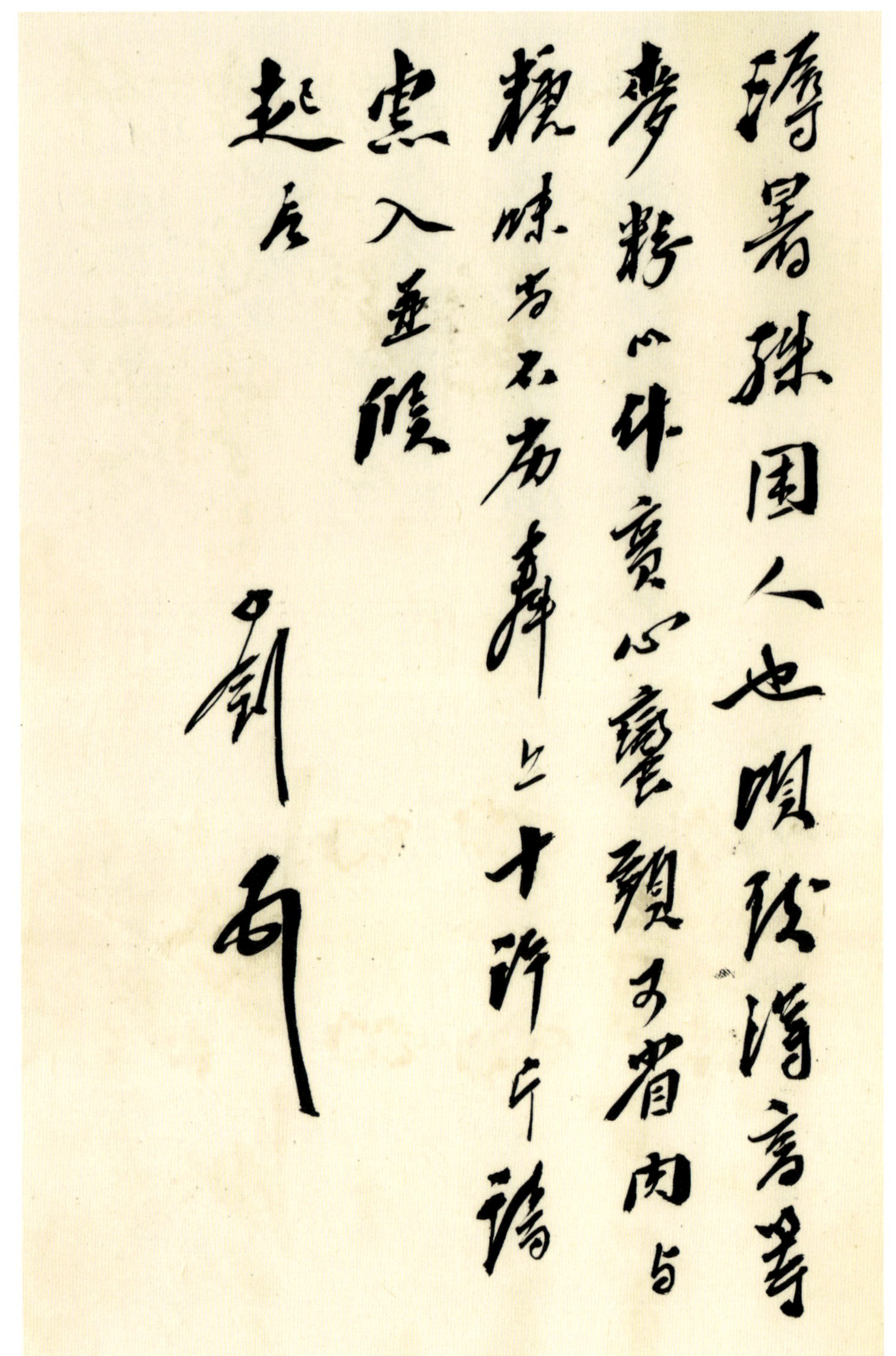

龚心钊书　第九通

溽暑殊困人也。顷致得高等麦粉以作实心蛮头，可省肉与糖，味尚不劣。奉上十许斤请惠入。并候起居。心钊顿首。

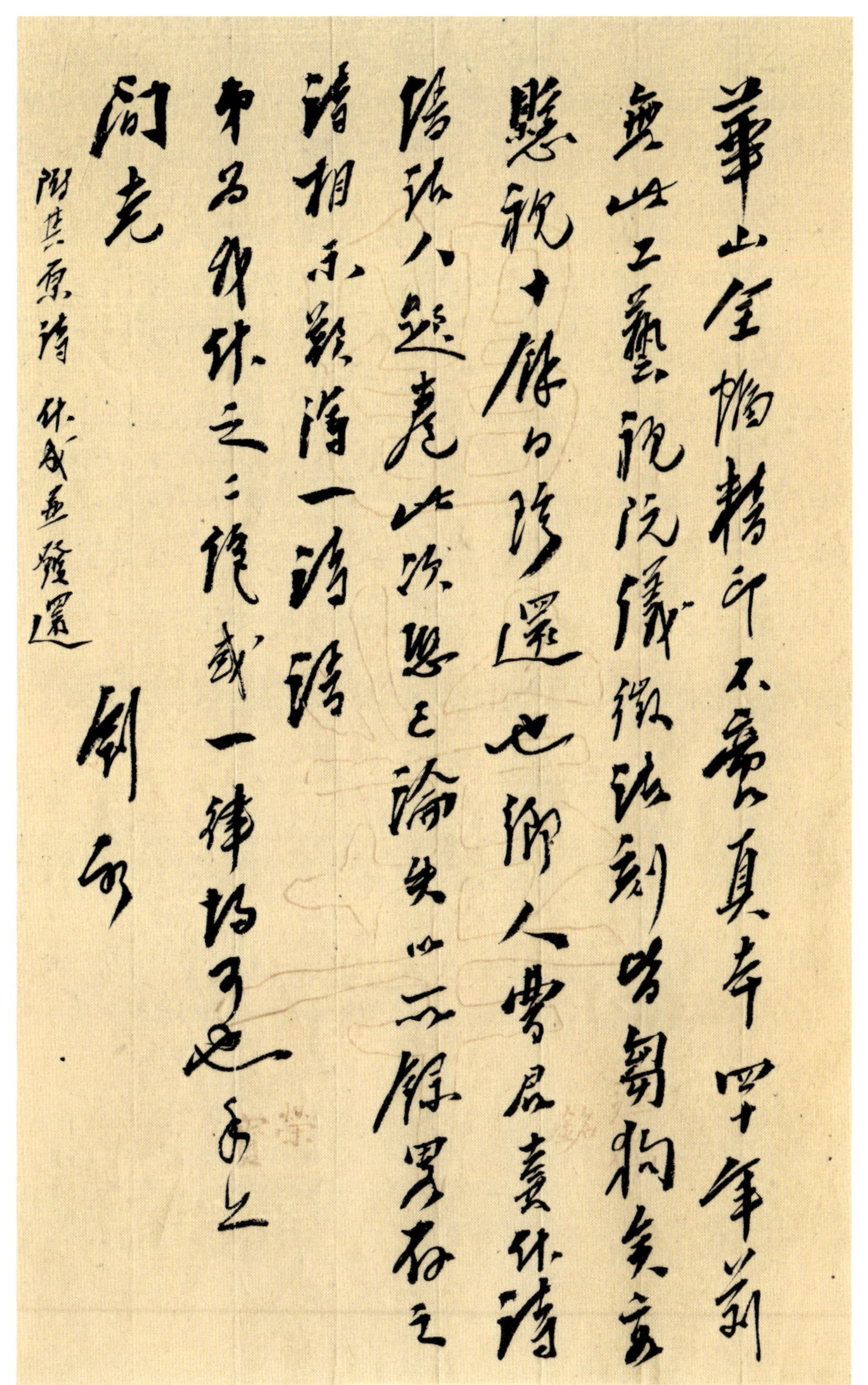

龚心钊书 第十通

《华山》全幅精印不啻真本，四十年前无此工艺，视阮仪征诸刻皆刍狗矣。容悬视十余日珍还也。乡人曹君喜作诗，请诸人题卷此次恐已沦失，以所录略存之诗相示，欲得一诗，请弟为我作之，二绝或一律均可也。手上闲老。钊启。

附其原诗，作成并发还。

# 黄葆戉

黄葆戉（1880—1968），字蔼农，号邻谷，另号青山农，福建长乐人。父霁亭，清季任闽浙督右参将，诰封武显将军。早年读书全闽师范学堂，对书画篆刻已有笃嗜，及上海法政学堂毕业，一度游幕四方。辛亥革命后，回故里从事教育，任福建省立图书馆馆长，福建甲种商业学校教员、监学等。1922 年定居上海，继黄宾虹、吴待秋后任商务印书馆编辑所编辑、美术部主任二十余载，主持历代及近世书画名作出版工作，对弘扬传统艺术，厥功至伟。其间兼任上海美专国画系主任、上海大学书画教授，广栽桃李。周甲以后，鬻艺自给。擅画山水，喜倪瓒笔墨荒率一路。多画山水，偶作花卉也以清淡为宗。书法精于隶体，取法汉碑。1953 年为上海市文史馆馆员，1961 年为上海中国书法篆刻研究会会员。著有《青山农书画集》《黄蔼农篆书百家姓》《蔗香馆诗稿》《蔗香馆印存》等。

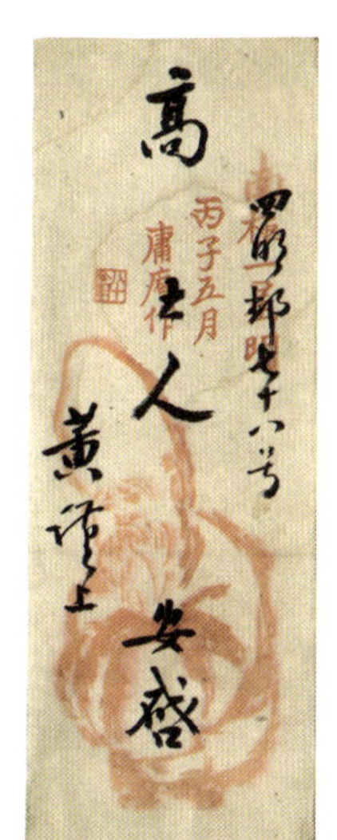

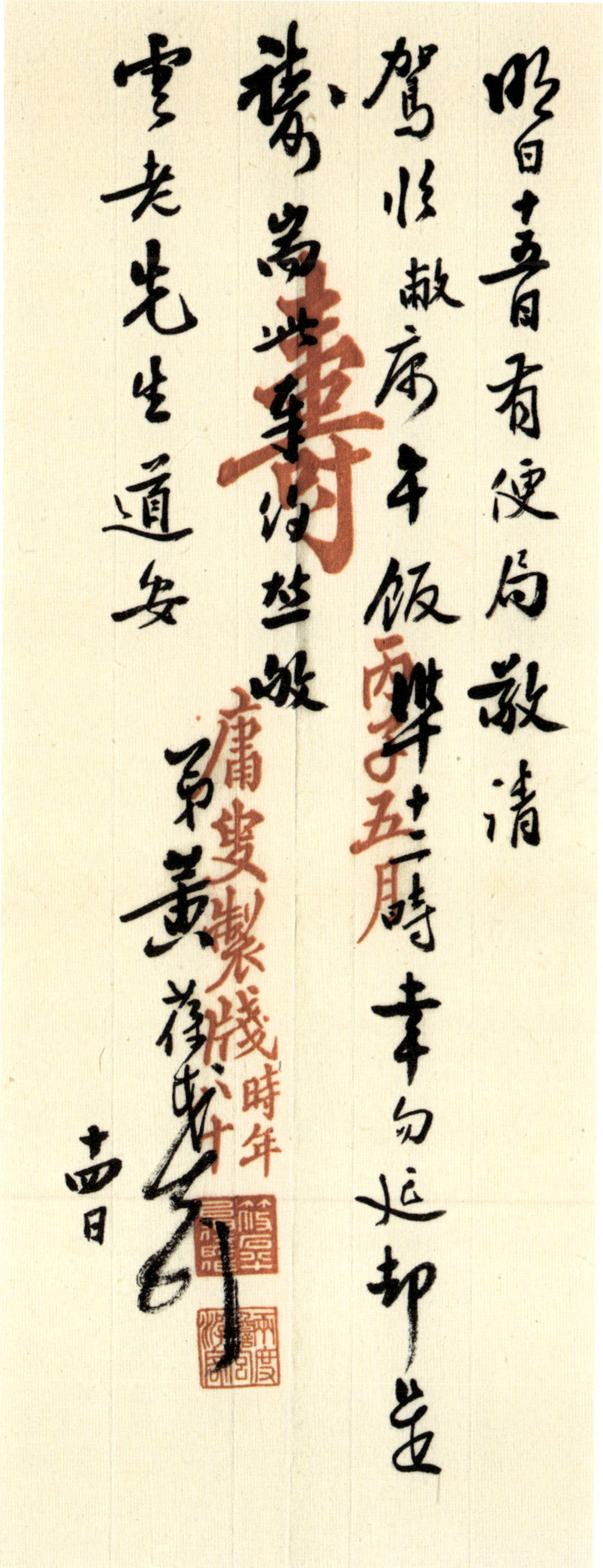

明日十五日有便局敬请
驾临敝寓午饭准十二时幸勿延却是
祷耑此奉约并叩
云老先生道安
弟黄葆戉顿首
十四日

黄葆戉书　第一通

明日十五日有便局，敬请驾临敝寓午饭。准十二时，幸勿延却是祷。耑此奉约，并叩云老先生道安。弟黄葆戉顿首。十四日。

黄葆戊书 第二通

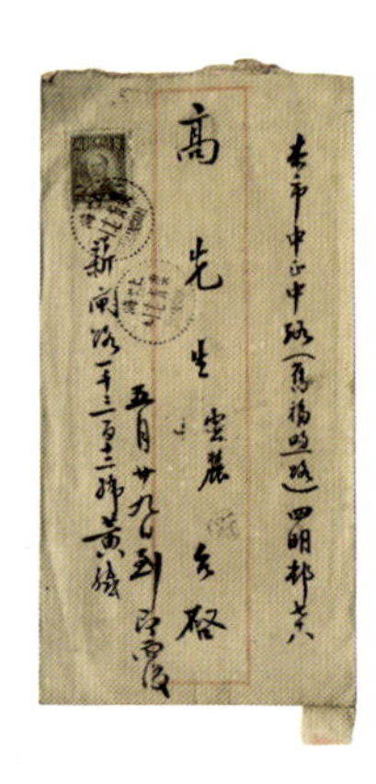


云老先生座右：违教逾月，屡拟趋候，只以冗集不果。曹俶翁过小楼，云抱冬老人久无来信，彼此甚为系念，未知尊处近有消息否？张涵庄归养双亲，四代团栾乐不可支，令人健羡。有诗索和，诗虽平常，但商人能诗者不能不助其向学之兴趣。和作尤浅俚不堪，录博喷饭。谱眉兄亦和两律，典雅不苟。近闻涵庄已来沪，曾诣府否？余面叙。草草，即叩道安。不具。葆戊谨上。

黄葆戊书 第三通

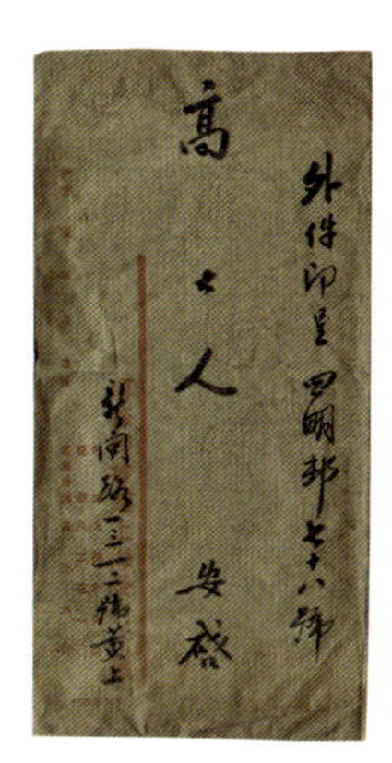


云老太史座右：本即趋教，适乡人自闽来，不克前往为怅。谱眉兄昨长函详述十四日王宅事，乃胡长春一手包办，从中取利。此等市侩更不知何者为礼。此敬谱兄嘱弟转呈，因渠病虽痊可而精力未复，未能远出亲送府上，一切蕲我公海涵宽恕，是所颂祷。胡某此后无论何人皆不愿与之接洽。余容日面尽。匆匆，即叩道安。不具。葆戊顿首。

附上王宅致敬二百四十元。

# 黄庆澜

黄庆澜（1875—1961），名庆澜，字涵之，法名智海，祖籍江西景德镇。南洋公学师范学院毕业，清代副贡（贡生）。曾任湖北德安县知县、宜昌府知府等职。光绪末年，辞职去日本留学。宣统年间回国，先后在上海创办南华书局、三育小学、上海法政学校等文化教育机构。1931 年，出任上海火药局局长、上海高级审判厅厅长等职。后出任浙江温州瓯海道道尹，并兼任瓯海关监督，民国八年（1919）12 月至民国十三年（1924）11 月任会稽道（俗称宁绍台道）道尹。因笃信佛法，先后皈依谛闲法师和印光法师。民国十一年（1922），将佛学演讲稿修订为《初机净业指南》，印光大师为之作序。追随印光大师学佛，对净土宗颇有研究，弘扬不遗余力。先后参加发起组织“上海佛教净业社”“上海佛教维持会”“中国动物保护会”。1931 年八一三淞沪抗战后，上海广大市民家业被毁，沦为难民，经其倡导，民国二十六年至民国二十九年（1937—1940），先后在上海设置难民收容所五十余处，收容难民达五十万人次。民国十五年，著《阿弥陀经白话解释》。以后陆续编著《观无量寿佛经白话解》《普贤行愿品白话解》《佛法大意》《朝暮课诵白话解》《修行的方法》等白话著作。1949 年后，任上海佛教净业社社长。

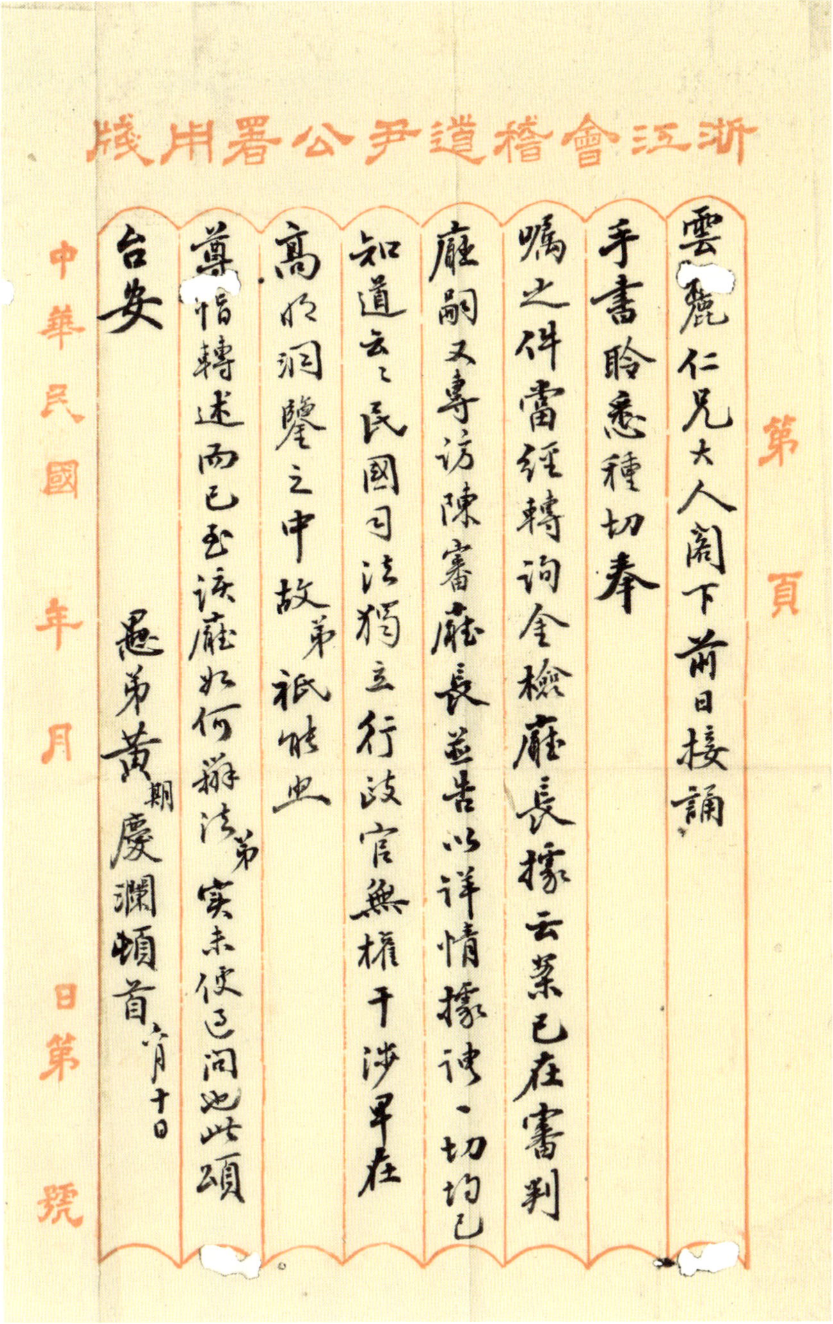

浙江會稽道尹公署用牋

第 頁

雲麓仁兄大人閣下：前日接誦
手書，聆悉種切。奉
囑之件當經轉詢金檢
廳長。據云案已在審判
廳，嗣又專訪陳審廳長並告以詳情。據謂一切均已
知道云云。民國司法獨立，行政官無權干涉，早在
高明洞鑒之中，故弟祇能照
尊指轉述而已。至該廳如何辦法，弟實未便過問也。此頌
台安。 愚弟黃期慶瀾頓首。六月十日

中華民國 年 月 日第 號

黄庆澜书 第一通

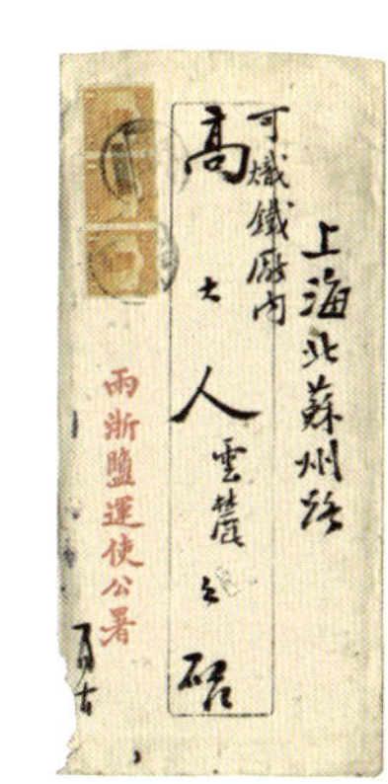


云麓仁兄大人阁下：前日接诵手书，聆悉种切。奉嘱之件当经转询金检厅长。据云案已在审判厅，嗣又专访陈审厅长并告以详情。据谓一切均已知道云云。民国司法独立，行政官无权干涉，早在高明洞鉴之中，故弟只能照尊指转述而已。至该厅如何办法，弟实未便过问也。此颂台安。愚弟黄期庆澜顿首。六月十日。

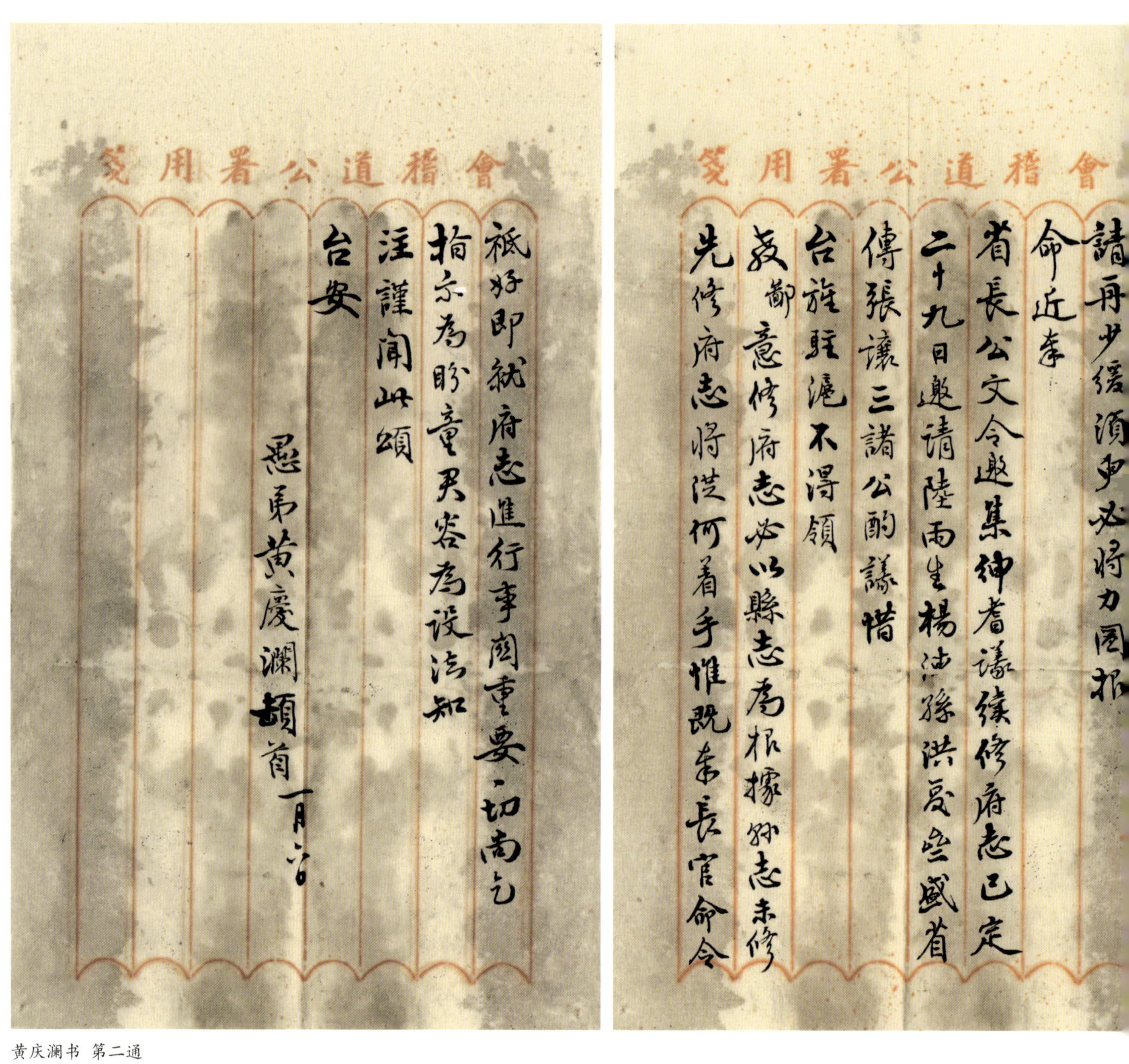

會稽道公署用箋

請再步緩須尹必將力圖報
命近奉
省長公文令邀集紳耆議續修府志已定
二十九日邀請陸雨生楊沚孫洪旻丞盛省
傳張讓三諸公酌議惜
台旌駐滬不得領
教鄙意修府志必以縣志為根據鄞志未修
先修府志將從何着手惟既奉長官命令

會稽道公署用箋

祇好即就府志進行事固重要一切尚乞
指示為盼章君容為設法知
注謹聞此頌
台安
愚弟黃慶瀾頓首 一月六日

黄庆澜书 第二通

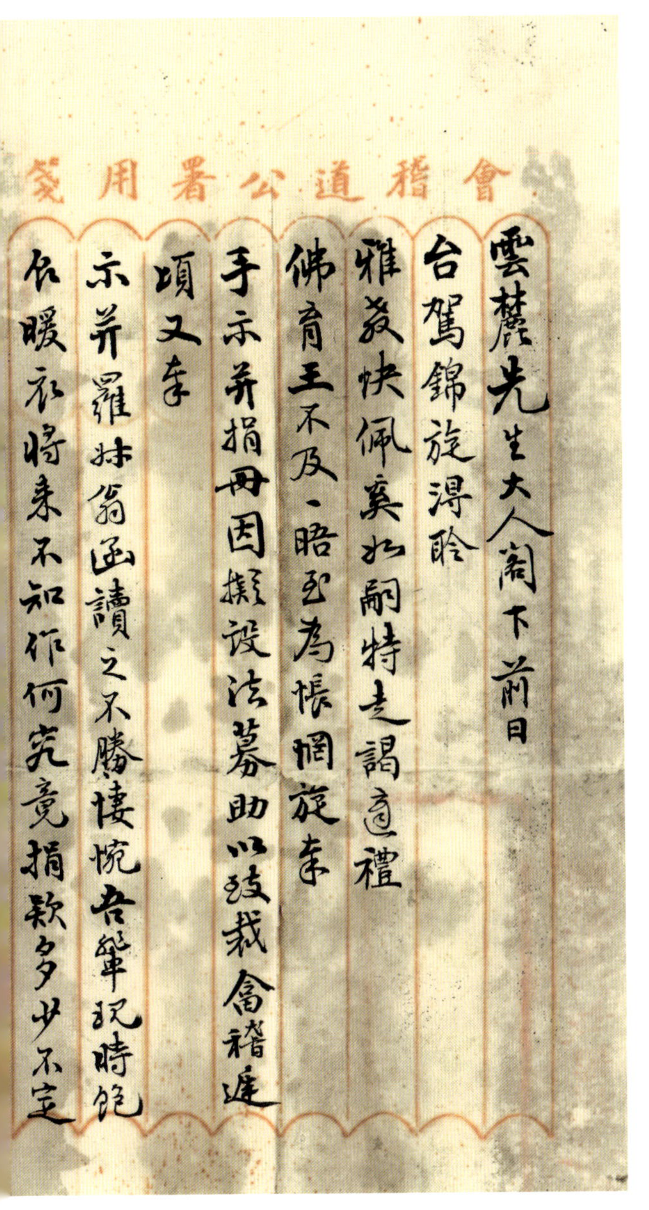
會稽道公署用箋

雲麓先生大人閣下前日
台駕錦旋得聆
雅教快佩奚如嗣特走謁適禮
佛育王不及一晤至為悵惘旋奉
手示并捐册因擬設法募助以致裁答稽遲
頃又奉
示并羅叔翁函讀之不勝悽惋吾輩現時飽
食暖衣將來不知作何究竟捐款多少不定

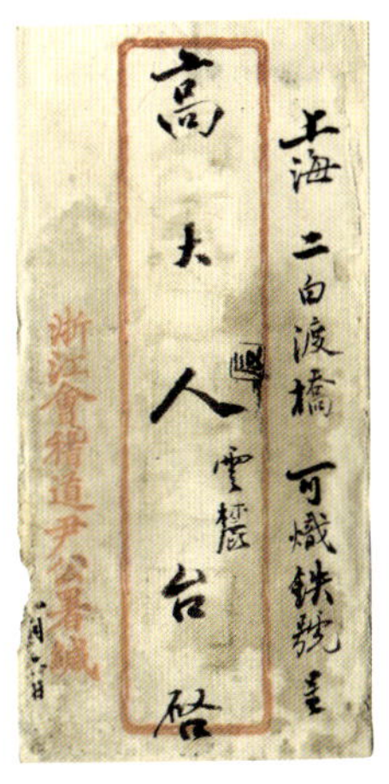
上海二白渡橋可熾鐵號呈
高大人 雲麓 台啓
浙江會稽道尹公署緘

云麓先生大人阁下：前日台驾锦旋，得聆雅教，快佩奚如。嗣特走谒，适礼佛育王，不及一晤，至为怅惘。旋奉手示并捐册，因拟设法募助以致裁答稽迟。顷又奉示并罗叔翁函，读之不胜悽惋。吾辈现时饱食暖衣，将来不知作何究竟，捐款多少不定，请再少缓须臾，必将力图报命。近奉省长公文，令邀集绅耆议续修府志，已定二十九日邀请陆雨生、杨德孙、洪复斋、盛省传、张让三诸公酌议。惜台旌驻沪不得领教，鄙意修府志必以县志为根据，县志未修先修府志，将从何着手。惟既奉长官命令，只好即就府志进行。事关重要，一切尚乞指示为盼。童君容为设法。知注谨闻，此颂台安。愚弟黄庆澜顿首。一月六日。

# 黎湛枝

黎湛枝（1870—1928），字露苑、露庵、璐庵，广东南海人。出生寒门，光绪十二年（1886）十六岁，以全县第一名的成绩考取秀才。光绪十九年（1893）乡试第六名举人，光绪二十九年（1903）癸卯科进士，殿试二甲第一名，钦点传胪及第，授翰林院庶吉士。宣统元年（1909），奉圣赏加侍讲太子保，成为末代皇帝溥仪的老师之一。1912年，钦赐礼部尚书一品衔。与温肃、欧家濂合编《德宗景皇帝圣训》。张勋复辟时，授学部右丞。不久，辞职，退隐政治稳定的香港，与前清翰林的赖际熙、岑光樾、桂坫、吴道熔、区大原、区大典、陈伯陶、朱汝珍、商衍鎏、左霖、温肃等人，结社雅集，品诗论画，弘扬传统国学。这批前朝遗老书家，成为当时广东书坛的中坚，推动了中国传统书画在香港的发展，给后人也留下了不少优秀的书法作品。传世的作品以楷、行、草三体为主。

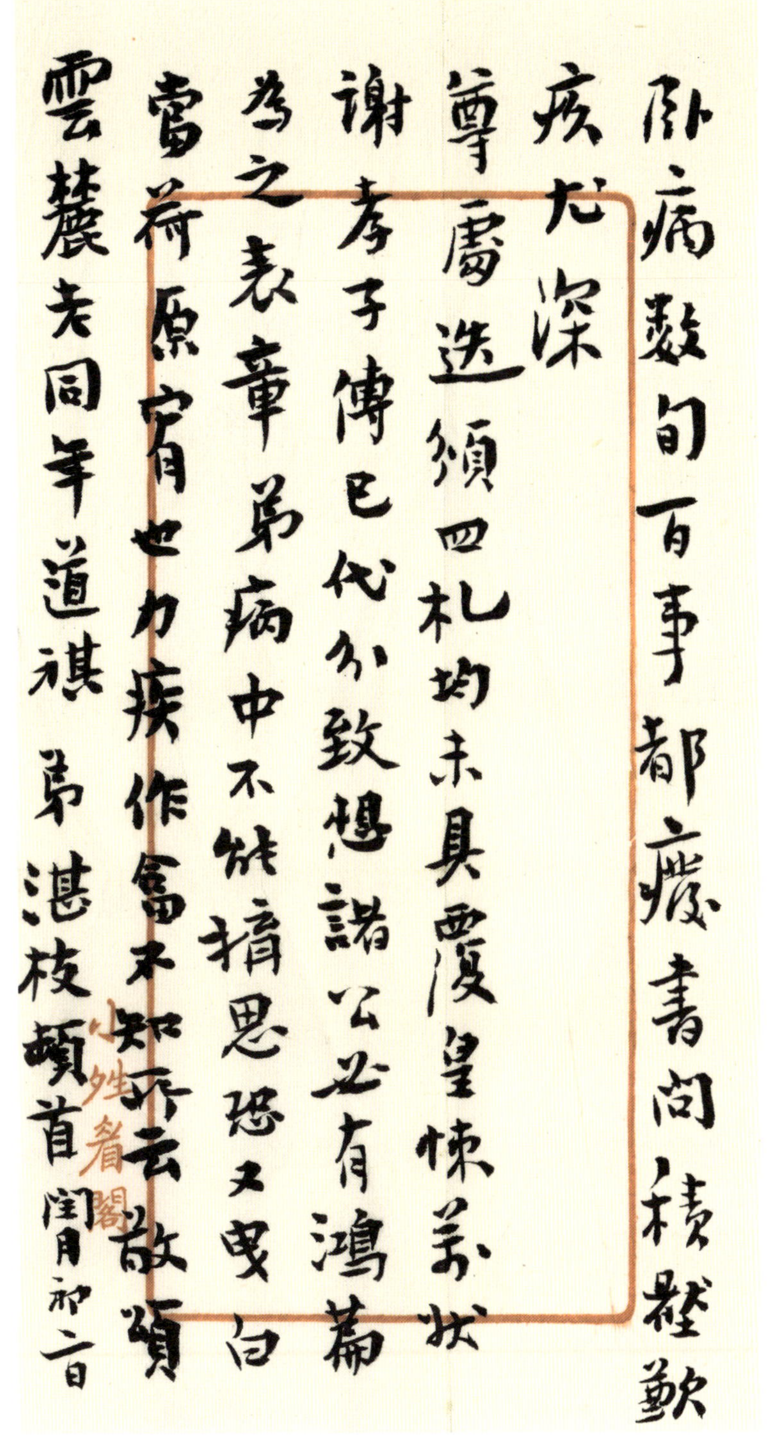
臥病數旬百事都廢書問積壓歉
疚尤深
尊處迭頒四札均未具覆皇悚萬狀
謝孝子傳已代分致想諸公必有鴻篇
為之表章弟病中不能搆思恐又曳白
當荷原宥也力疾作答不知所云敬頌
雲麓老同年道祺 弟湛枝頓首 閏月初二日

黎湛枝书　第一通

卧病数旬，百事都废，书问积压，歉疚尤深。尊处迭颁四札，均未具复，皇悚万状。《谢孝子传》已代分致，想诸公必有鸿篇为之表章。弟病中不能构思，恐又曳白，当荷原宥也。力疾作答，不知所云。敬颂云麓老同年道祺。弟湛枝顿首。闰月初二日。

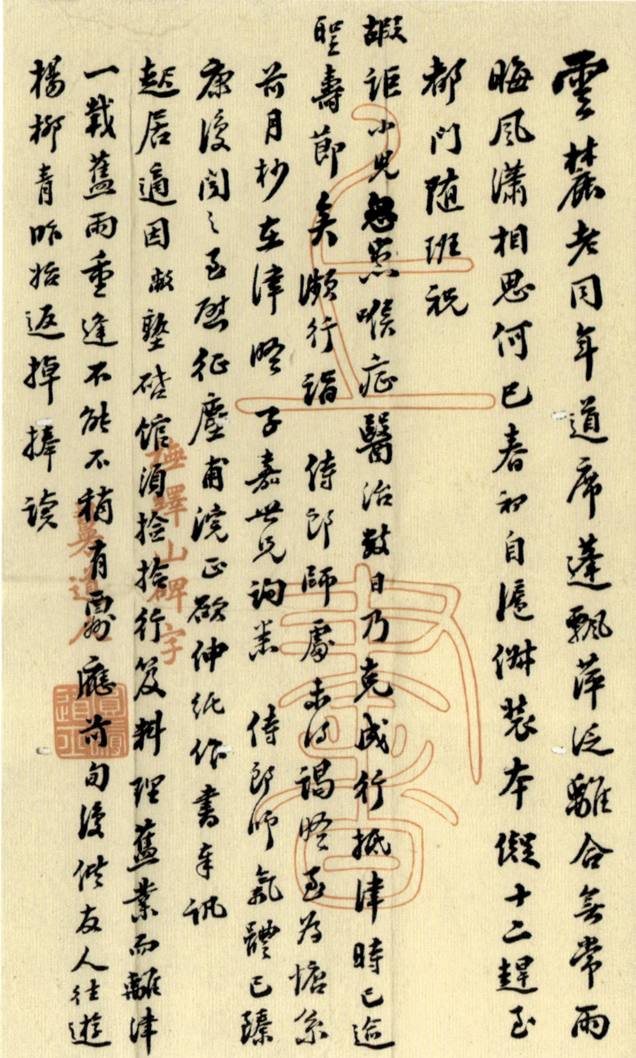

黎湛枝书 第二通

云麓老同年道席：蓬飘萍泛，离合无常，雨晦风潇，相思何已。春初自沪俶装，本拟十二赶至都门，随班祝嘏。讵小儿忽患喉症，医治数日乃克成行，抵津已逾圣寿节矣。濒行诣侍郎师处未得谒晤，至为惦系。前月杪在津晤子嘉世兄，询悉侍郎师气体已臻康复，闻之至慰。征尘甫浣，正欲伸纸作书奉讯起居，适因敝塾启馆，须捡拾行笈料理旧业，而离津一载，旧雨重逢不能不稍有酬应。前旬复偕友人往游杨柳青，昨始返棹。捧读教笺，备承德存，良用感切。一山康健至堪喜慰，惜庵同年、锡山道士想常相过从，学川同年今岁就翰怡之聘，海上谈侣殊不寂寞，但不悉论诗说剑听香读画之余，能忆及蓟门烟雨中有穷愁踯躅之故人否耳？侍郎师处尚未及肃函问候，晤时乞代道意。《九秋菊宴图》如能再寄十本，尤所欣幸，因京友尚有多处未送也。叔言常晤叙，已代道念。素相气体尚健，宝帅行帅均安好。安圃师年最高而精神仍矍铄，苍苍者留此耆硕，傥非无意吾党堪自壮也。匆匆奉泐，敬请著安，不尽为一。年小弟湛枝顿首。二月十七日。

以后通信请照函面住址邮寄便妥。

# 李瑞清

李瑞清（1867—1920），名文洁，字仲霖，号雨农、梅痴、梅庵主人，自称梅花庵道人，入民国号清道人。江西临川（温圳杨溪村，今属进贤县温圳）人。清末民初诗人、教育家、书画家、文物鉴赏家。清光绪二十一年（1895）进士，次年授翰林院庶吉士。后任师范传习所总办、两江优级师范学堂监督兼江宁提学使，提倡艺术教育不遗余力。辛亥革命后寓居沪上，鬻书画为生。书法以篆籀之气行于北碑，自称北宗，与曾熙的南宗人称“北李南曾”。中国近现代教育的重要奠基人和改革者，现代美术教育的先驱，现代高等师范教育的开拓者。

精书法，于殷墟、周秦、两汉至六朝文字皆深有研究。为一代书法宗师，中国高等书法教育的先驱。张大千、胡小石、李健、吕凤子皆出其门下。擅山水、人物、花卉。山水师法石涛、八大山人，花卉宗恽南田。所绘松石、花卉意境独特，尤擅画佛。著有《围城记》，门人整理遗稿，由中华书局1939年出版《清道人遗集》。

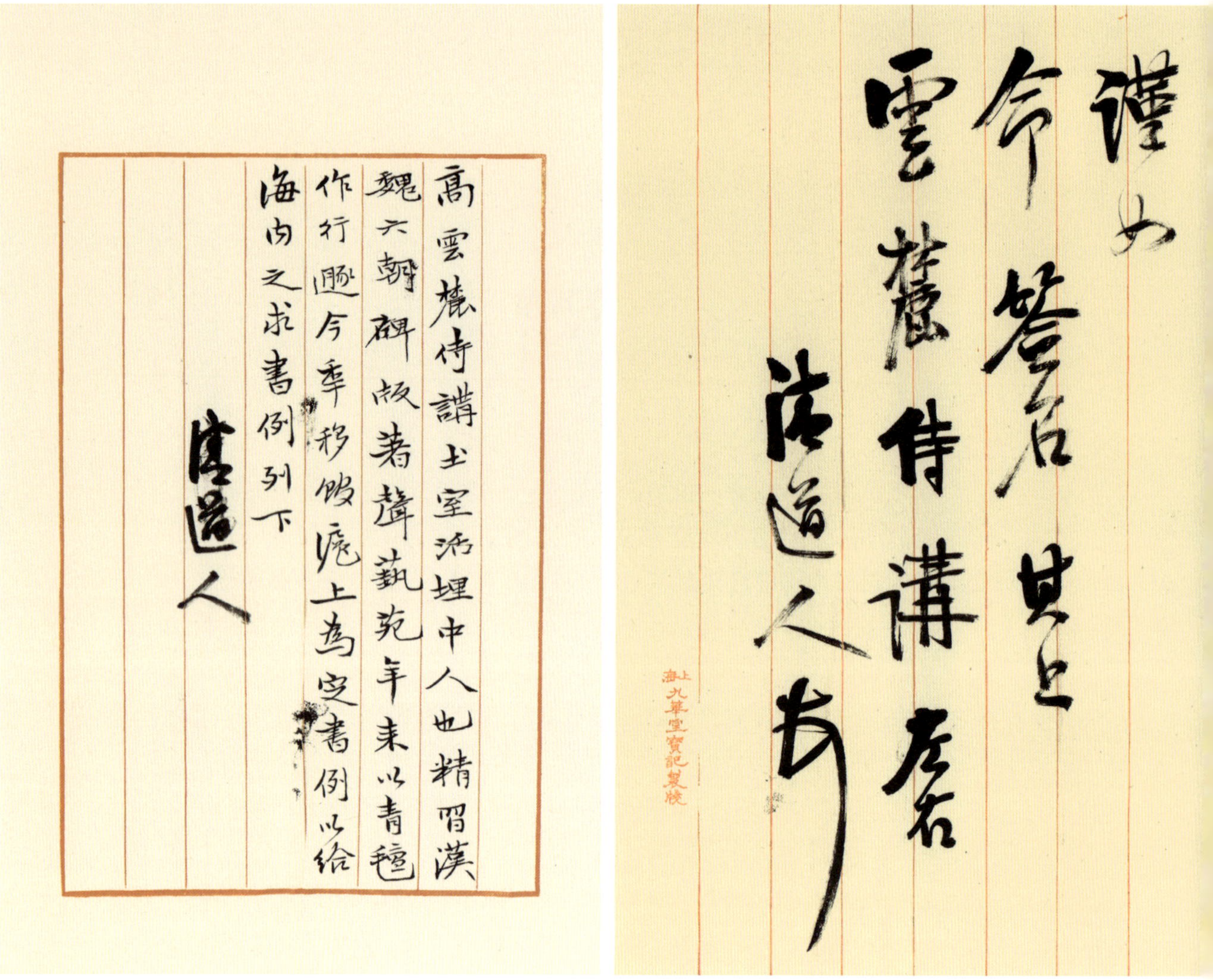

高雲麓侍講土室活埋中人也精習漢魏六朝碑版著聲藝苑年來以青氊作行遯今年移館滬上為定書例以給海內之求書例列下
清道人

謹如命簽名其上
雲麓侍講左右
清道人頓首

李瑞清书

上海北蘇州路白渡橋堍
可熾鉄號
高大人雲麓台啟
天津河北大馬路唐德里二號黎緘

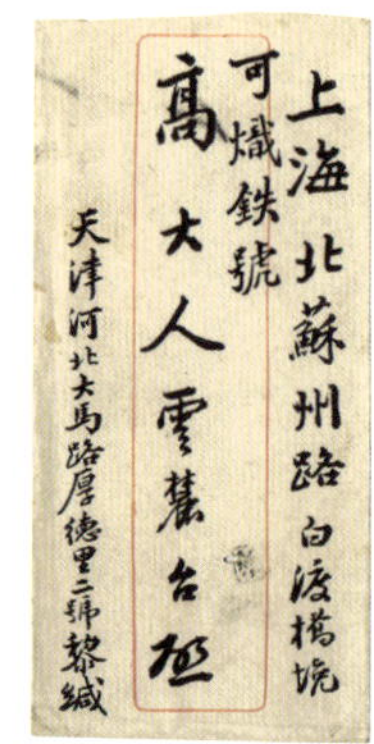

谨如命签名其上。

云麓侍讲左右。

清道人顿首。

高云麓侍讲土室活埋中人也，精习汉魏六朝碑版，著声艺苑，年来以青毡作行遁，今年移馆沪上，为定书例以给海内之求。书例列下。清道人。

## 李廷翰

李廷翰（？—？），字九香，浙江宁波（灵桥濠河头）人。光绪丁未（1907）举人，创办上海万竹小学（今上海市实验小学），著名科学家周培源等曾在该校受业于李廷翰。

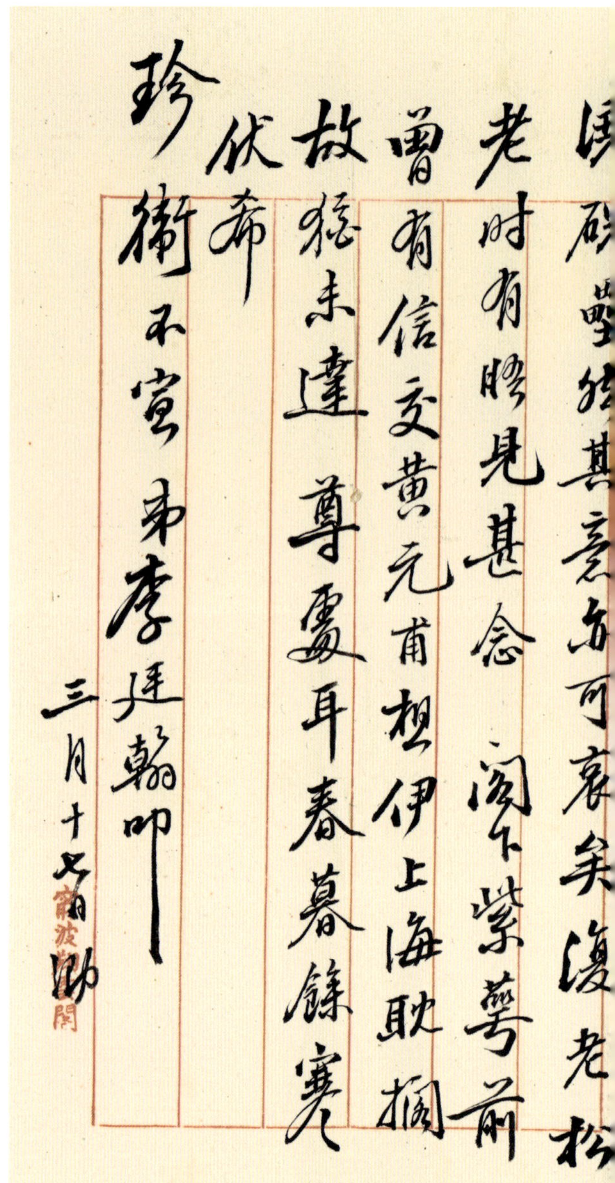
壘然其意亦可哀矣復老松
老时有晤見甚念 閣下紫萼前
曾有信交黄元甫想伊上海耽擱
故猶未達 尊處耳春暮餘寒
伏希
珍衛不宣 弟李廷翰叩
三月十七日渤

李廷翰书

云麓老同年阁下：捧诵云章，藉稔近履，慰甚，慰甚。懒于通候，不独紫萼即弟亦抱歉靡既。嫂夫人旧疾复发，弟于十一日往诊开投人参大半夏汤两剂，痛势旋止。今日复诊，虽已能行动自如，然自产后半年以来，纳谷渐减，近且终日不进撮米，只以光饼一二枚充粮。观其情状脂液亏极，络空停饮，调理殊非易易。若再延误恐不得了。弟近与松老互相商榷，斟酌用方，一俟渐次就痊，再行奉告。韵泉、根香在松老处得盘桓数日，乐甚，今已赴沪矣。樵墅作《梅占春小传》，亦借酒杯浇块垒，然其意亦可哀矣。复老、松老时有晤见，甚念阁下。紫萼前曾有信交黄元甫，想伊上海耽搁，故犹未达尊处耳。春暮余寒，伏希珍卫，不宣。弟李廷翰叩。三月十七日渤。

雲麓老同年閣下捧誦
雲章藉稔
近履康〻甚〻嬾於通候不獨紫壽[?]
即弟亦抱[?]歉殊既 嫂夫人舊疾
復發弟於十一日往診開授人參大
半夏湯兩劑痛勢旋止今日復診雖
已能行動自為梳自屋後半年以來綿
數漸減近且終日不進擷[?]米祇以光餅
二三枚充饑觀其情狀脂液虧耗絡空
停飲調理殊非易〻若再延誤恐不得
了弟近與松老互相商榷斟酌用方一
俟漸次就痊再行奉告藐[?]泉水根[?]香
在松老處得盤桓數日樂甚今已赴
滬矣進[illegible]

# 梁秉年

梁秉年（1860—？），谱名忠宸，字廉夫，号莲湖，浙江鄞县人。光绪二十年（1894）恩科进士，官工部行走。光绪三十四年（1908），复官陆军部行走，迁法部行走。1912年后隐居乡里，董理北商海运事。1917年，出资刊刻《续甬上耆旧诗》一百二十卷。至1918年，完成刊刻工作，张美翊审定，冯贞群编辑，由四明文献社出版。著有《二菁草堂诗文钞》二卷。卒年不详，1926年尚在替人编纂《雷公桥吴氏宗谱》。

梁秉年书　第一通

云麓先生左右：新春叨与喜筵，倏逾两月，迩唯履绚安悆为颂。客岁托销《续耆旧诗》十部，其六部书价业经照收照解，尚有四部知系章君一山允为推销，现在谅已销售。兹因书本未充，端节尚须解款，恳转向章君一询，可否于端节前将四部书价如数汇甬。费神容泥谢不尽。伏惟珍重。弟秉年顿首，四月初十日。

梁秉年书 第二通

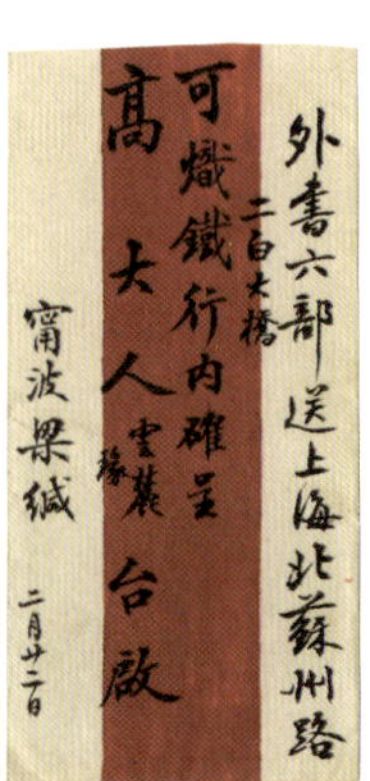
外書六部　送上海北蘇州路
二百大樓
可熾鐵行內確呈
高大人雲麓台啟
甯波梁緘
二月廿二日

云麓先生左右：前蒙雅意，为舍侄文臣转购得廿四史全部。知已书价两清，彼此均足释念。客岁在吴宅晤谈，承执事垂询，拳拳仍留意于《续耆旧诗》销路，兹先检奉六部请察收，一俟销完容再续寄。琐渎清神，感纫之至。近来寒燠不齐，诸惟珍重。弟梁秉年谨启，二月廿二日。

瓒儿附笔候安。

# 刘邦骥

刘邦骥（1868—1930），字襄奎。湖北汉川麻河镇人。早年就读两湖书院，毕业于日本陆军士官学校第一期。回国后为张之洞幕僚，管理文案、库务。1902年应科举试，中“恩科”举人。1905年，奉张之洞之命，仿照日本陆军士官学校，将湖北武备将弁学堂改为武备师范学堂，任堂长。1907年，再受命将武备普通中学改为陆军小学堂，任监督。后又续办陆军特别小学堂，任监督。1901年春，受命创办陆军测绘学堂，将陆军特小甲乙两班学生并入授课，任总办。同年秋，调任湖南军事参议官。1917年，任浙江宁波道台，卸职后赴京任总统下行走职。

1924年，任北京高级警官学校校长，授少将衔。后在武昌办家塾，不收费，供食宿，以培养贫寒青少年。晚年定居于郑州汉川街刘宅，吃斋念佛。1930年病逝。与北洋时期著名军事理论家蒋百里合作《孙子浅说》，突破对字词校勘注释的传统做法，大量引入西方军事思想，着重整体上阐述孙子的兵学思维，具有较强的现代意识和实用功能，其理论多为后人所沿用，具有较高的学术价值。

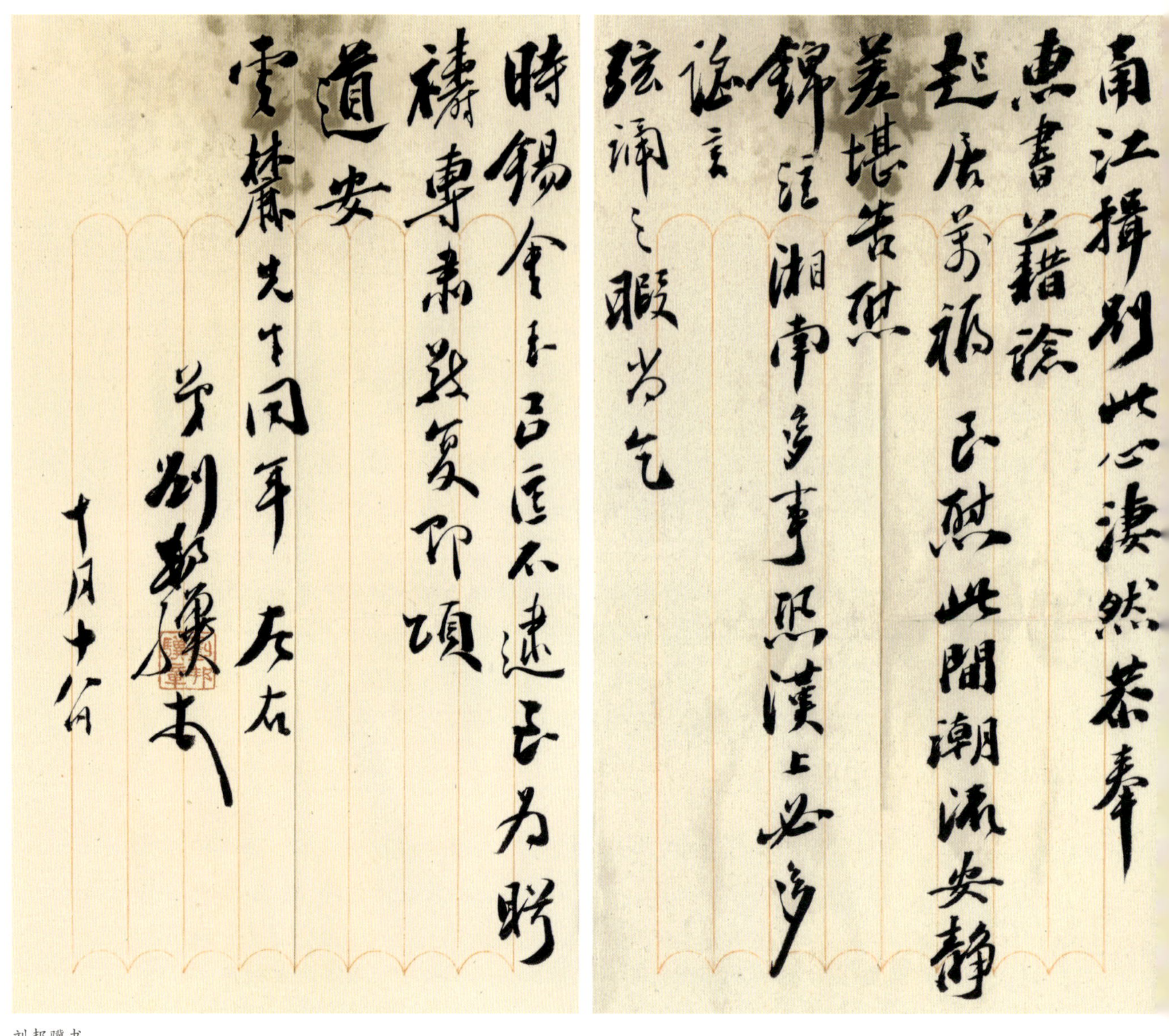

刘邦骥书

甬江揖别，此心凄然。恭奉惠书，藉谂起居万福，至慰。此间潮流安静，差堪告慰。锦注湘南多事，恐汉上必多谣言，弦诵之暇尚乞时锡金玉以匡不逮，至为盼祷。专肃敬复，即颂道安。云麓先生同年左右。弟刘邦骥顿首。十月十八日。

# 刘承干

刘承干（1882—1963），字贞一，号翰怡、求恕居士，晚年自称嘉业老人。浙江吴兴（今湖州市南浔镇）人，近代著名藏书家与刻书家。幼年就读于当地浔溪书院，受到良好的传统文化教育，清光绪三十一年（1905）考中秀才，宣统年间因连续在各地赈灾中捐银三万多两，累获分部郎中、四品卿衔、四品京堂，任候补内务府卿友人习惯称之为“京卿”。刘承干对历史有浓厚兴趣，自谓“弱冠即喜治乙部之书”；长于古籍版本知识，有较高的鉴别能力和水平。1914 年沈曾植任浙江通志总纂时曾聘为分纂。1920 年至 1921 年任清史馆名誉纂修，吴士鉴在致缪荃孙的一信中曾说：“姚仲实函及翰怡上馆长书，均已代交。刘、张二君赠以名誉，于馆中征借书籍，大有禅益。”尝任“通海垦牧公司”等多家公司董事。政治上属守旧派，与结集上海的清遗老来往密切，组织“淞社”定期雅集。1911 年携家定居上海，1963 年病逝。

一生痴心藏书，醉心刻书，用心护书。倾巨资藏书、刻书、聚书计六十万卷、二十万册，并精心设计建造“嘉业堂藏书楼”用以庋藏。

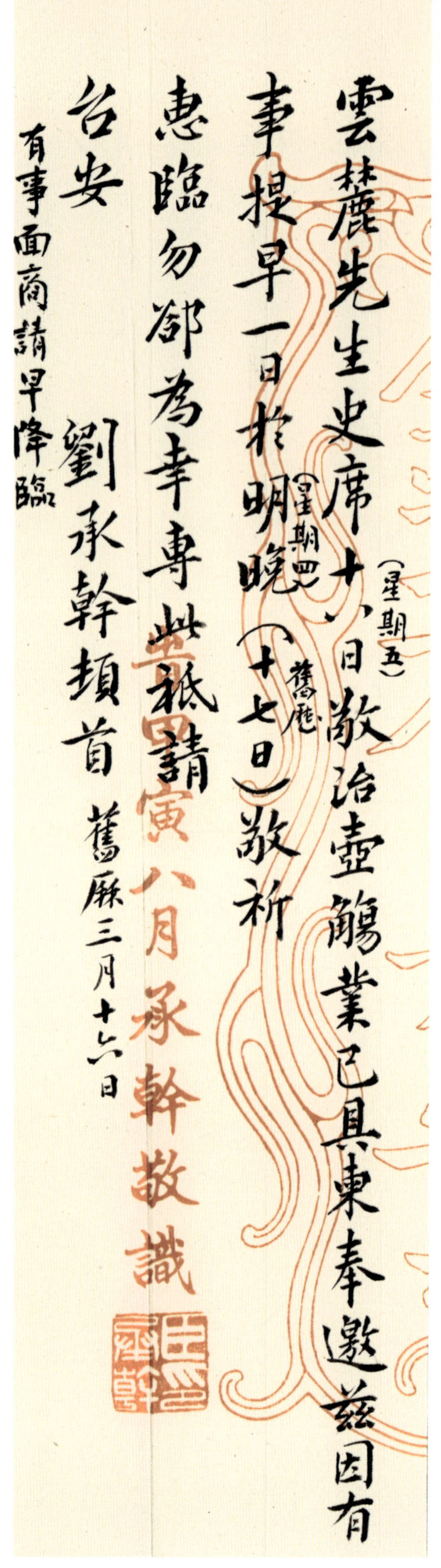

雲麓先生史席十八日（星期五）敬治壺觴業已具柬奉邀茲因有事提早一日於明晚（星期四）（舊歷十七日）敬祈惠臨勿卻為幸專此祗請台安　劉承幹頓首　舊歷三月十六日
有事面商請早降臨

刘承干书 第一通

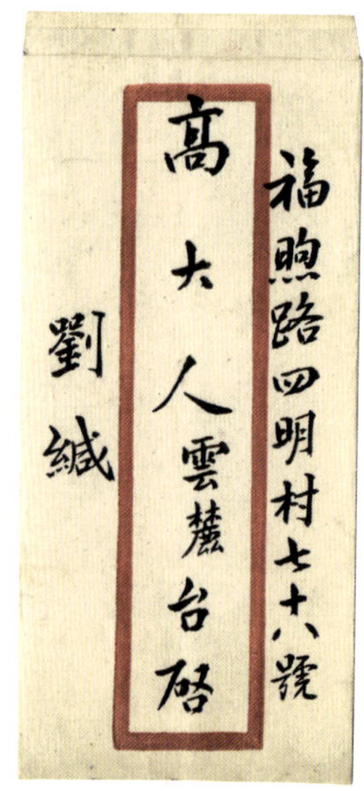

福煦路四明村七十八號
高大人雲麓台啓
劉緘

云麓先生史席：十八日（星期五）敬治壶觞，业已具柬奉邀。兹因有事提早一日于明晚（星期四，旧历十七日），敬祈惠临，勿却为幸。专此，祇请台安。刘承干顿首。旧历三月十六日。

有事面商，请早降临。

雲麓先生著席日前奉謁承
教為幸昨奉
大札并補來修　陵費四千五百元謹收悉近日擬先將已到
之款十五萬餘滙呈　濤邸因前日王君九兄寄示　郭嘯麓
觀察札云　濤邸承辦也我
公忠肝義膽奮身任事求之今世豈可復得即承幹亦無此能
力媿負多矣墊款搶修洵屬要圖奈宗室諸公皆處窘鄉遺
臣中亦乏有力之人如何如何專此敬請
道安　劉承幹頓首　二月廿一日

恭荷天褒爰集唐麻姑仙壇記字以誌
恩遇　壬戌十一月　劉承幹謹摹

刘承干书　第二通

云麓先生著席：日前奉谒承教为幸，昨奉大札并补来修陵费四千五百元，谨收悉。近日拟先将已到之款十五万余汇呈涛邸，因前日王君九兄寄示郭啸麓观察札云，涛邸承办也。我公忠肝义胆，奋身任事，求之今世岂可复得，即承干亦无此能力，愧负多矣。垫款抢修，洵属要图，奈宗室诸公皆处窘乡，遗臣中亦乏有力之人，如何！如何！专此，敬请道安。刘承干顿首。二月廿一日。

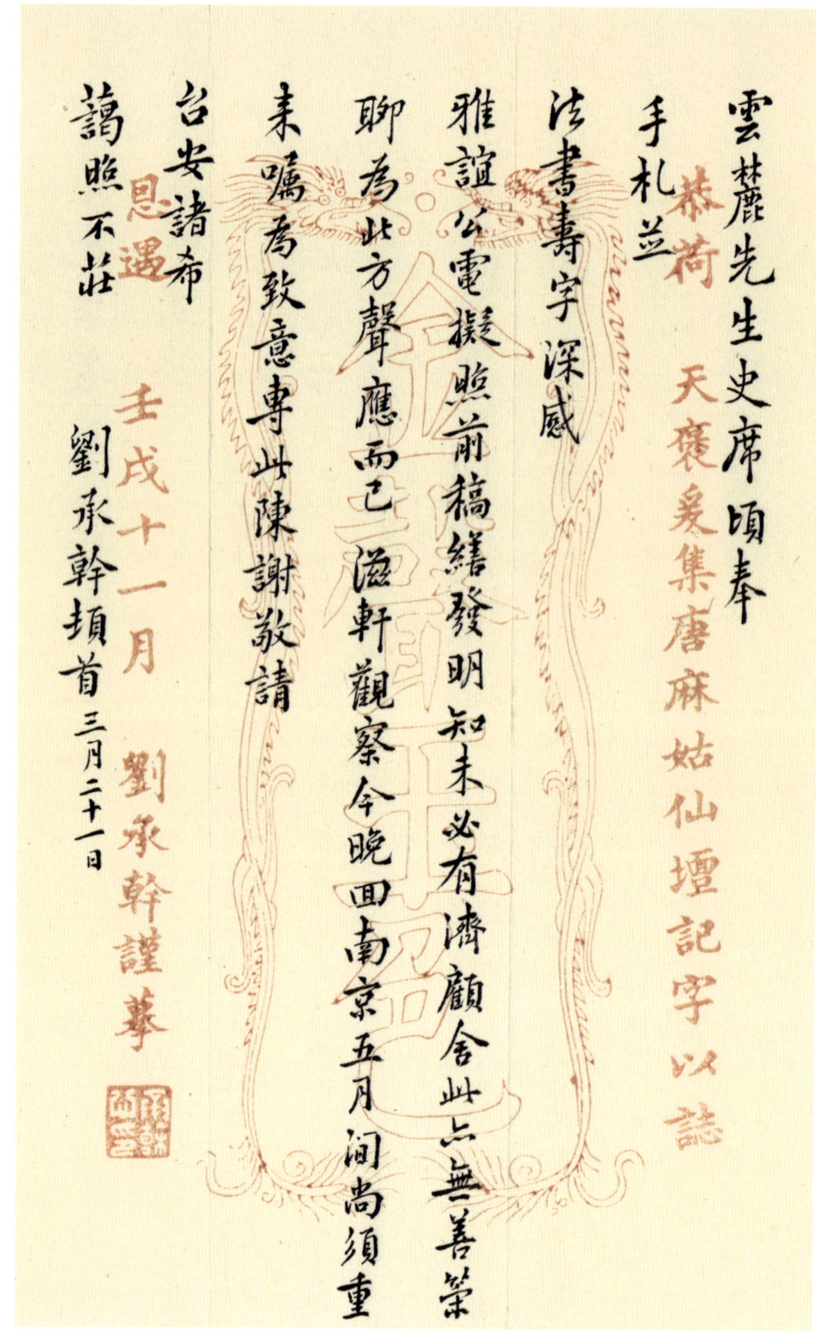

雲麓先生史席頃奉
手札並
法書壽字深感
雅誼公電擬照前稿繕發明知未必有濟顧舍此亦無善策
聊為北方聲應而已滋軒觀察今晚回南京五月間尚須重
來囑為致意專此陳謝敬請
台安諸希
藹照不莊
劉承幹頓首 三月二十一日

恭荷天褒爰集唐麻姑仙壇記字以誌
壬戌十一月 劉承幹謹摹

刘承干书 第三通

本埠福煦路四明村七十號
高大人雲麓台啓
膠州路四百五十號劉緘

云麓先生史席：顷奉手札并法书“寿”字，深感雅谊。公电拟照前稿缮发，明知未必有济顾，舍此亦无善策，聊为北方声应而已。滋轩观察今晚回南京，五月间尚须重来，嘱为致意。专此陈谢。敬请台安。诸希蔼照不庄。刘承干顿首。三月二十一日。

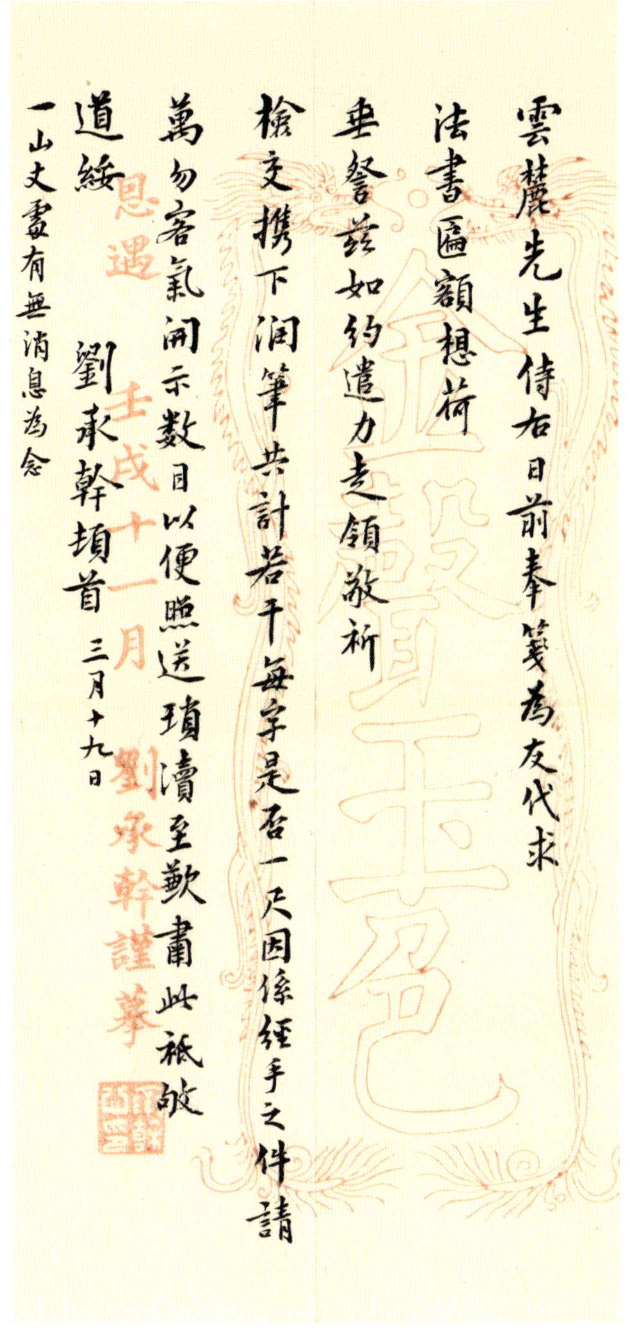
雲麓先生侍右：日前奉箋為友代求
法書匾額，想荷
垂詧。茲如約遣力走領，敬祈
檢交。攜下潤筆共計若干，每字是否一尺，因係經手之件，請
萬勿客氣開示數目，以便照送。瑣瀆至歉。肅此，祗敂
道綏。劉承幹頓首。三月十九日
一山丈處有無消息為念

刘承干书 第四通

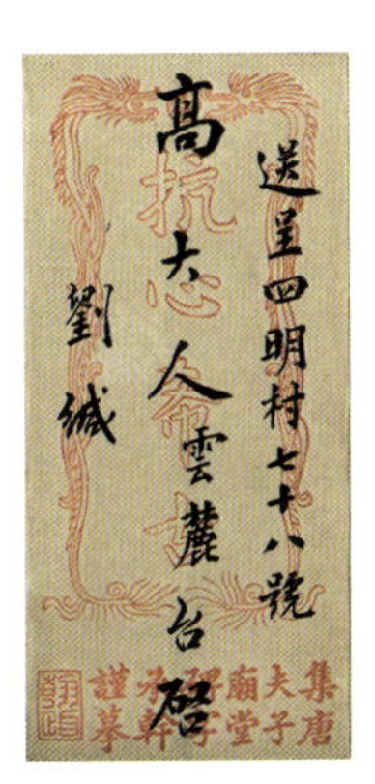


云麓先生侍右：日前奉笺为友代求法书匾额，想荷垂察。兹如约遣力走领，敬祈检交。携下润笔共计若干，每字是否一尺，因系经手之件，请万勿客气开示数目，以便照送。琐渎至歉。肃此，祇叩道绥。刘承干顿首。三月十九日。

一山丈处有无消息为念。

雲麓先生史席久闊
瞻對仰企為勞敬維
道履綏和定孚臆頌茲有敝友囑奉求
台端賜書匾額謹坿呈紙樣伏祈
加墨四大字請用隸書上下款請用楷書潤筆照送并請
賜示最近潤例瑣瀆至叩　一山丈處致數書未得復
尊處得其消息否肅此奉懇敬請
著安
劉承幹頓首　三月十一日

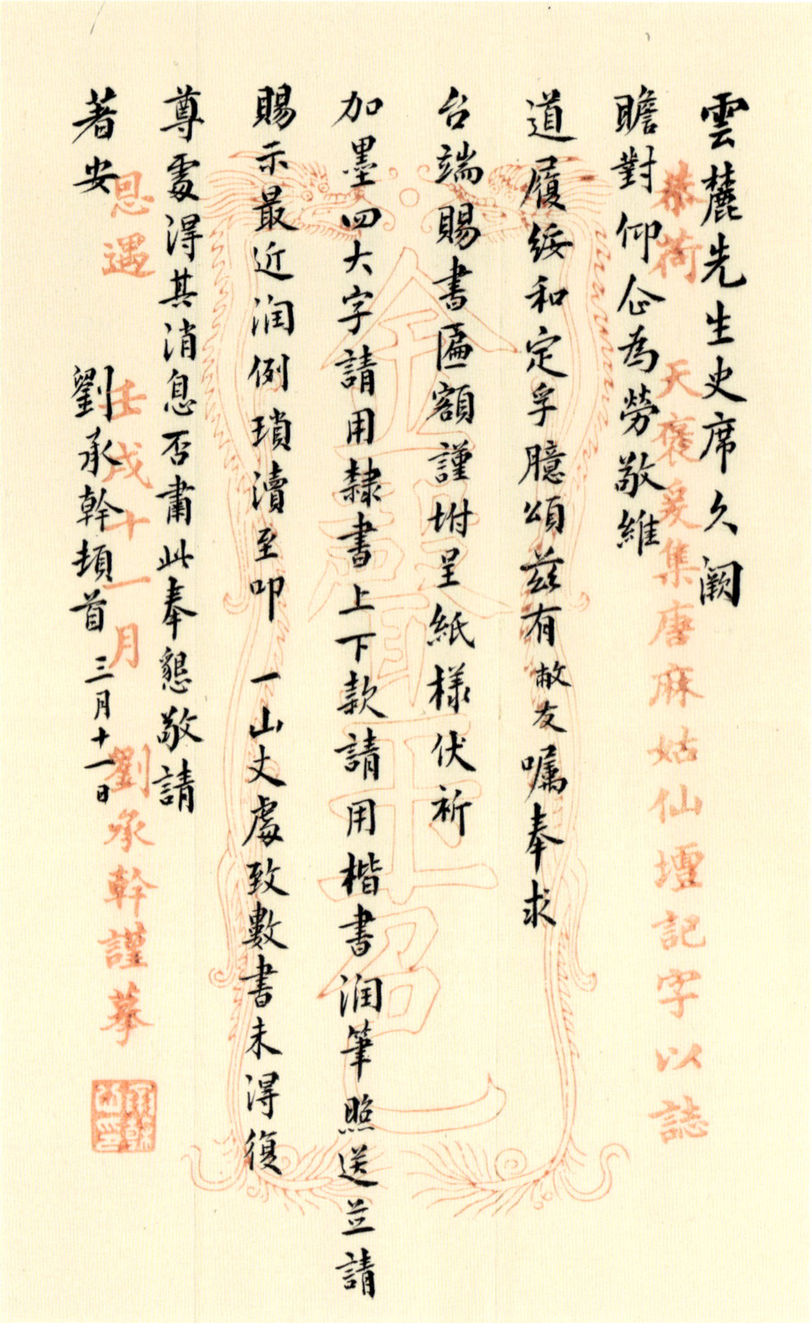

刘承干书　第五通

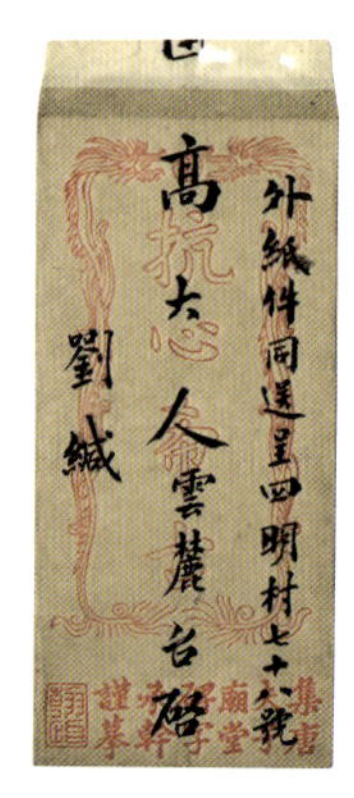

云麓先生史席：久阙瞻对，仰企为劳，敬维道履绥和，定孚臆颂。兹有敝友嘱奉求台端赐书匾额，谨附呈纸样，伏祈加墨，四大字请用隶书，上下款请用楷书。润笔照送，并请赐示最近润例。琐渎至叩。一山丈处致数书，未得复。尊处得其消息否？肃此奉恳。敬请著安。刘承干顿首。三月十一日。

雲麓先生侍右：日前送上一聯一扇奉求
墨寶，如荷
揮就，乞検交來手攜轉為叩。茲有扇面一葉敬求
法書，賜款蓉洲。又圖章一方，求式熊兄鐫陽文士先二字。扇
润一萬五千，鐫润二萬，一并送呈。如不敷，
示明補繳。瑣瑣瀆
神，不安之至。如蒙提前書刻尤感，因前途不日欲出门也。專懇，敬頌
道绥。劉承幹頓首。芒種節
一山丈近有信來言體漸康復

刘承干书 第六通

云麓先生侍右：日前送上一联一扇奉求墨宝，如荷挥就，乞检交来手携转为叩。兹有扇面一叶敬求法书，赐款“蓉洲”。又图章一方，求式熊兄镌阳文“士先”二字。扇润一万五千，镌润二万，一并送呈。如不敷，示明补缴。琐琐渎神，不安之至。如蒙提前书刻尤感，因前途不日欲出门也。专恳，敬颂道绥。刘承干顿首。芒种节。

一山丈近有信来言，体渐康复。

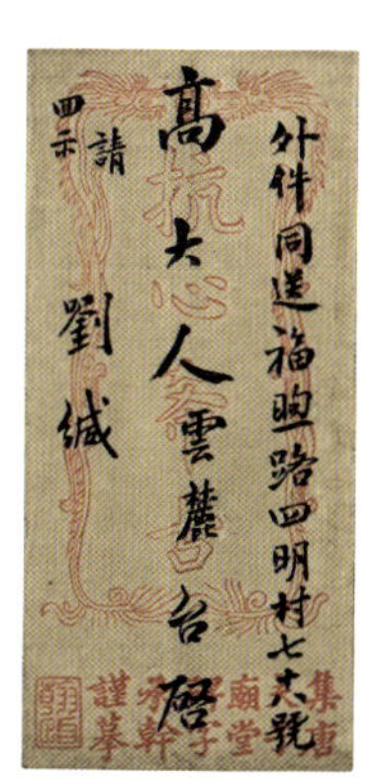

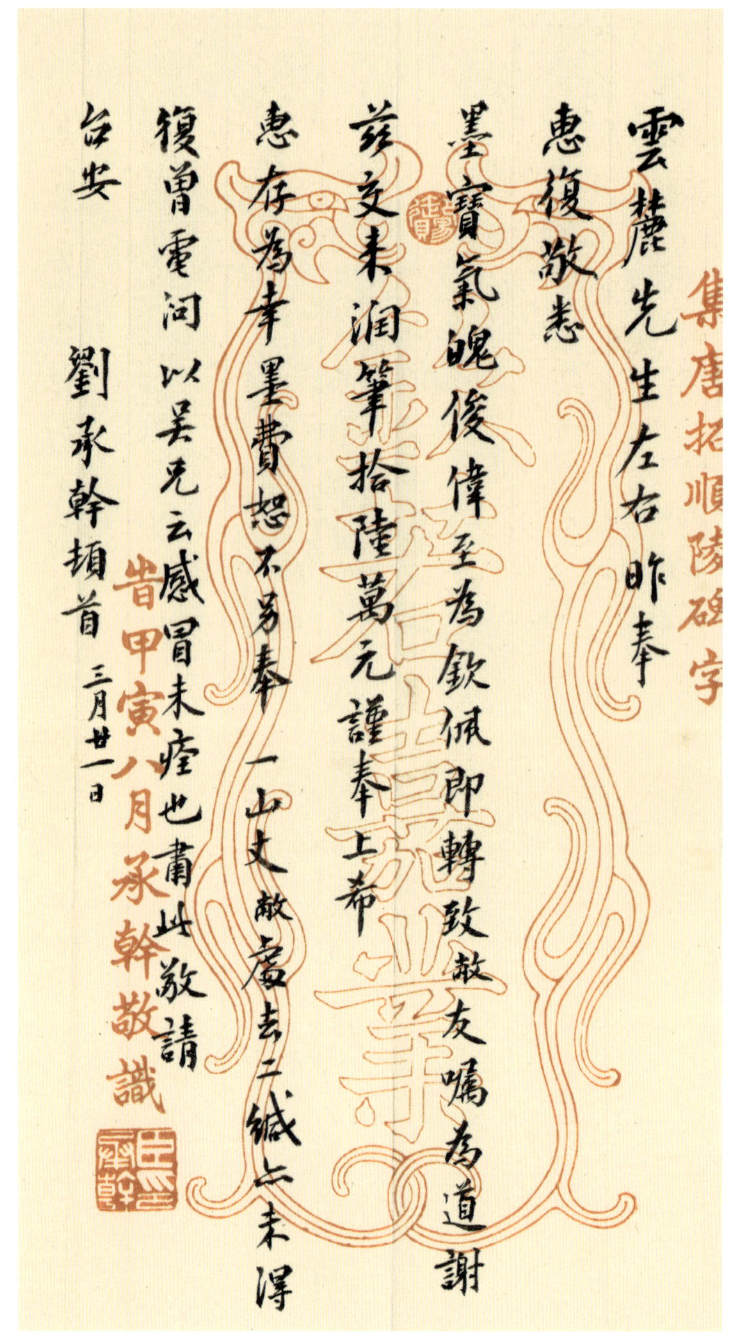

雲麓先生左右：昨奉惠復，敬悉。墨寶氣魄俊偉，至為欽佩。即轉致敝友，囑為道謝。茲交來潤筆拾陸萬元，謹奉上，希惠存為幸。墨費恕不另奉。一山丈敝處去二緘，亦未得復，曾電問以吴兄，云感冒未痊也。肅此，敬請台安。劉承幹頓首。三月廿一日



刘承干书 第七通

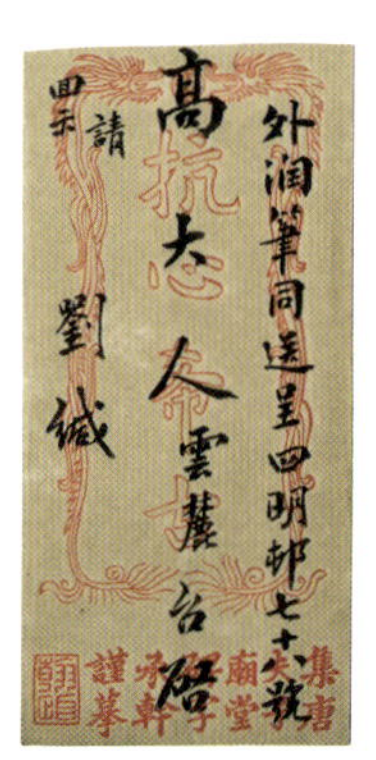


云麓先生左右：昨奉惠复，敬悉。墨宝气魄俊伟，至为钦佩。即转致敝友，嘱为道谢。兹交来润笔十六万元，谨奉上，希惠存为幸。墨费恕不另奉。一山丈敝处去二缄，亦未得复，曾电问以吴兄，云感冒未痊也。肃此，敬请台安。刘承干顿首。三月廿一日。

刘承干书　第八通

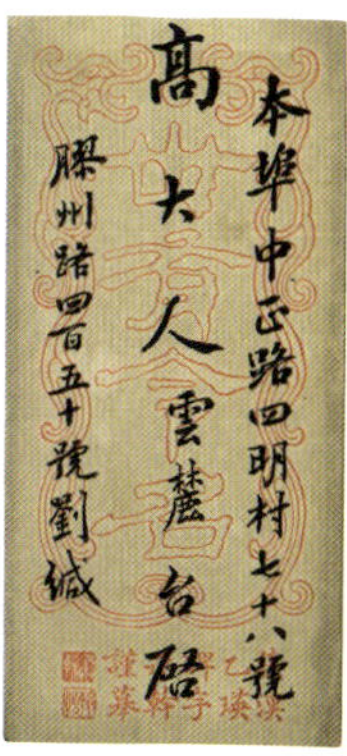


云麓先生侍右：接奉台札，敬审道履绥和为颂。心畬王孙札语重心长，有慨乎其言之已。移录一通留寄君九兄，原札奉缴。许鲁山丈于二月十七日无疾而终，其家遵遗命，不分讣开吊。现定初三日家奠，慕尔鸣路升平街永青里二弄朱家。初四日晨发引，初七日安葬镇江。老成凋谢，气类愈孤，知关垂注，并以奉陈。肃此，敬请著安。刘承干顿首。闰二月朔日。

雲麓先生侍右前奉
手誨敬悉
著祺曼福
履祉綏和為頌蒙
示大文拜讀至佩謹已迻錄茲將原稿奉繳敬希
詧存心畬王孫久不通問度已北行靈光集抄本仍留在敝處值
此時會未必能印行矣專此奉復敬請
道安
劉承幹頓首　立冬節


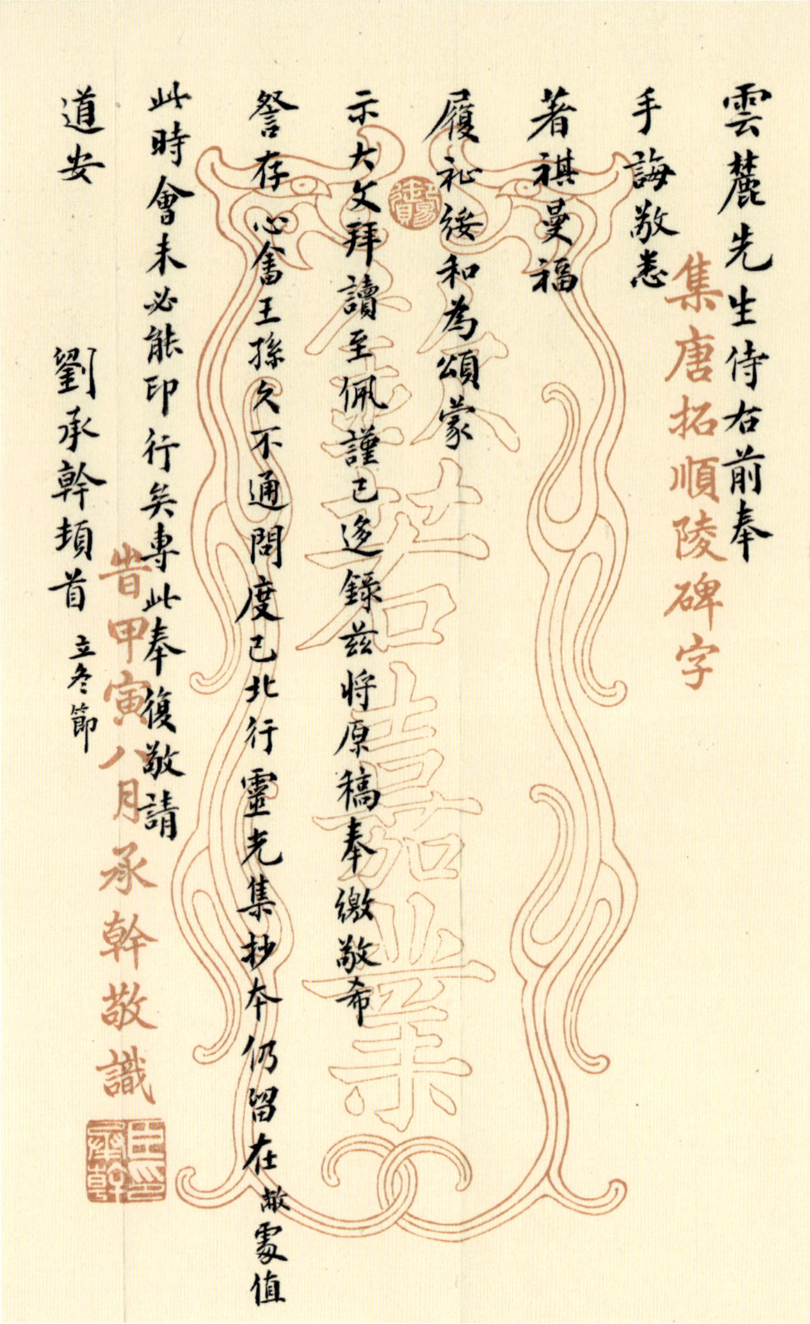

刘承干书　第九通

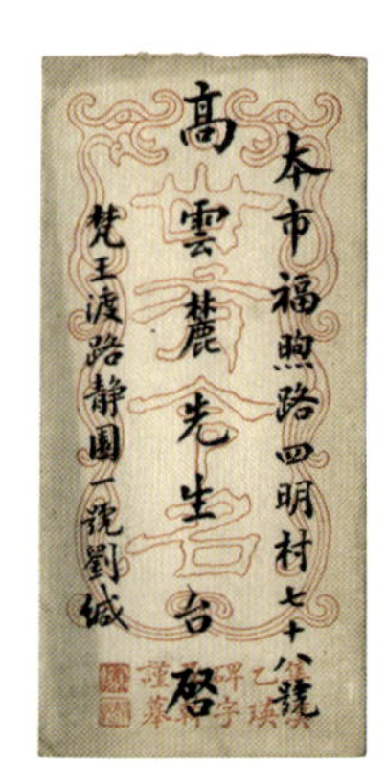

本市福煦路四明村七十八號
高雲麓先生台啓
梵王渡路靜園一號劉緘

云麓先生侍右：前奉手诲，敬悉。著祺曼福，履祉绥和为颂。蒙示大文，拜读至佩。谨已移录，兹将原稿奉缴，敬希察存。心畬王孙久不通问，度已北行。《灵光集》抄本仍留在敝处，值此时会未必能印行矣。专此奉复，敬请道安。刘承干顿首。立冬节。

刘承干书　第十通

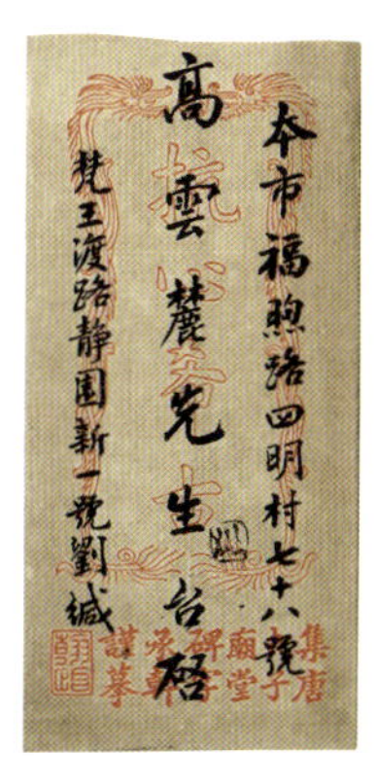
本市福煦路四明村七十八號
高雲麓先生台啓
梵王渡路静園新一號劉緘

云麓先生侍右：久阙瞻对，向往弥殷。秋气渐凉，敬维道履绥和，著祺迪吉为颂。前承面告，拟为章一山丈作家传，知已脱稿。敝处辑《遗民事略》及《三续碑传集》均不可少此一文，如蒙赐示，谨当录副奉还。一山丈诗文均由承干授梓，其诗系与王玫伯观察合刊者。关于宗周各事，一山丈等均在敝处集议，未识大文能补入否？专此，敬请台安。刘承干顿首。重阳节。

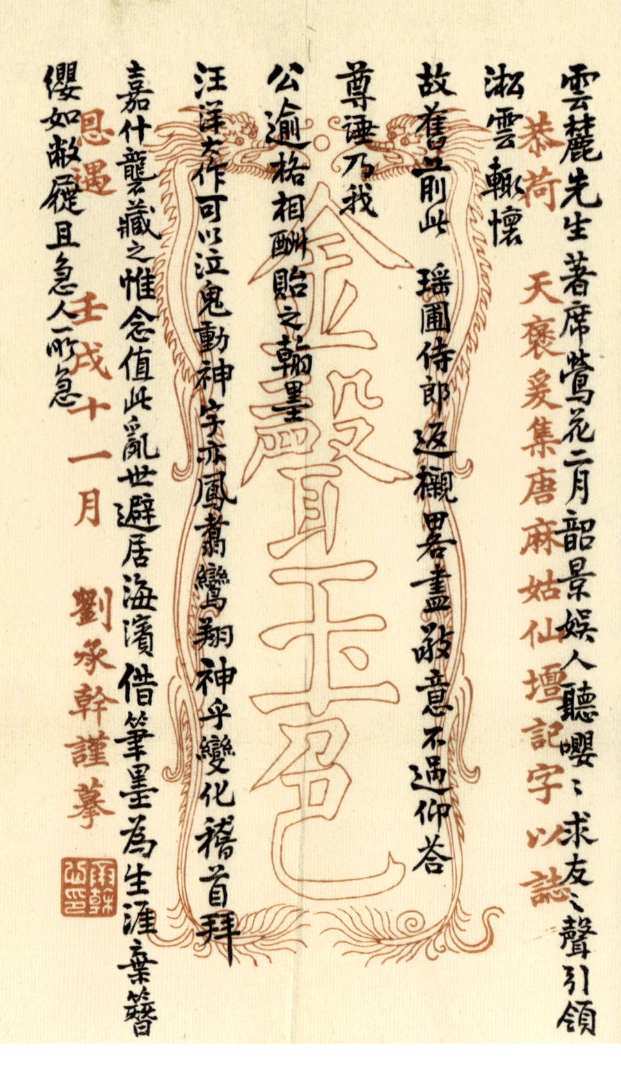

雲麓先生著席鶯花二月韶景娛人聽嚶〻求友〻聲引領
淞雲輒懷
故舊前此 瑤圃侍郎返櫬畧盡敬意不過仰荅
尊誄乃我
公逾格相酬貽之翰墨
汪洋大作可以泣鬼動神字亦鳳翥鸞翔神乎變化稽首拜
嘉什襲藏之惟念值此亂世避居海濱借筆墨爲生涯棄簪
纓如敝屣且急人所急



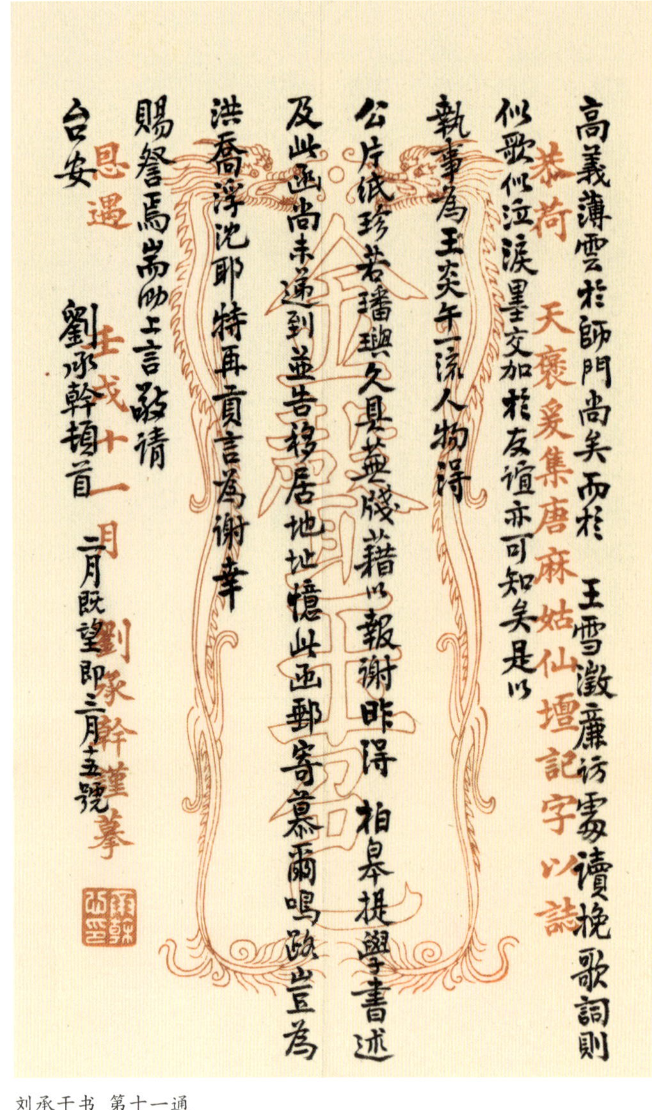

高義薄雲於師門尚矣而於 王雪澂廉訪處讀挽歌詞則
似歌似泣淚墨交加於友誼亦可知矣是以
執事爲王炎午一流人物得
公片紙珍若璠璵久具蕪牋藉以報謝昨得 柏皋提學書述
及此函尚未遞到並告移居地址憶此函郵寄慕爾鳴路豈爲
洪喬浮沈耶特再貢言爲謝幸
賜詧焉耑叻上言敬請
台安 劉承幹頓首 二月既望即三月十五號



刘承干书 第十一通

云麓先生著席：莺花二月，韶景娱人，听嘤嘤求友之声，引领淞云，辄怀故旧。前此瑶圃侍郎返榇，略尽敬意，不过仰答尊诔。乃我公逾格相酬，贻之翰墨，汪洋大作可以泣鬼动神，字亦凤翥鸾翔神乎变化。稽首拜嘉，什袭藏之。惟念值此乱世，避居海滨，借笔墨为生涯，弃簪缨如敝屣。且急人所急，高义薄云于师门，尚矣。而于王雪澂廉访处读挽歌词，则似歌似泣泪墨交加，于友谊亦可知矣。是以执事为王炎午一流人物，得公片纸珍若璠玙，久具芜笺藉以报谢。昨得柏皋提学书述及此函尚未递到，并告移居地址。忆此函邮寄慕尔鸣路，岂为洪乔浮沉耶？特再贡言为谢，幸赐察焉。耑泐上言，敬请台安。刘承干顿首。二月既望即三月十五号。

雲麓先生史席初九日曾上一箋計塵
鑒掌金滋翁交来
大著敬已錄出副本茲將原稿奉繳敬祈
詧入為叩肅此敬請
著安
劉承幹頓首
十月十二日

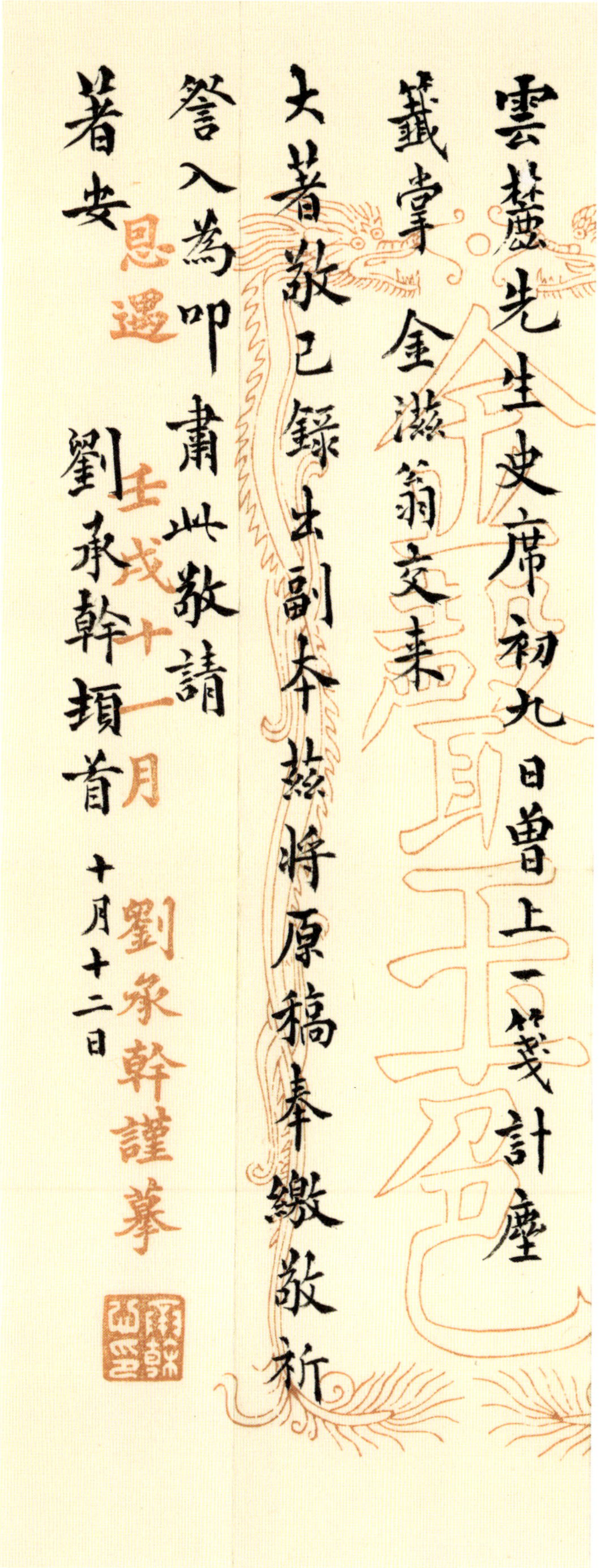

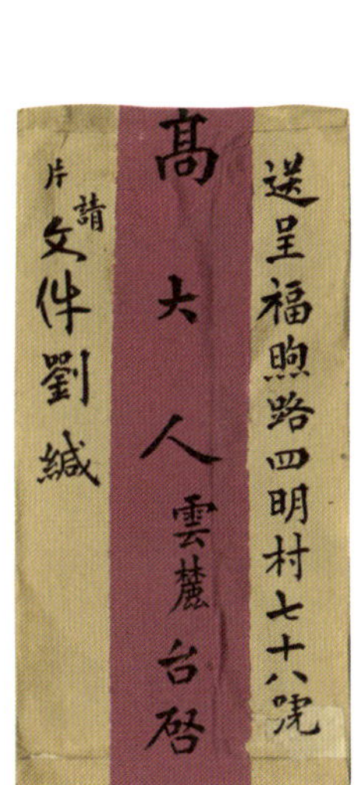

送呈福煦路四明村七十八號
高大人雲麓台啓
請片文件劉緘

　　云麓先生史席：初九日曾上一笺，计尘签掌。金滋翁交来大著，敬已录出副本。兹将原稿奉缴，敬祈察入为叩。肃此，敬请著安。刘承干顿首。十月十二日。

刘承干书　第十二通

雲麓先生惠鑒日前晤談為快敬維
道躬康勝為頌許魯山丈曹对彦丈重逢鄉舉聯
奏一摺近接胡晴初丈函知已於入
對時代呈蒙
恩准給匾額各一方許為三物允符曹為研經篤志仰見
聖上眷念舊臣旌表耆儒之至意凡我同志與有榮施
除分別轉致兩丈外特以奉陳（因尊銜列入聯奏）專請
道安
愚弟期劉承幹頓首 十一月初四日

刘承干书 第十三通

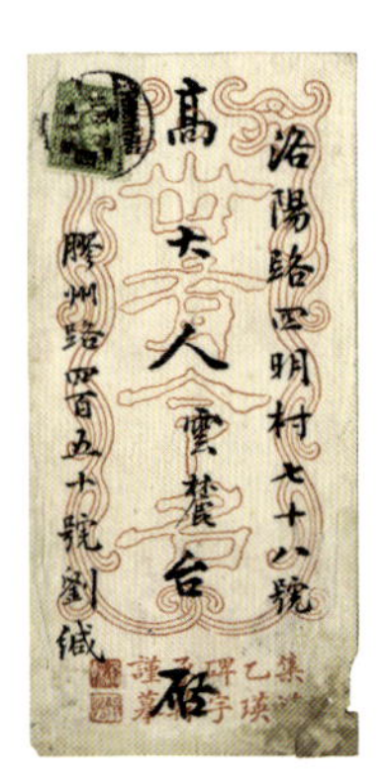


云麓先生惠鉴：日前晤谈为快，敬维道躬，康胜为颂。许鲁山丈、曹叔彦丈重逢乡举联奏一折，近接胡晴初丈函知已于入对时代呈。蒙恩准给匾额各一方，许为“三物允符”，曹为“研经笃志”。仰见圣上眷念旧臣旌表耆儒之至意，凡我同志与有荣施。除分别转致两丈外，特以奉陈（因尊衔列入联奏）。专请道安。愚弟期刘承干顿首。十一月初四日。

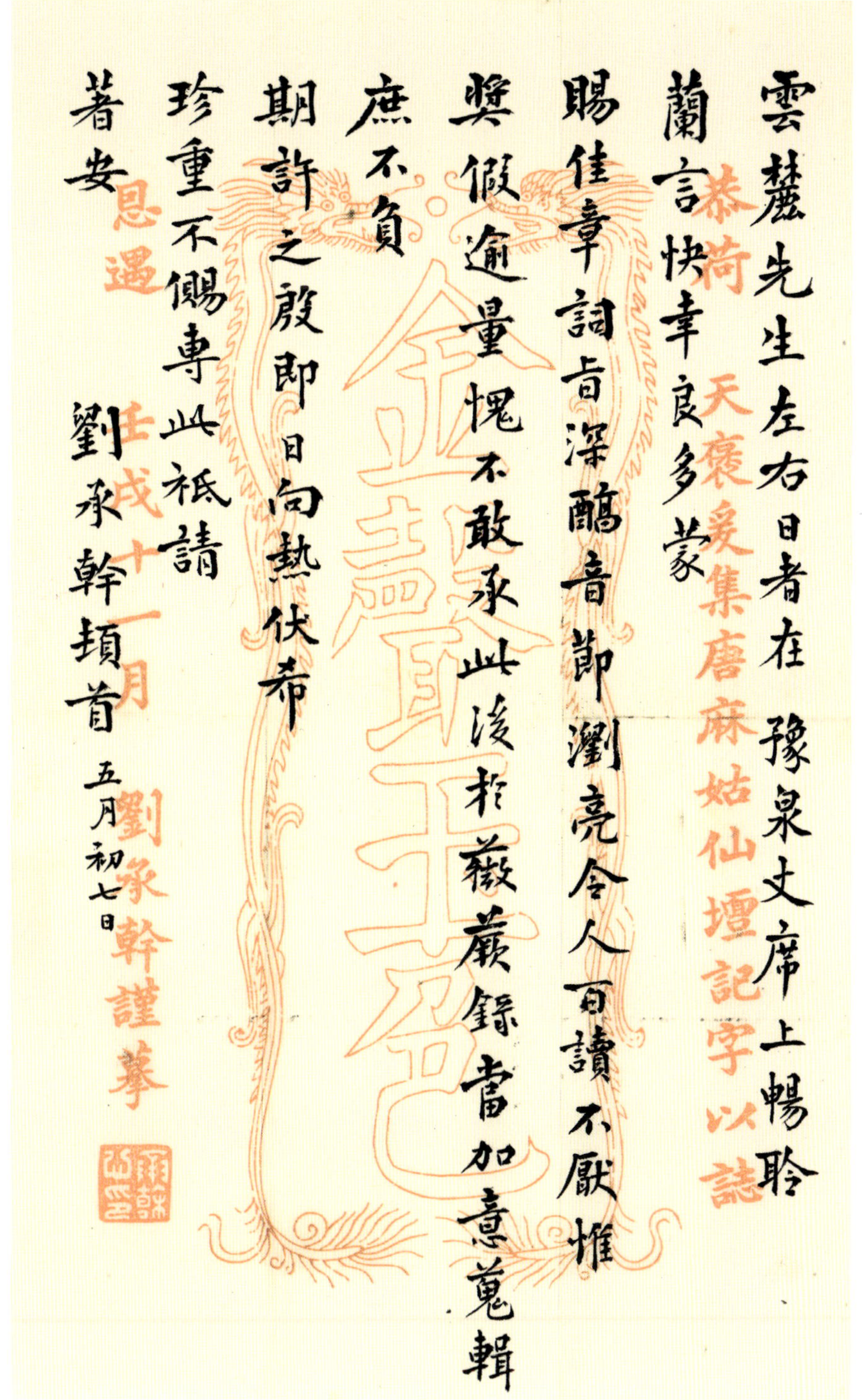
雲麓先生左右日者在 豫泉丈席上暢聆
蘭言快幸良多蒙
賜佳章詞旨深醇音節瀏亮令人百讀不厭惟
奬假逾量愧不敢承此後於薇蕨錄當加意蒐輯
庶不負
期許之殷即日向熱伏希
珍重不僴專此祗請
著安
劉承幹頓首 五月初七日



刘承干书 第十四通

云麓先生左右：日者在豫泉丈席上畅聆兰言，快幸良多。蒙赐佳章，词旨深醇，音节浏亮，令人百读不厌。惟奖假逾量，愧不敢承。此后于《薇蕨录》当加意搜辑，庶不负期许之殷。即日向热，伏希珍重不僴。专此，祗请著安。刘承干顿首。五月初七日。

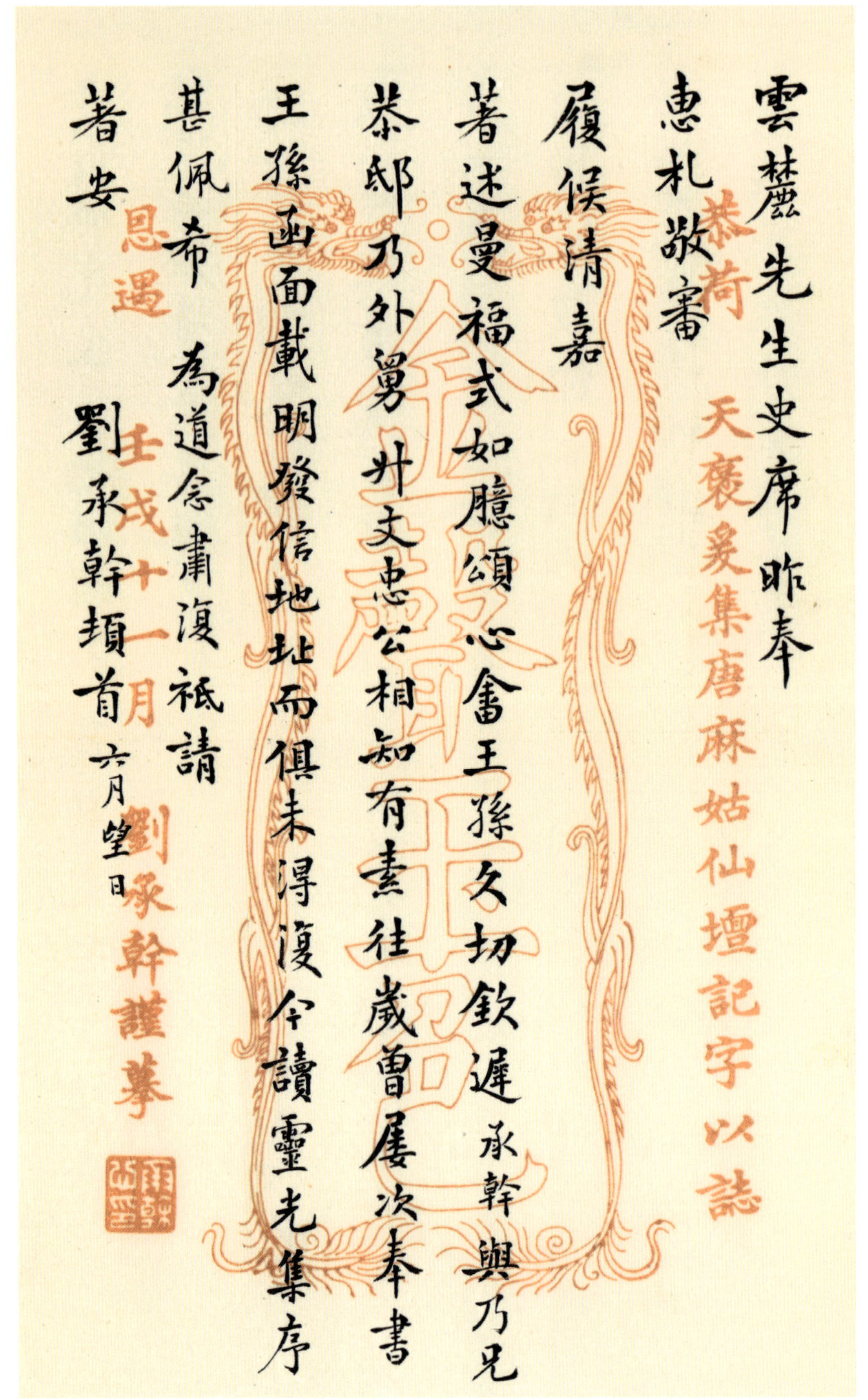
雲麓先生史席昨奉
惠札敬審
履候清嘉
著述曼福式如臆頌心畬王孫久切欽遲承幹與乃兄
恭邸乃外舅升文忠公相知有素往歲曾屢次奉書
王孫函面載明發信地址而俱未得復今讀靈光集序
甚佩希　為道念肅復祇請
著安　劉承幹頓首　六月望日

恭荷　天褒爰集唐麻姑仙壇記字以誌
恩遇　壬戌十一月　劉承幹謹摹

刘承干书 第十五通

云麓先生史席：昨奉惠札，敬审履候清嘉，著述曼福，式如臆颂。心畬王孙，久切钦迟，承干与乃兄恭邸、乃外舅升文忠公相知有素，往岁曾屡次奉书王孙，函面载明发信地址而俱未得复，今读《灵光集序》，甚佩，希为道念。肃复，祇请著安。刘承干顿首。六月望日。

# 刘廷琛

刘廷琛（1867—1932），字幼云，号潜楼，江西德化（今九江）人。光绪二十年（1894）进士，授翰林院编修。历任陕西提学使、学部右参议、京师大学堂总监督、学部副大臣。曾于宣统元年向溥仪进讲。辛亥革命后，热衷于参与策划复辟清王朝的活动，1917年张勋复辟时，被任命为内阁议政大臣，败后隐居青岛，以书画自娱，为当时“岛上三翰林”之一。1914年7月1日，国务卿拟聘其为礼制馆顾问，乃撰《复礼制馆书》以辞。后病逝于青岛。现九江县陶渊明纪念馆有刘廷琛题“望古遥集”“羲皇上人”榜额，《靖节先生祠堂记》碑刻。著有《潜楼文集》等。

雲麓仁兄大人閣下琛等侍疾無狀遘此閔凶餘喘窮號方
迷魂幹猥蒙
賜唁并
錫誄詞
厚誼深情鏤刻肝肺伏念琛等桑海殘身溪原廢隙方謂采蘭
雙獻常樂循陔不圖瞻岵無期九京遂遠几筵咫尺澀
視茫茫寒曜不呈霜飈轉烈萬籟哀響如察余情酸骨
痛髓不可說也　慈親在闈齒登八十豈勝憂戚
思以相解霑涕見人藏悲奉　母一日之中五內百沸矧
琛等薪欑之姿寖就頹落未挽虞淵之沉遽慟靈椿之
隕恨捐糜之奚補感
高誼之難忘辱在
故知摛衷陳謝仰希
鑒宥祗候
興居
棘人劉廷琛偕弟廷琦廷瑜稽顙

刘廷琛书

云麓仁兄大人阁下：琛等侍疾无状，遘此闵凶，余喘穷号，方迷魂干。猥蒙赐唁并锡诔词，厚谊深情镂刻肝肺。伏念琛等桑海残身，溪原废隙，方谓采兰双献常乐循陔，不图瞻岵无期九京遂远。几筵咫尺，涩视茫茫，寒曜不呈，霜飙转烈。万籁哀响，如察余情，酸骨痛髓，不可说也。慈亲在闱，齿登八十，岂胜忧戚，思以相解，霑涕见人，藏悲奉母，一日之中，五内百沸。矧琛等薪欑之姿寖就颓落，未挽虞渊之沉，遽恸灵椿之陨。恨捐糜之奚补，感高谊之难忘。辱在故知，摛衷陈谢，仰希鉴宥。祗候兴居。棘人刘廷琛偕弟廷琦、廷瑜稽颡。

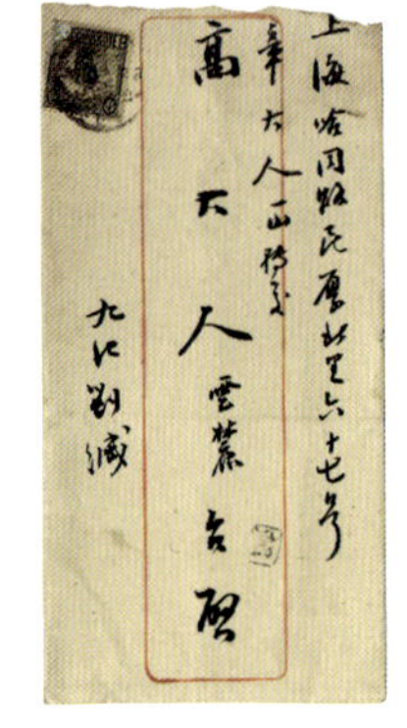

# 罗振玉

罗振玉（1866—1940），字叔言、叔蕴，号雪堂，晚年更号贞松老人。生于江苏淮安，祖籍浙江上虞。1906年奉召入京，任学部参事，兼京师大学堂农科监督。辛亥革命后长期侨居日本，“九一八”事变后参预策划成立伪满洲国，任监察院院长等职。书法善篆、隶、楷、行，创以甲骨文入书者之一。所作小行楷题跋精严工稳。曾搜集和整理甲骨、铜器、简牍、明器、佚书等考古资料，均有专集刊行。编著有《贞松堂历代名人法书》《高昌壁画精华》《殷墟书契》《殷墟书契菁华》《三代吉金文存》等。其博学，先后培养了容庚、商承祚、柯昌济、关百益、孙宝田及罗福葆、罗福颐等人，使之成为中国近代史上学有建树的专家。并对校勘学、目录学、姓氏学、宗教学也多有建树并著述留传后世。一生著作一百三十多种，刊印书籍五百种以上。

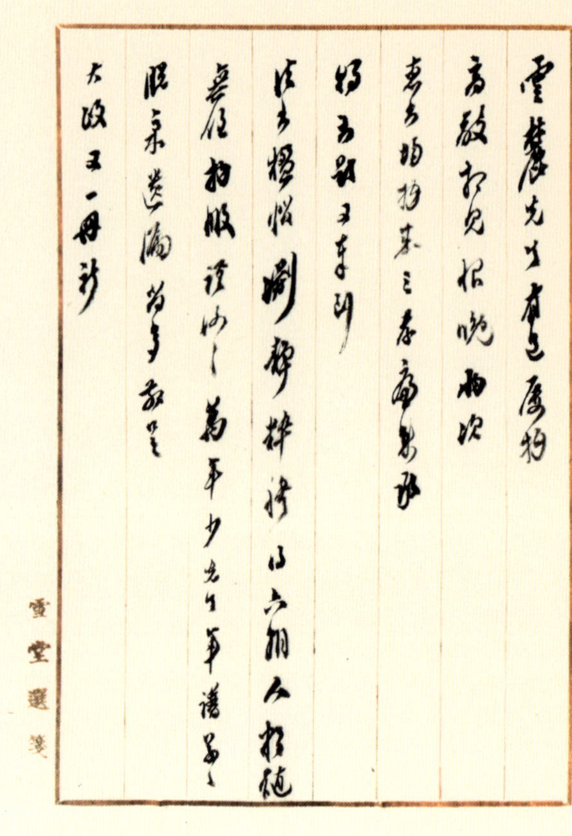


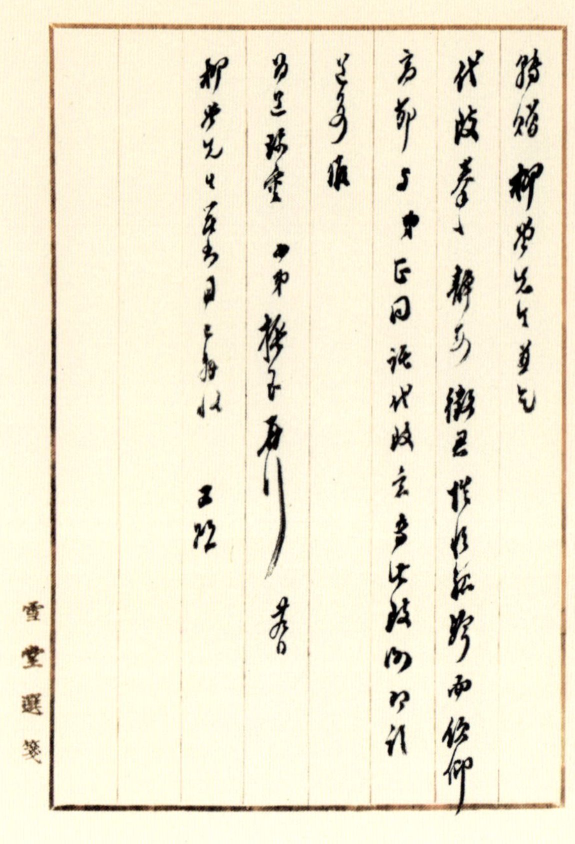


罗振玉书 第一通

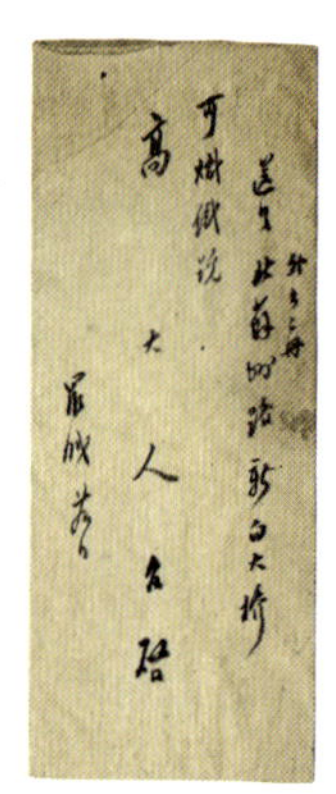

云麓先生有道：屡拜高教，相见恨晚。两次惠书均拜悉。《三孝廉集》承赐书题，又奉到法书楹帖，渊静粹穆，得六朝人精髓，无任拜服，谨谢，谨谢。万年少先生年谱草草脱稿，遗漏尚多，敬呈大政。又一册祈转赠柳堂先生，并乞代致拳拳。静安征君性情孤矜，而钦仰高节，与弟正同，托代致意。专此致谢，即请道安。候为道珍重。小弟振玉再拜。廿九日。

柳堂先生著书目已拜收。又启。

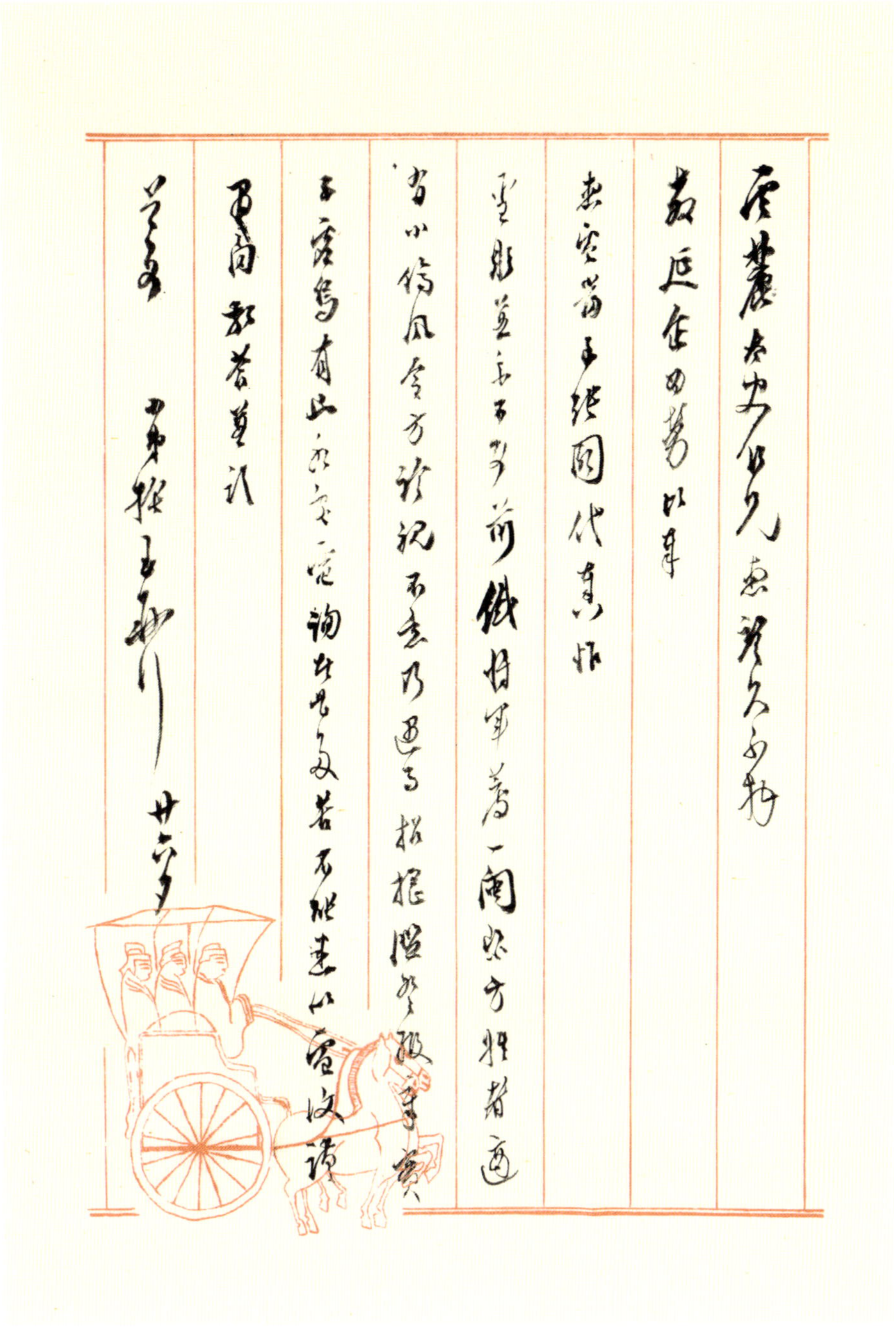
云麓太史仁兄惠鉴久不拜教
延企为劳顷奉
惠电当年张园代奏惟
圣躬并系不安前铁将军荐一闽医方姓者适
有小伤风令方诊视不意乃遇事招摇滥登报章
实子虚乌有也各处电询者甚多苦不能悉以电复谨肃函
敬答并请
道安　小弟振玉再拜　廿六夕

罗振玉书 第二通

云麓太史仁兄惠鉴：久不拜教，延企为劳。顷奉惠电，当年张园代奏惟圣躬并系不安。前铁将军荐一闽医方姓者，适有小伤风令方诊视，不意乃遇事招摇，滥登报章，实子虚乌有也。各处电询者甚多，苦不能悉以电复。谨肃函敬答，并请道安。小弟振玉再拜。廿六夕。

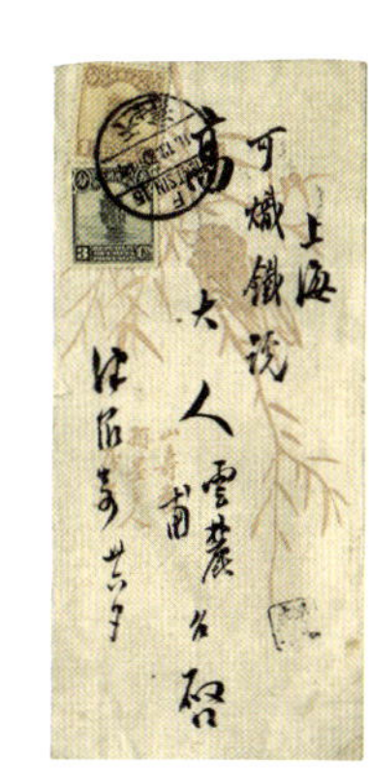

罗振玉书 第三通

云麓先生有道：到沪趋谒，值从者返珂乡，不获拜教，怅惘无似。前荷赐法书墨刻，拜领，谢谢。尊书得六朝人真髓，恐当世眯目者多，但知重粗工恶斫耳，可为浩叹！弟近随都中诸老之后，募集京旗振邺，兹属敝友金诵清文学奉呈募启五通。闻贵居停热肠古道，谨为数十万不衣不食之皇侨旧民哀恳提倡，专此奉申。敬请道安。教弟振玉再拜。十一日。

# 溥 儒

溥心畬（1896—1963），原名爱新觉罗·溥儒，初字仲衡，改字心畬，号羲皇上人、西山逸士。北京人，满族，清恭亲王奕䜣之孙。1914年北京法政大学毕业。曾留学德国，回国后潜心经史、泛览百家、研习诗文书画。画工山水，兼擅人物、花卉，与张大千人称“南张北溥”。1937年卢沟桥事变后，拒绝任伪职，移居万寿山，埋首著述和绘画。著述有《四书经义集证》《慈训纂证》《经籍择言》《秦汉瓦当文字考》《寒玉堂千文》《寒玉堂论画》等。于传统山水画法度严谨的基础上灵活变通，创造出新，开创自家风范。1949年去台湾，次年任教于台北师范大学艺术系，并授徒、讲学。病故后葬于阳明山之南原。

（1）

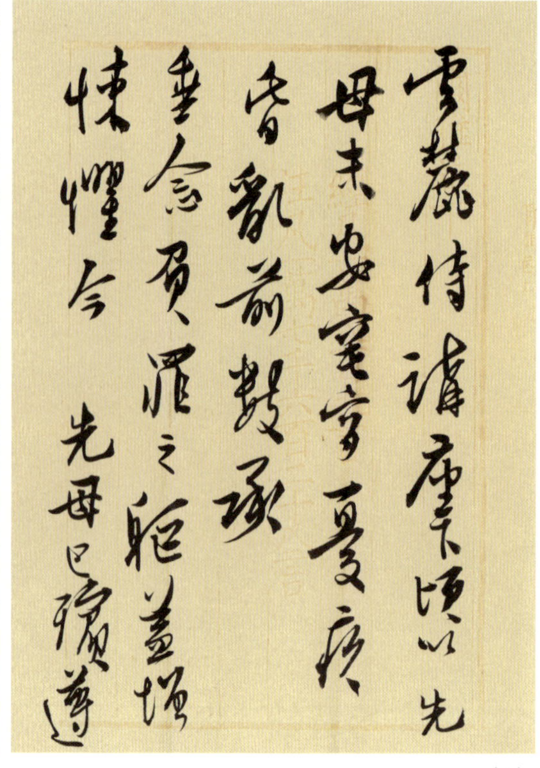

（2）

（3）

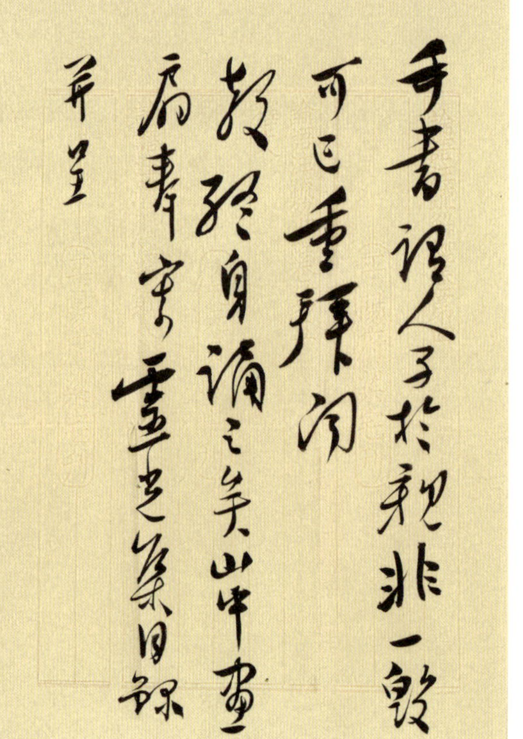

（4）

溥儒书

云麓侍讲座下：顷以先母未安窀穸，忧疚昏乱。前数承垂念，负罪之躯，益增悚惧。今先母已殡，遵礼除服，儒何人斯，敢逾于此。近梦先母颜每和霁，因思郑康成诂《礼经》有“全存于彼”之言，望可践也。前奉手书，谓人子于亲，非一毁可已。重拜闻教，终身诵之矣！山中画扇，奉寄。《灵光集》目录并呈钧阅酌定。即颂福履，不具。溥儒顿首。

# 钱崇威

钱崇威（1870—1969），字自严、慈严，江苏吴江松陵镇人。善书，清新秀逸，一洗馆阁之习。青年时代入江阴南菁书院求学。清光绪三十年（1904）中进士，殿试入翰林，次年官费东渡日本学法律。1910 年回国，曾任江苏省咨议院咨议、北京翰林院编修。1938 年，到上海以卖文鬻字为生直至新中国成立。应邀参加苏南各界人民代表会议，并当选为江苏省第一、第二、第三届人大代表，任江苏省文史研究馆馆员，1954 年 10 月任江苏省文史馆馆长。1969 年病逝上海。一生精于诗词、书法、木刻版本学。其书法用笔扎实，浑厚朴茂，书风神韵清逸、气势豪放，一如郑逸梅在《清代最后一位太史公钱自严》文中所写："书法挺秀，从矩度中具有超逸神韵，和寻常一般科甲中人板滞工整的馆阁体不同。他作书能大能小，能楷能行，有的气势磅礴，有的结构精严，因此墨迹流传，蜚声南北。"著有《荐雁诗草》《木刻精印》。

钱崇威书

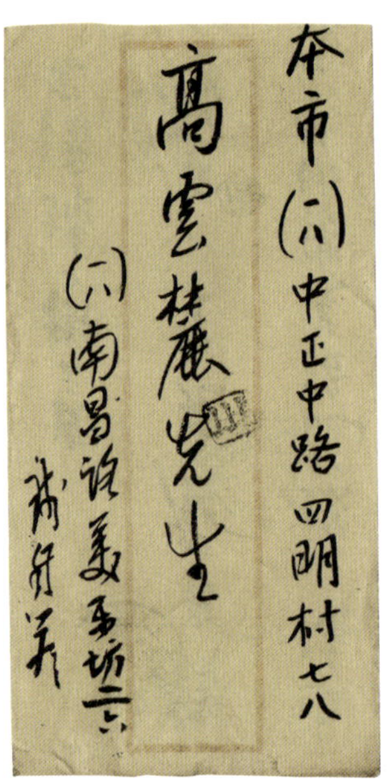


云麓老同年有道：顷得庞君蘅裳函，云遇子康兄，初三日庸师寿，概不收礼，惟门生故旧则请于申刻宴集，亦不预发请柬。嘱为转致。特闻。弟威顿首。初二上午。

# 王禹襄

王禹襄（1870—1935），字适安，一字渔湘，号养吾子、赤堇山人，别署惜庵、苡公、四明茶叟，斋堂为清绪经舍。浙江宁波人。精篆刻，存世有《王禹襄印存》于1937年刊行。另辑有《袖珍印品》一册。

自云治印之学未涉樊篱。又尝云："治印艺事也，而道存焉，刀法、章法人人可揣摩而成，而气息之内含、英华之外发，固由其人之学问行谊积累，涵养之功既深而後能神而明之耳。"

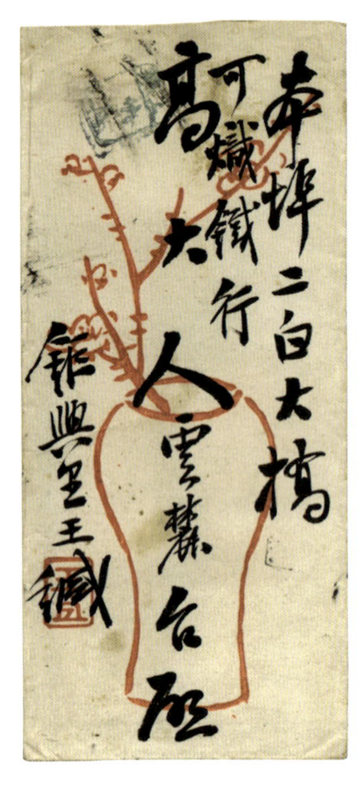

王禹襄书 第一通

云麓亲家老同年阁下：昨晚回寓，接奉手教，不胜骇然。驷不及舌，本属散淡人，何必因他人事作故态之舌战也。阁下既有会心，当时若以他言相阻，必不至津津作长论，壁垒同严，遂至愈战愈酣。不但弟毫无经心，即根亦无少觉，出门时尚说阁下之盛气犹不减昔年在京时也。况弟对夫己氏早有声言，两好间极不愿闻一切事故，彼亦不与弟细谈而弟亦不过问毫末也，尚肯为人作项庄哉？无论其为蝜若何，似不至为其利用而有所含所射耳。希阁下明白作太上忘情可也。昨上午曾候瑶公，持书就之表呈览。嗣到裕昌午饭，晤蘅兄。言及所延师当请至申坐馆，因其大夫人当在申长住，诸儿亦留在此也。童君来多得一谈友矣。本拟到尊处来，适他友邀看房屋，因便道答候庄亲家，为其留晚膳，亦谈至十一钟始回。瑶公曾嘱寄一言，阁下呈函已收到，云午节粗馔尚荷齿及，殊汗颜矣。手复，顺请道安。不具。弟禹襄顿首。五月初八晨。

（1）

（2）

（4）

（5）

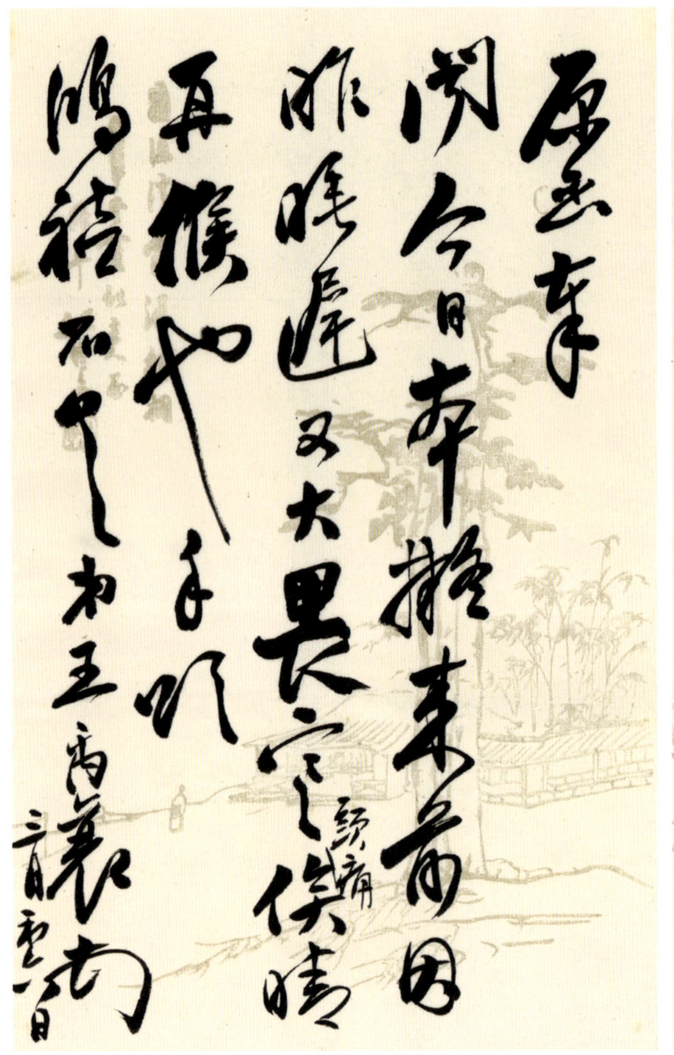

王禹襄书　第二通

云麓亲家老同年阁下：顷接令郎初二日来函，欣悉小女于初一日午后三钟余得产一女，顺速可慰。报禀未知有到否？特附原函奉闻。今日本拟来，前因昨睡迟，又大畏寒头痛，俟晴再候也。手颂鸿禧。不具。弟王禹襄顿首。三月初六日。

（1）

雲麓親家老同年閣下
十五、十八日
手教并貴友士所借
早經領知
駕當赴鄉，故未即答
殊歉。茲所寄拜觀

（2）

捧讀，擬上兩日携至
同文俱樂部，與葉、王兩
君商議，後即送至羅
宅矣。羅君現在申，我
用人照片，深承以直除
見詠詩書，中白玉之瑕

（3）

何敢胥府隱是所較勝
於呂以神道而遜於河肓
王書通體自淨，氣勢
雄茂，巧勝於拙，鄙見
之確為能品，第以刻石
作手秋無以為學切實論

（4）

之結體，大有出入，雲
以為書律之右肩上似削
一角，即是所云甚也
至結體主文病處至一
云振華直書似無眼
計，疏密，收於向背，候

（8）

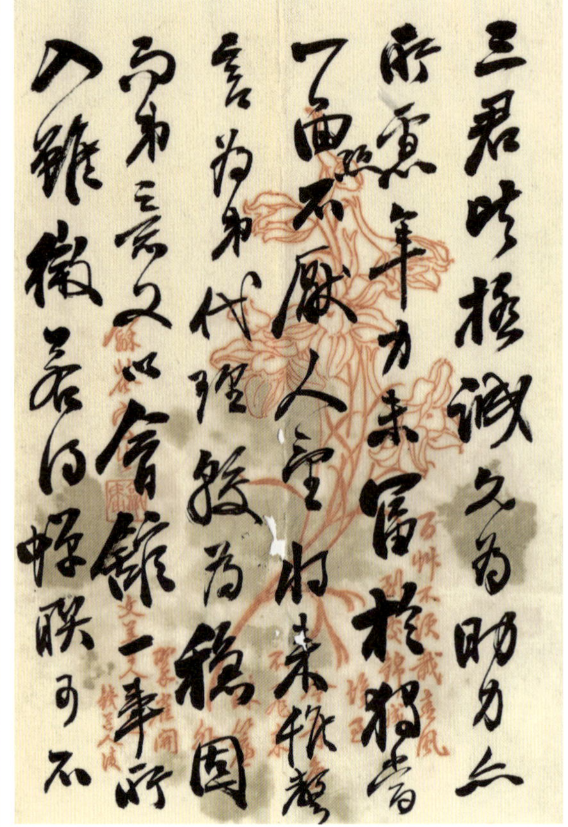

（9）

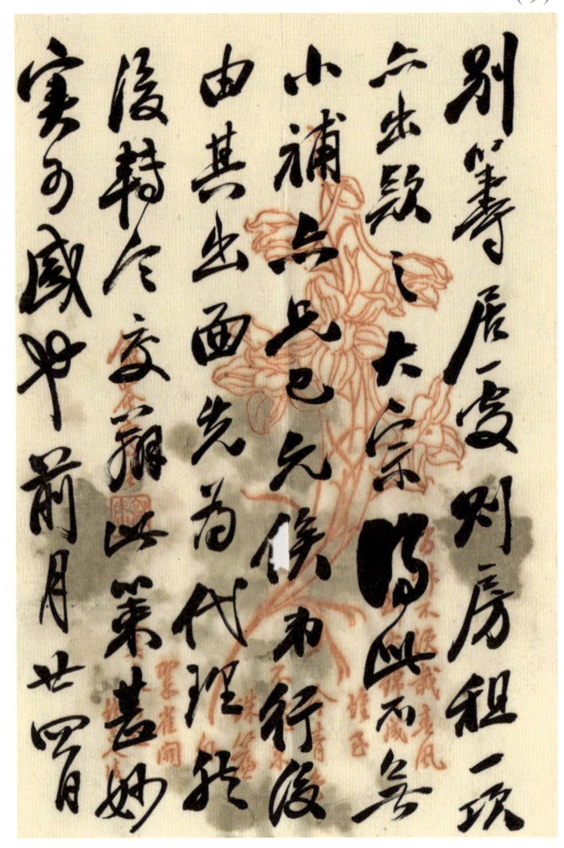

云麓亲家老同年阁下：十五、十八日手教并《费处士碑》均早祗领。知驾当赴乡，故未即答，殊歉。然碑字拜观，挂诸壁上两日，携至同文俱乐部与药、亦两君赏览，后即送至罗宅矣。罗君现在申，或得一晤也。谬承以直谅见许，法书中白玉之瑕，何敢有所隐？是碑较胜于《吕公神道》而逊于《阿育王寺》，通体匀净，气势雄茂，巧胜于拙，骤观之确为能品。第以刻石作千秋想，以每字切实论之，结体大有出入处。公书往往右肩上似削一角，而是碑更甚也。至结体受病处在一意振笔直书，无暇计疏密，故于向背宾主之间多未合法，此所谓心手不相应也。虽然言之易为之难，弟亦多犯是病，惟同勉之而已。公意为何如也？狂论幸不罪。知贵恙得九香同年诊治，想都霍然。松老病得郑筱湘回津言，知前剧而已愈，为慰。闻有出申悬壶之策，果否也？令郎在寓顺适，请纾远注。近日紧迫其披览公牍文字，日习北语。弟事及布置令郎事，已与药、亦及周谱笙君（会馆之庶务员，药老同乡）三人言其详细，承三君皆极诚，允为助力。亦所虑年力未富，于独当一面恐不厌人望，将来惟声言为弟代理，较为稳固。而弟意又以会馆一事，所入虽微，若得蝉联可不别筹居处，则房租一项亦出欵之大宗，得此不无小补。亦兄已允俟弟行后由其出面先为代理，然后转令交办，此策甚妙，实可感也。前月廿四日孙词翁到津，先派人送瑶公函及关书，至次日约时来访，翌日弟亦参拜两次，晤谈意各欢洽，并已函复瑶公矣。晤乞一提之，就鄙见觉孙固久历官场外员中之一能手也。近计公可到申，因拉杂书候并附令郎一禀。津门已大寒，想海上亦添寒意。诸惟珍卫，不具。弟王禹襄顿首。十一月初四日。

（5）

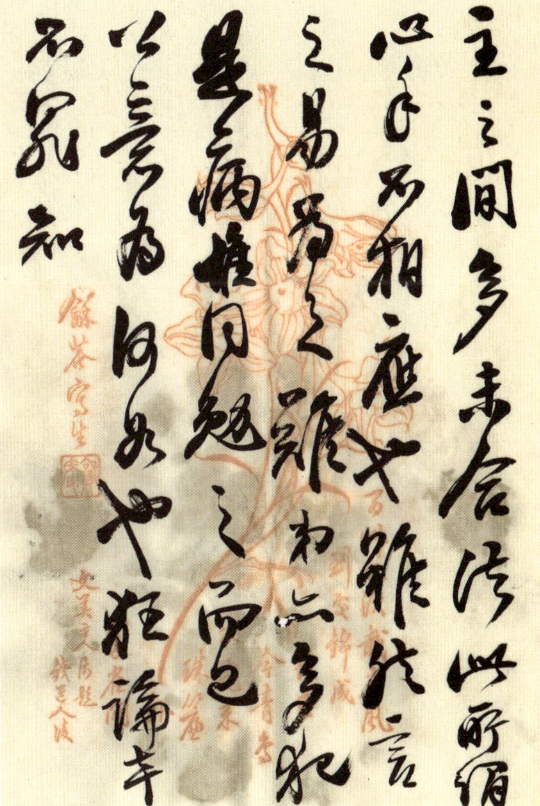

（6）

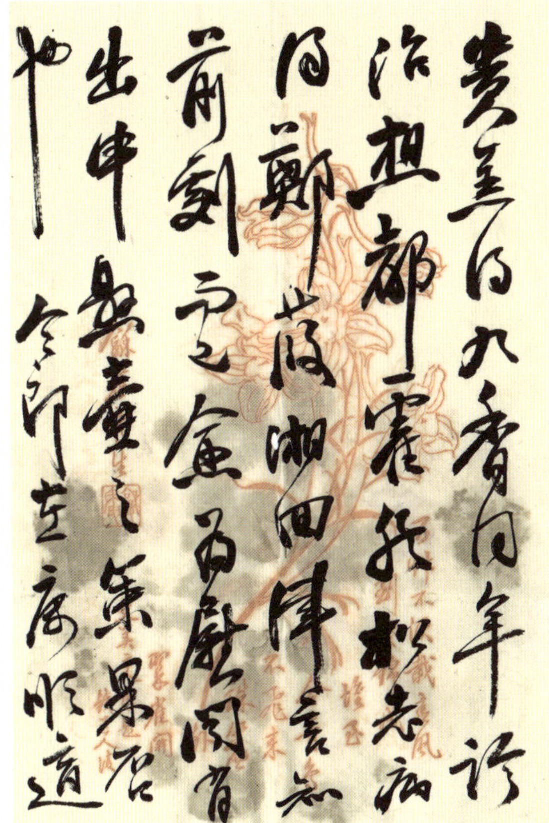

（7）

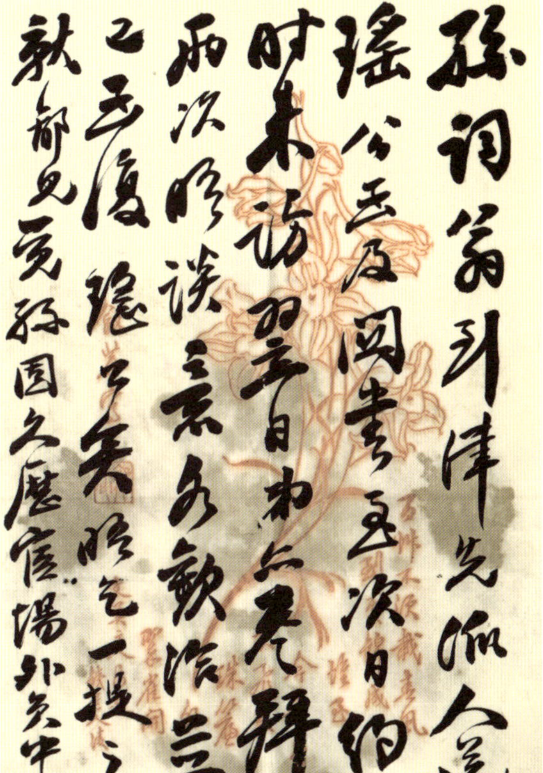

（10）

（11）

王禹襄书　第三通

（4）

王禹襄书　第四通

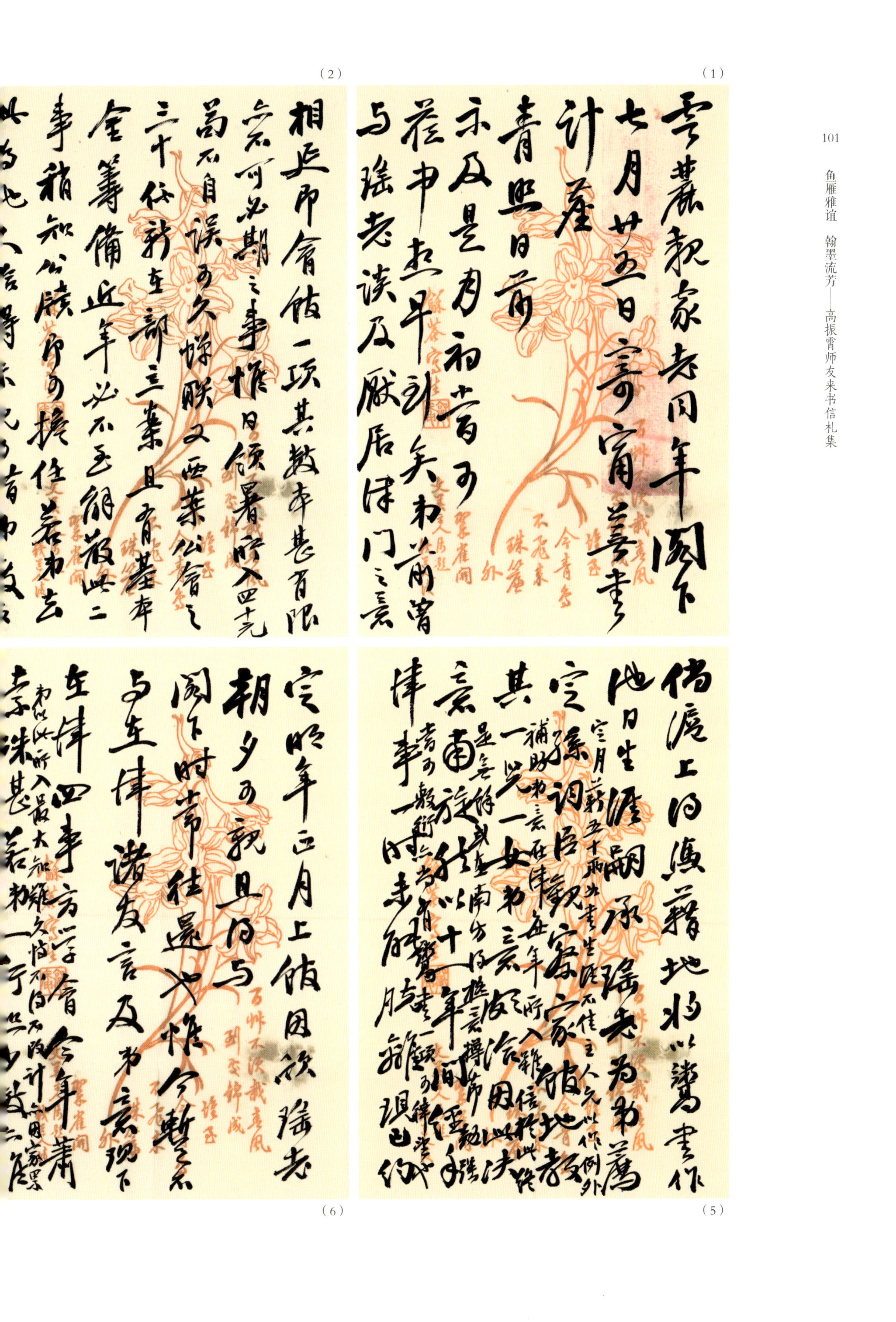

（2）

（1）

（6）

（5）

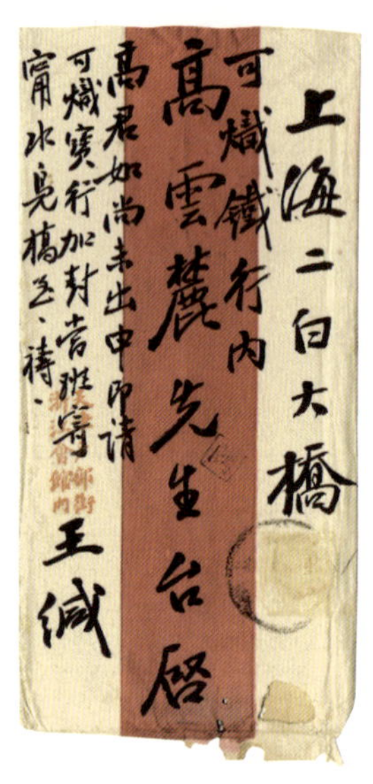


云麓亲家老同年阁下：七月廿五日寄宁芜书，计尘青照。日前示及是月初当可莅申，想早到矣。弟前曾与瑶老谈及厌居津门之意，相延即会馆一项其数本甚有限，亦不可必期之事，惟日领署所入四十元，苟不自误可久蝉联。又西药公会之三十系新在部立案，且有基本金筹备，近年必不至解散。此二事稍知公牍即可担任，若弟去，此为他人拾得，未免可惜。弟度之，令郎笔墨略为之指示公牍格式及办理情形，与之接办却有余裕，即将来成室以后家口未多，得此每月七十元，在津同眷旅居租界亦足自缴。好在现下小女随兄嫂同住京都，鄙意如果阁下允放令郎远行，趁弟尚有数月在津择期，嘱令郎旅津即暂居寓中（即他日敝眷行后寄寓之处，弟当为之托定）。弟当令其练习北方言语及示以所办事（数月后即不能说能听足矣）。公牍情形先以代理为名，及少熟悉然后弟声言离津，以此接续，当自稳定。未知尊意如何，即请商之。倘沪上得凭借地，将以鬻书作他日生涯。嗣承瑶老为弟荐定孙词臣观察家馆地，教其一儿一女，定月薪五十两。如书生涯不佳，主人允以作例外补助。弟意在津每年所入虽倍于此，终是无余，或在南方得极意樽节，勉强当可敷衍，亦尚有鬻书一项可倖望也。弟意颇洽，因此决意南旋，然以十一年间经手津事，一时未能脱离，现已约定明年正月上馆，因欣瑶老朝夕可亲，且得与阁下时常往还也。惟今暂不与在津诸友言及，弟意现下在津四事商学会今年萧索殊甚，若弟一行，恐少数亦难。弟以此所入最大，知难久恃，不得不改计，亦因家累稍重，去此必难敷衍。年伯母大人暨年嫂夫人从否，乞先见示为盼。瑶老明日偕眷属南还，当即相见。弟亦曾将此意与之谈及也。手请道安，不具。弟王禹襄顿首。八月初七日。

韵兄并候道意，恕不另函。

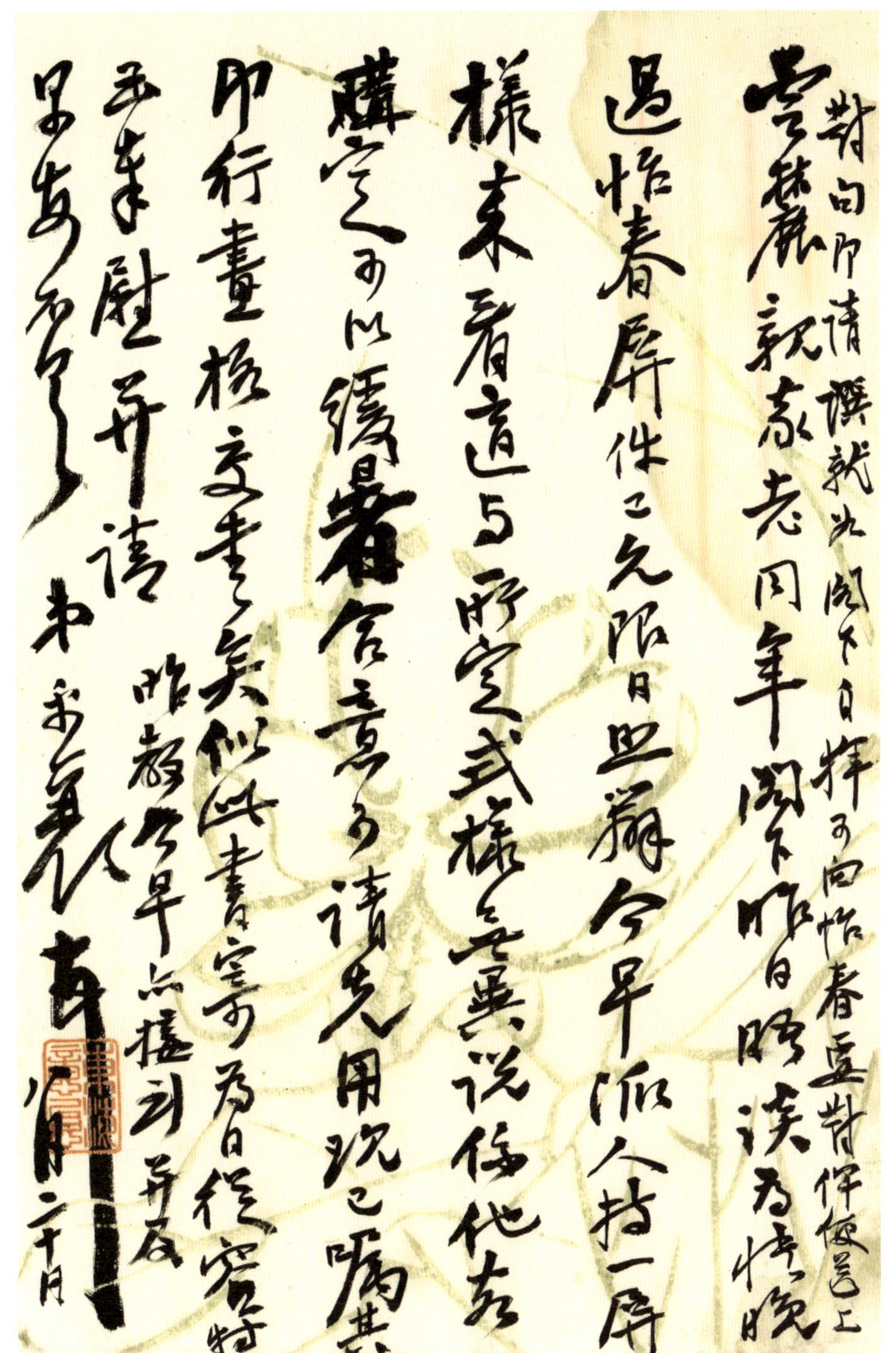

王禹襄书 第五通

云麓亲家老同年阁下：昨日晤谈为快。晚过怍春，屏件已允限日照办。今早派人持一屏样来看，适与所定式样无异，说系他客购定，可以缓署，合意可请先用。现已嘱其即行画格交书矣，似此书寄为日从容，特函奉慰。并请早安，不具。弟禹襄顿首。八月二十日。

对句即请撰就，如阁下自挥，可向怍春要对，俾便送上。

昨教今早亦接到，并及。

（4）

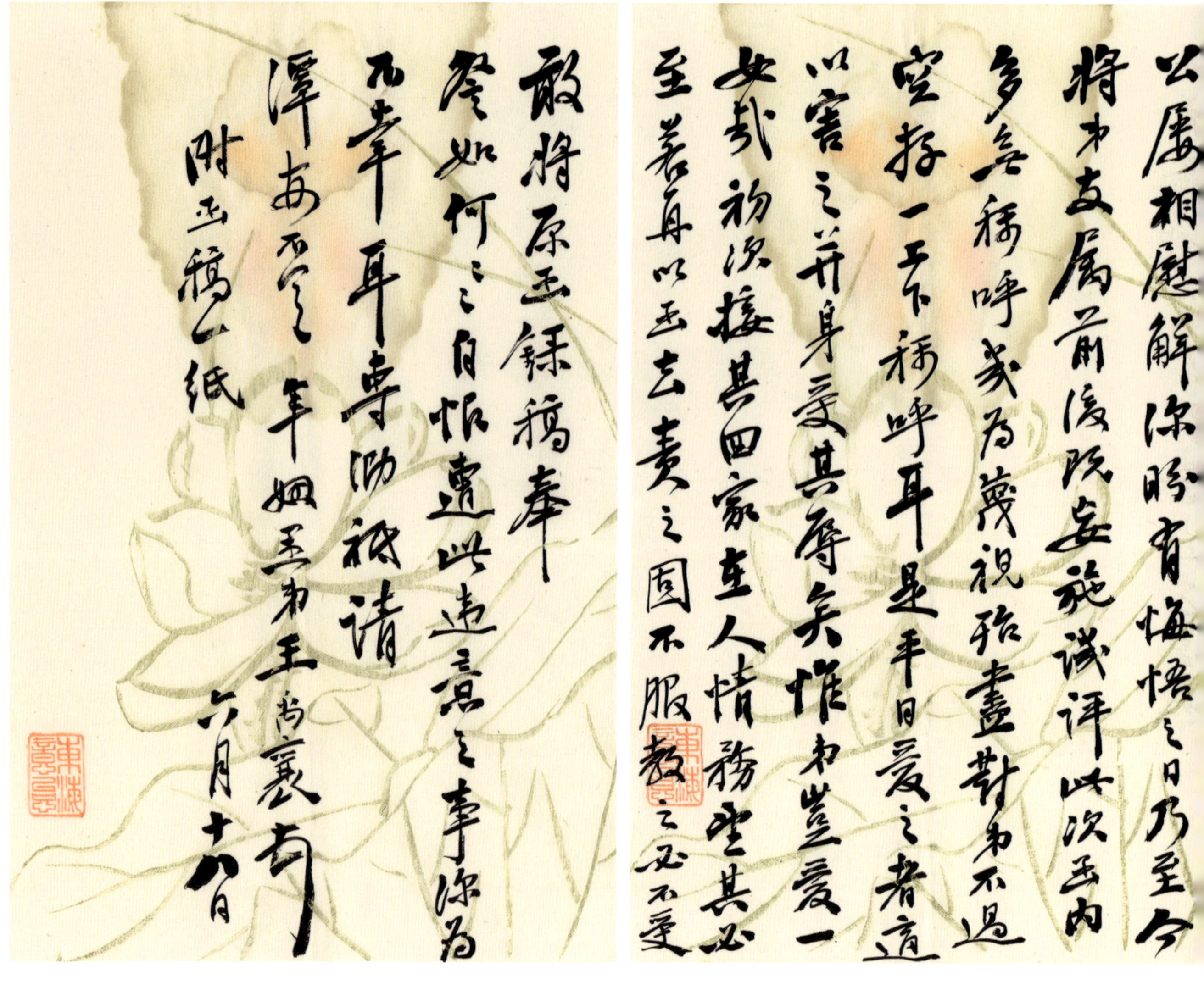
公屡相慰解，深盼有悔悟之日。乃至今将弟支属前后既妄施讥评，此次函内多无称呼，几为蔑视殆尽，对弟不过空存一上下称呼耳。是平日爱之者适以害之，并身受其辱矣。惟弟岂爱一女哉，初次接其回家，在人情务望其必至，若再以函去责之，固不服教之必不受。敢将原函录稿奉察，如何，如何！自恨遭此违意之事，深为不幸耳。专泐，祗请潭安，不具。年姻愚弟王禹襄顿首 六月十八日
附函稿一纸

云麓亲家老同年阁下：前函以久待令郎复信不至，日深悬念，曾以快函嘱舍弟探问消息。昨日忽接令郎来函，前半絮絮述及外孙女病状，方以为因此事久搁所致，不意后半嫚骂舍弟不一往顾女病，凭空说入舍侄过问情形。既置弟前函一番诚爱之言于不答（此层情节在申同坐汽车时亦经道及，自觉爱之恳挚），竟于弟五十一节若讥若讽（弟何尝做生日令子女来拜寿耶），加以非分华词，并如以下行公文挟上官，以批饬属员口吻，待至匝月泛作答词，阅之实深愤叹。教之以射，竟成杀羿之结果，然弟非羿，受此痛苦岂不大冤。去年一函要我答以最后之言，本亦人生所难受，尚以好言劝晓，嗣以相安无事亦相忘过去，况承公屡相慰解，深盼有悔悟之日。乃至今将弟支属前后既妄施讥评，此次函内多无称呼，几为蔑视殆尽，对弟不过空存一上下称呼耳。是平日爱之者适以害之，并身受其辱矣。惟弟岂爱一女哉，初次接其回家，在人情务望其必至，若再以函去责之，固不服教之必不受。敢将原函录稿奉察，如何，如何！自恨遭此违意之事，深为不幸耳。专泐，祗请潭安，不具。年姻愚弟王禹襄顿首。六月十八日。

附函稿一纸。

（2）

（1）

王禹襄书　第六通

（4）

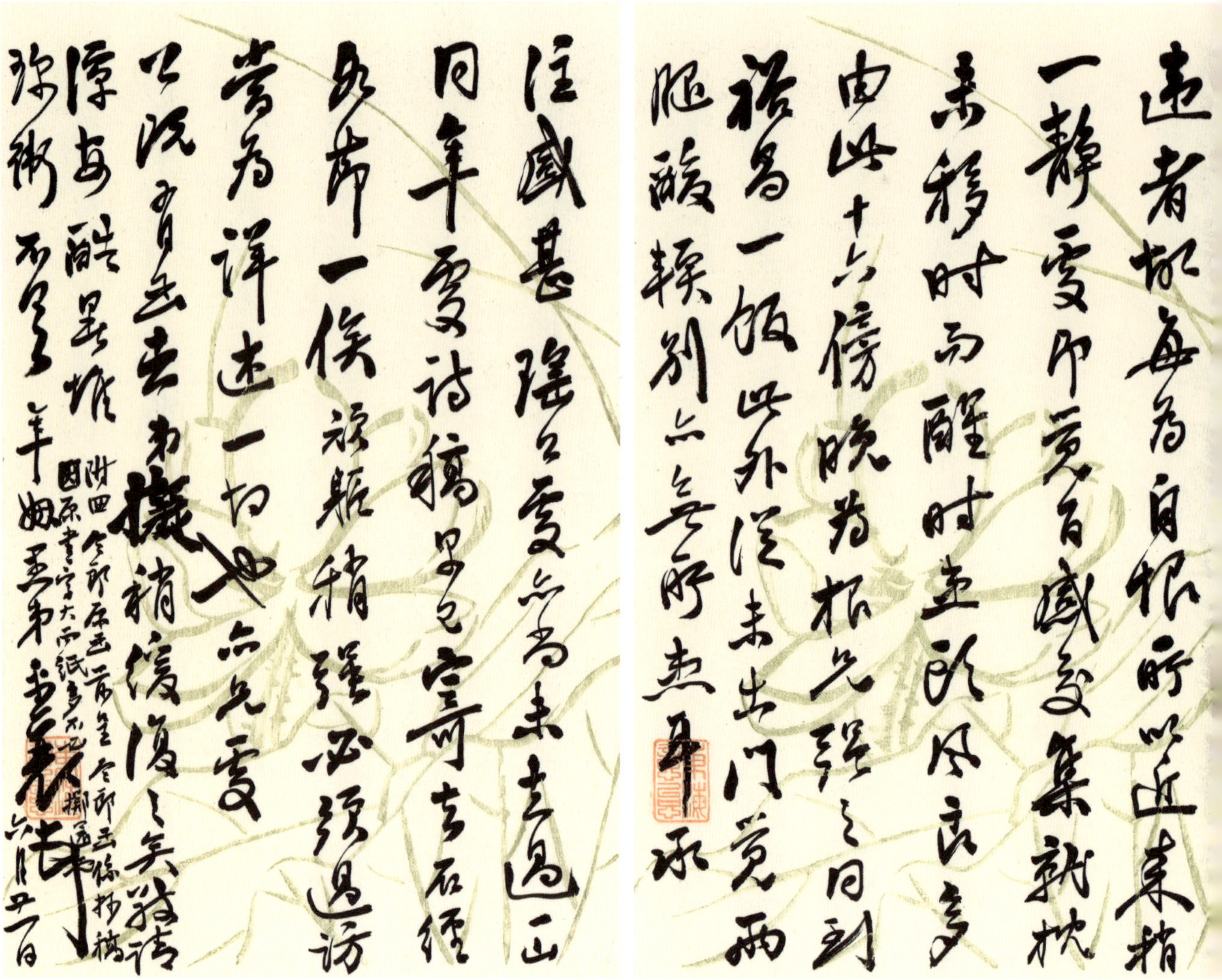

云麓亲家老同年阁下：得十七日尊札，早领一一，因连日又患头风，故未即答。顷读十九日手教并附件，令郎处已先有严函去，亦观其后有否警觉也。批斥来禀处至为切中，弟爱之本与儿子无少歧异，乃对弟纯用虚假而渐肆慢，觉用爱之道已穷，惟持之过严必多阂隔，持之宽而又流于慢，亦以吾人素讲旧法，若有意外即为从旁诽议，往往多事与愿违者，故每为自恨。所以近来稍一静处即觉百感交集，就枕未移时而醒，时患头风良多由此。十六傍晚为根兄强之同到裕昌一饭，此外从未出门，觉两腿酸软别亦无所患耳。承注感甚，瑶公处亦尚未去过，一山同年处诗稿早已寄去，石经各节一俟顽躯稍强必须过访，当为详述一切也。亦兄处公既有函，想弟拟稍缓复之矣。敬请潭安，酷暑惟珍卫，不具。年姻愚弟禹襄顿首。六月廿一日。

附回令郎原函。前呈令郎函系抄稿，因原书字大而纸多，不必掷还也。

（2）

（1）

王禹襄书　第七通

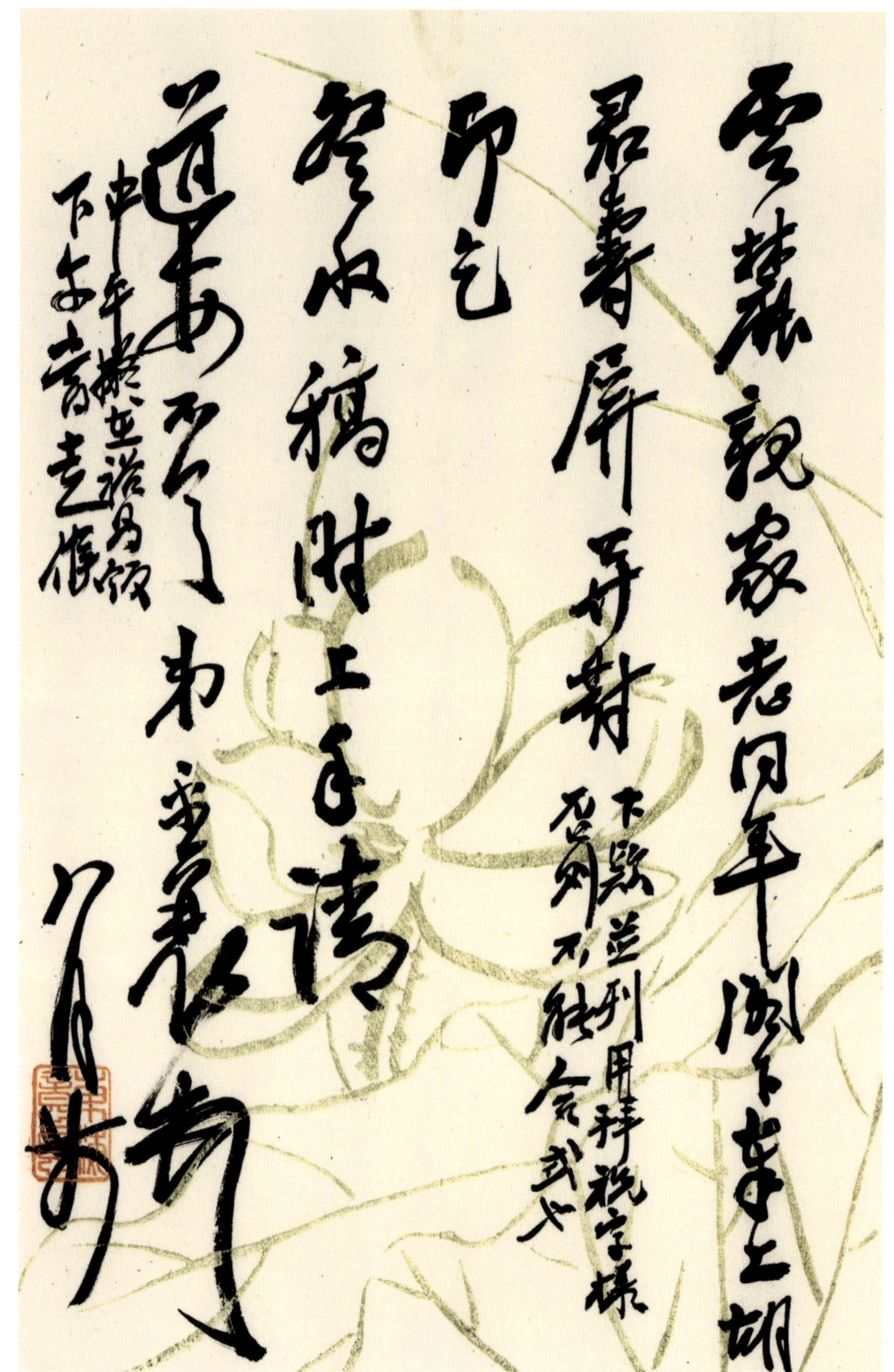

王禹襄书 第八通

云麓亲家老同年阁下：奉上胡君寿屏并对，下款并列，用拜祝字样，否则不能合式也。即乞察收，稿附上。手请道安，不具。弟禹襄顿首。八月廿四。

中午拟在裕昌饭，下午当走候。

# 商衍鎏

商衍鎏（1875—1963），字藻亭，号又章、冕臣，晚号康乐老人，清代为广州驻防正白旗汉军人籍，后改称广东番禺人。著名学者、书法家。1894 年甲午科举人。1904 年为清朝最后一次科举考试，得殿试第一甲第三名，成为探花，任翰林院编修。曾任侍讲衔撰文、国史馆协修、实录馆总校、文渊阁校理等职。先后任国民政府财政部秘书、江西省财政特派员等。抗战爆发后，辗转入川，鬻字为生。1949 年后，历任江苏省文史研究馆馆长、中央文史研究馆副馆长、广东省政协常委、广东省文史研究馆副馆长等职。习书法，楷书学颜真卿、褚遂良，中年后博采历代名家草书，变化自如，飞逸多姿。行书尤为流走飞动，别有一种高雅气格。画亦有时名，尤以绘竹石著称。病逝于广州。著有《清代科举考试实录》《太平天国科举考试纪略》，有《商衍鎏诗书画集》传世。

商衍鎏书

云麓我哥同年史席：昨奉赐书并忻同年函，敬悉一是。忻同年规语极有见地，切实沉痛，金玉之言。兄性嫉恶太严，居此乱世，颇不相宜。至劼丞是地方官，所处与绅士不同，亦有难处，当为相谅察，复后无论如何不必再动公事，以了此重公案为是。鄙见深与忻同年合，望明达之采纳也。前本拟到申祝庸龛师寿，得与各知己一叙，嗣因事不果，殊怅歉耳。凉秋有暇，必当一来。梅节困人，尚希葆卫。耑复，敬颂撰安。年愚弟商衍鎏再拜。五月十七。

忻同年函附还，如通讯时祈代致候。

# 沈祖绵

沈祖绵（1878—1969），字念尔，号飏民、迪民，浙江钱塘人。其父是晚清著名易学家、堪舆家沈绍勋（竹礽）。幼承家学，及长，入浙江大学堂，毕业后留校任教。1897 年留学日本早稻田大学，习历史地理。后投身革命，为光复会筹组之一。辛亥革命事起，参与攻打上海制造局之役。1916 年在宁波举义师反对袁世凯称帝。后从事著书和教学。1933 年定居苏州富郎中巷德寿坊（即沈氏自得斋，今尚存）。次年应邀在章太炎创办的国学讲习会讲授易学，为章太炎主编的《制言》撰稿，两人常相往来，探究文学和学术。晚年被聘任中国科学院历史研究所研究员。精易学、堪舆，兼通训诂、史地、中医、词学、武术气功、外语等。一生著述甚丰，达百余种，惜多散佚。1969 年遭抄家后，所藏古籍及著述被焚，愤恨而终。易学、堪舆方面著述有《三易新论》《周易孟氏学》《九宫撰略》《九宫考辨》《八风考略》《增补沈氏玄空学》《玄空古义四种通释》《地理疑义答问》等。

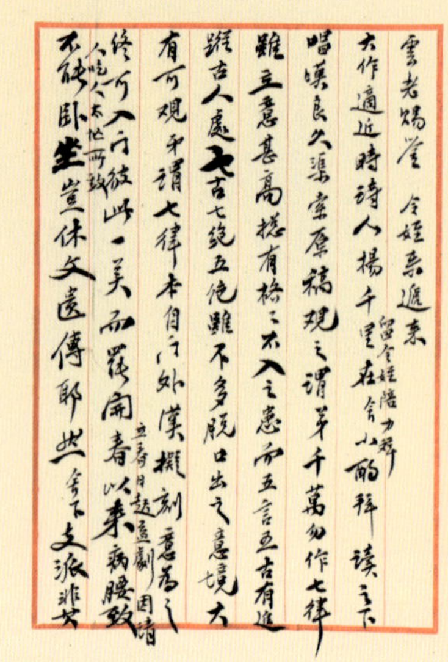

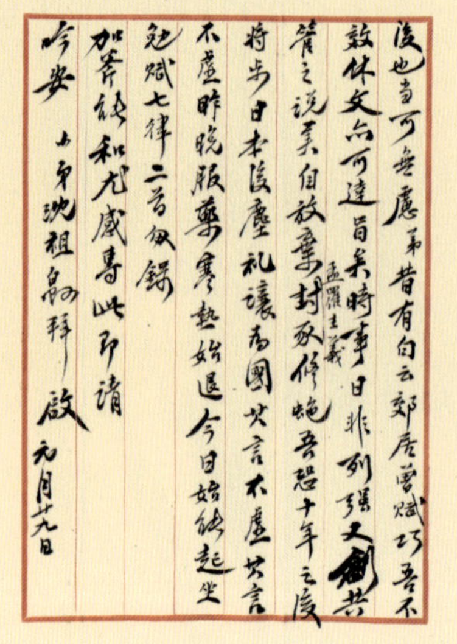

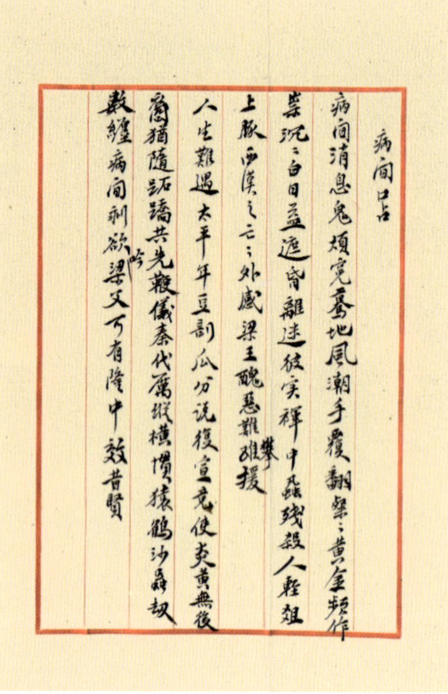

沈祖绵书　第一通

云老赐鉴：令侄来递来大作，适近时诗人杨千里在舍小酌（留令侄陪，力辞），拜读之下唱叹良久。渠索原稿观之，谓弟千万勿作七律，虽立意甚高，总有格格不入之患，而五言五古有追踪古人处，七言七绝五绝虽不多，脱口出之意境大有可观。弟谓七律本自门外汉，拟刻意为之终可入门。彼此一笑而罢。开春以来，病腰致不能卧坐（立春日起益剧，因请人吃，人太忙所致），岂休文遗传耶？然舍下支派非其后也，当可无虑。弟昔有句云"郊居曾赋巧，吾不效休文"，亦可达旨矣。时事日非，列强又创共管之说，美自放弃孟罗主义，封豕修蛇，吾恐十年之后将步日本后尘。礼让为国，其言不虚，其言不虚。昨晚服药寒热始退，今日始能起坐，勉赋七律二首，匆录加斧，能和尤感。专此，即请吟安。小弟沈祖绵拜启。元月廿九日。

洪青圭件收到，道谢。冷香阁额俟病愈送交束兄。

病间口占

病间消息鬼烦冤，蓦地风潮手复翻。粲粲黄金频作祟，沉沉白日益遮昏。离迷彼实袢中蝨，
残杀人轻俎上豚。西汉之亡亡外感，梁王丑恶难攀援。

人生难遇太平年，豆剖瓜分说复宣。竟使炎黄无后裔，犹随跖蹻共先鞭。仪秦代厉纵横惯，
猿鹤沙虫劫数缠。病间剩欲吟梁父，可有隆中效昔贤。

雲老賜鑒頃令友送來張崔合
傳明晨擬交來處將來或金或
石俟東定奪後再告畫圖一層
秦生碧澄來此老畫工已寥若
晨星無可配合渠今晚彭君恭
甫細商酌定之恭甫雖工繪事
而人物非其所長惟對于畫家
渠相悉者多或老輩中尚有

人士亦未可知尔或尚有流寓
俟定奪亦再告此際友人群來
賞鑒咸佩
大手筆為吳中山水生色不少
惟補圖苦無尔前 贈江杏
溪便面亦以畫家不能相配托
潘友笙書字而已潘名昌煦與貴
潘徽潘同姓不宗戊戌科翰林

沈祖绵书 第二通

云老赐鉴：顷令友送来“张崔合传”，明晨拟交柬处，将来或金或石俟柬定夺后再告。画图一层，秦生碧澄来，此老画工已寥若晨星，无可配合。渠今晚彭君恭甫细商酌定之。恭甫虽工绘事而人物非其所长，惟对于画家，渠相悉者多，或老辈中尚有人士亦未可知，尔或尚有流寓，俟定夺亦再告。此际友人群来赏鉴，咸佩大手笔，为吴中山水生色不少，惟补图苦无尔。前赠江杏溪便面，亦以画家不能相配，托潘友笙书字而已。潘名昌煦，与贵潘徽潘同姓不宗，戊戌科翰林，与朱琇甫同年也。专此奉达，并请潭安。小弟沈祖绵拜上。闰月十七。

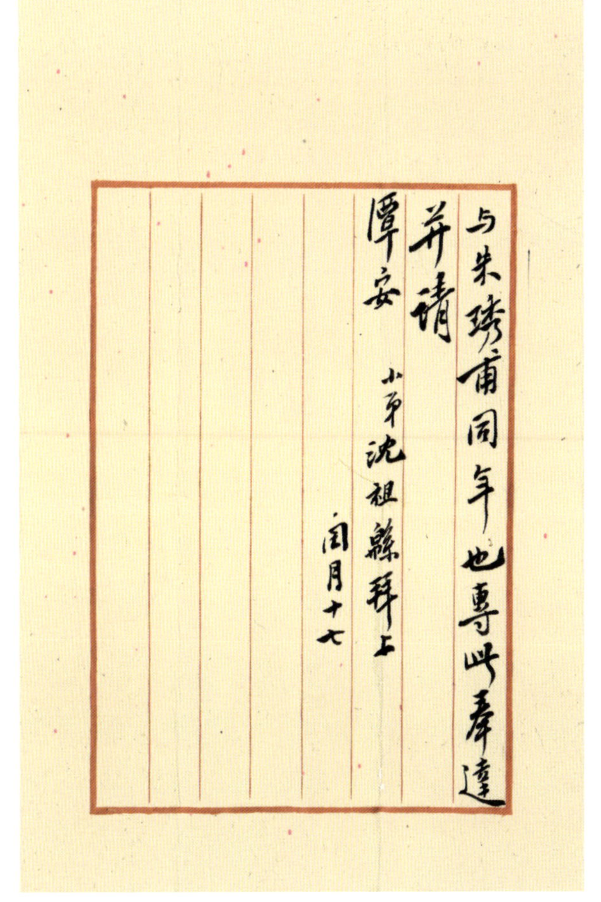
與朱琇甫同年也專此奉達
并請
潭安 小弟沈祖緜拜上
闰月十七

沈祖绵书　第三通

云老先生侍右：奉手书。弟慈母早岁见背，每遇诞日焉敢言寿。本拟占遁以太仓径过羊肠湖地（非阳澄），欲往常熟，隔江不靖，其地旅客种种留难，亦未敢前去。依违久之，未离寸跬，有累亲友，抱歉之至。蒙赐鸿文，使蓬荜生辉，悬之座右如日侍左右，感谢！感谢！晤翰西兄，知一老与渠亦久与谋面，其状若何，渠亦未知之，想康健如恒。晤时代候为恳。时事日非，然否之极泰必来，似不必虑。祗请台安。小弟沈祖绵拜上。十二月八日。

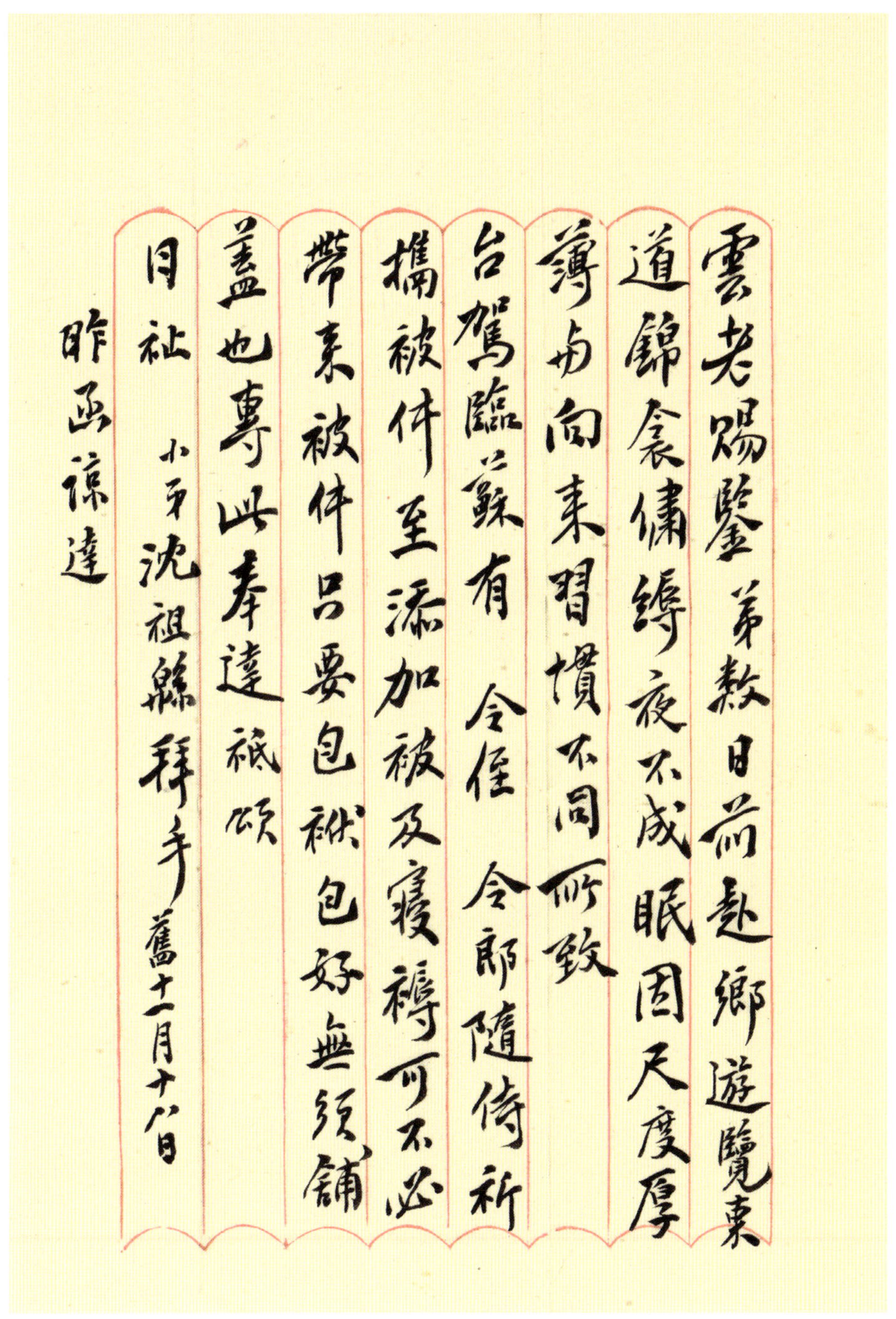
雲老賜鑒 弟數日前赴鄉遊覽東
道錦衾繡縟夜不成眠因尺度厚
薄與向來習慣不同所致
台駕臨蘇有 令侄 令郎隨侍祈
攜被件至添加被及寢褥可不必
帶來被件只要包袱包好無須鋪
蓋也專此奉達祇頌
日祉 小弟沈祖緜拜手 舊十一月十八日
昨函諒達

沈祖绵书 第四通

云老赐鉴：弟数日前赴乡，游览东道，锦衾绣缛，夜不成眠，因尺度厚薄与向来习惯不同所致。台驾临苏，有令侄令郎随侍，祈携被件，至添加被及寝褥可不必带来。被件只要包袱包好，无须铺盖也。专此奉达，祇颂日祉。小弟沈祖绵拜手。旧十一月十八日。

昨函谅达。

沈祖绵书　第五通

云老先生足下：前赐书并大作二首，喜极欲狂。虞游痛饮，并在苏连日酬酢，致足发流火，已少愈，已断酒数日矣。晨陶善贻弟来，以和作示之，拜倒之至。虞游诗已成卷子，四言一首、五绝四首、七绝八首、五律二首、七律四首、五古一首、七古一首、七排一首，计十四韵。陶作小引，另有兴化李生绘图，填《满江红》。惟五排地位留得太长，且卷子已打红格，未免太俗。因陶重庆，不得不依俗例，惟五排所留者，托王闻喜兄书之。渠云，装头添脚，至少非三十二韵不可。欲以游虞五古十首附入，王云体裁难看，只好勉强拼凑。弟于五排从未着手，更觉难上加难，费时半日总算完卷。虽鸿雪因缘不计工拙，惟字数过多，自嫌格调不合，惟有抄奉斧正，再托王兄书就。专此奉恳，祇请年禧。小弟沈祖绵拜上。十二月廿七日灯下。

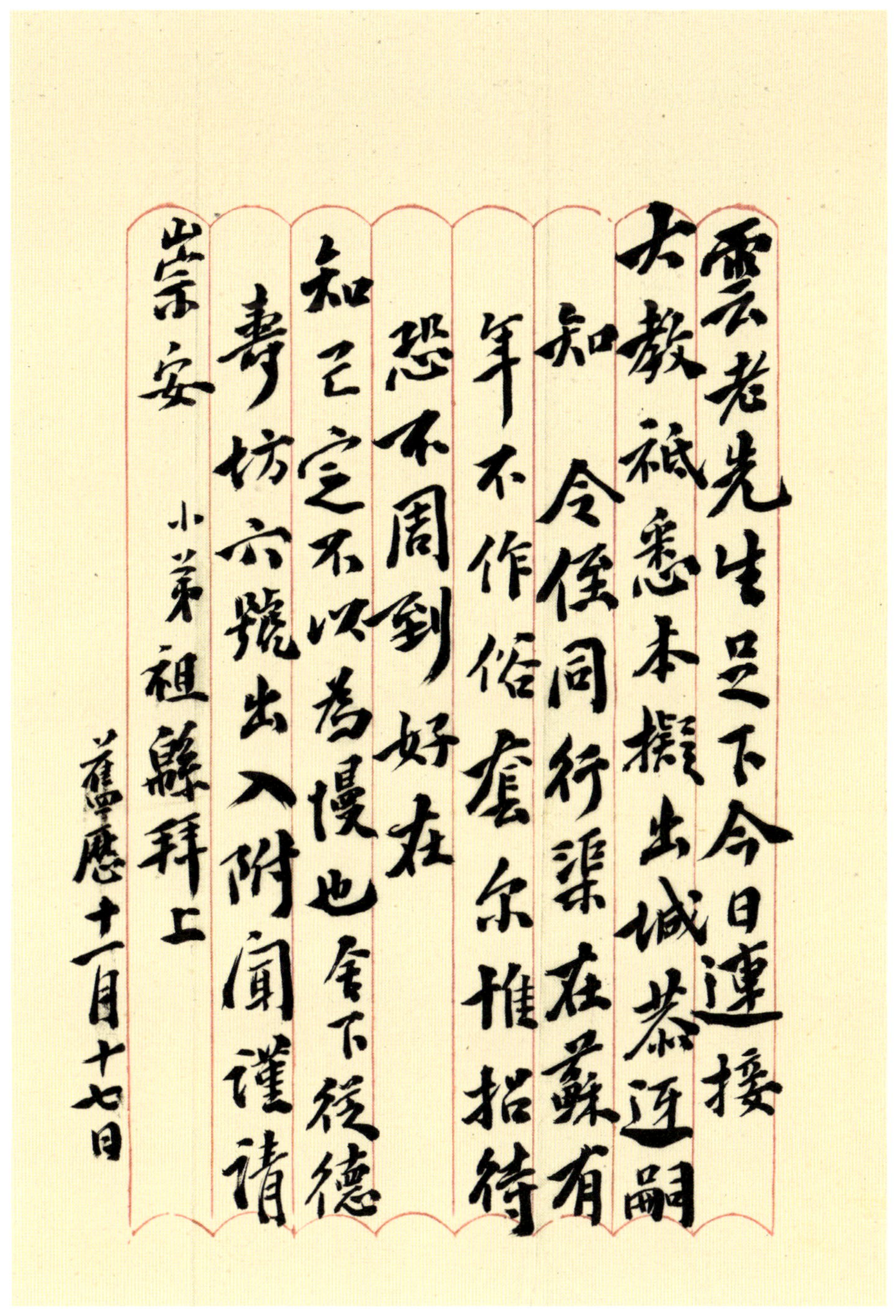
雲老先生足下今日連接
大教祇悉本擬出城恭迓嗣
知令侄同行渠在蘇有
年不作俗套尔惟招待
恐不周到好在
知己定不以為慢也舍下從德
壽坊六號出入附聞謹請
崇安　小弟祖綿拜上
舊曆十一月十七日

沈祖绵书　第六通

云老先生足下：今日连接大教，祇悉。本拟出城恭迓，嗣知令侄同行，渠在苏有年，不作俗套尔。惟招待恐不周到，好在知己，定不以为慢也。舍下从德寿坊六号出入，附闻。谨请崇安。小弟祖绵拜上。旧历十一月十七日。

敬啟者話離絮別臨別回首天下至樂
之事無逾於此獨坐讀
君詩處處無暇縱擊何視杜作能收
能發得金剛句渴字實未妥後得一味字
付知較為活潑此字究如何乞
敲定之萬句以昌黎況吟也後舊徒懷白
來是一詩家渠謂吾師之詩豪宕處
實古人所不能道太實處失之太易蓋

潛心經術力勸不可學詩弟每論渴味二字
孰勝孰劣彼云小子何知渴字經生言味
字詩家字也其言然否乞
執事一商榷之至感至感別後酒興不減今
晚個人獨酌三杯弟之量已盡矣復讀
君詩而詳字均未和因此詩指蘧陽君而
謂不必再贊
一詞然不和於

君遊蘇之詩尚非全璧不敢不和厚
顏再讀一章（題曰雨齋 顏字據爭坐位）曰蕭齋靜寂
語推詳野談兼言味更長相對欣
逢黃髮壽觀人難覯白眉良瘡痍
何日方能療琴瑟而今久不張懷古論
文消永晝一天風雨伴餘觴〻〻二字實
含話別意蓋此詩不可為人道也題
先子象詩不敢妄和乞

詞兄諒之明日赴虞山訪言子墓言子啟之遊
孔子之道能啟海陬者
壽到之後無起色仰或有打
油放屁之詩異日錄呈務乞
大加斧削視弟以三生石上之頑石
可乎比來吳下諸多荷慢望勿
罪之幸甚書此時想必援壽之時矣即請
大安 弟沈祖綿頓首 十二月廿七日
廷肅均此恕不另柬

沈祖绵书 第七通

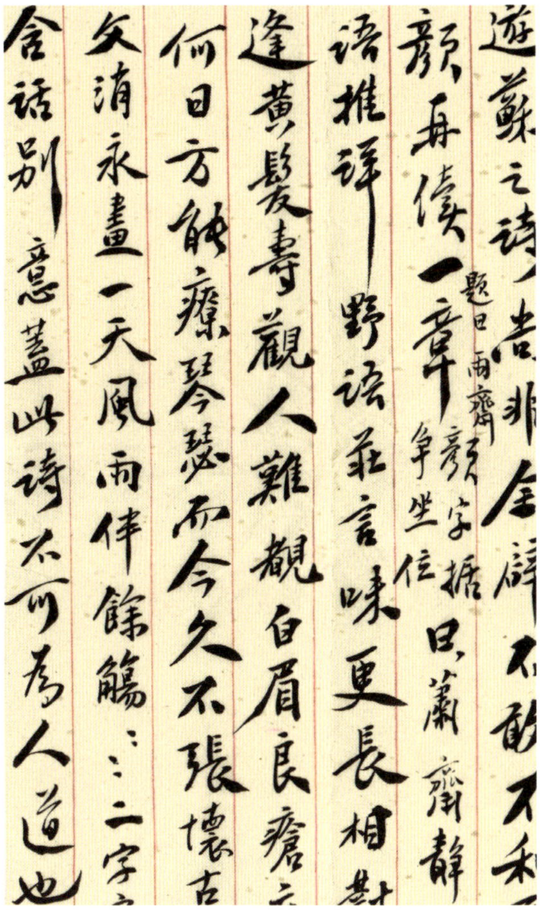
遊蘇之詩，尚非全璧，不敢不和
顏再續一章（題曰雨齋　顏字據爭坐位）曰：蕭齋靜
語推詳，野語莊言味更長，相對
逢黃髮壽，觀人難覩白眉良，
何日方能療，琴瑟而今久不張，懷古
文消永晝，一天風雨伴餘觴，餘觴二字
含話別意，蓋此詩不可為人道也

（局部）

敬启者，话离聚别，临别回首，天下至惨之事无逾于此。独坐读君诗处处无暇能击，间视拙作“能收能发得柔刚”句，“得”字实未妥。后得一“味”字，自知较为活泼。此字究如何，乞敲定之，万勿以昌黎沉吟也。后旧徒怀白来，是一诗家，渠谓吾师之诗，豪宕处实古人所不能道，太实处失之太易，盖潜心经术，力劝不可学诗。弟与论“得”“味”二字孰胜孰劣，彼云小子何知，“得”字经生言，“味”字诗家字也。其言然否，乞执事一商榷之，至感！至感！别后酒兴不减，今晚个人独酌三杯，弟之量已尽矣。后读君诗，而“详”字均未和，因此诗指潘阳君，而谓不必再赞一词，然不和于君游苏之诗，尚非全璧，不敢不和，厚颜再续一章，题曰“雨斋”（颜字据《争坐位》）。曰：“萧斋静寂语推详，野语庄言味更长。相对欣逢黄发寿，观人难睹白眉良。疮痍何日方能疗，琴瑟而今久不张。怀古论文消永昼，一天风雨伴余觞。”“余觞”二字实含话别意，盖此诗不可为人道也。题先子象诗，不敢妄和，乞词兄谅之。明日赴虞山访言子墓，孔子之道能启海陬者，言子启之避寿，到之能无起企仰，或有打油放屁之诗，异日录呈，务乞大加斧削，视弟以三生石上之顽石可耳。比来吴下诸多简慢，望勿罪之，幸甚。书此时想必暖寿之时矣，即请大安。弟沈祖绵奏。十二月廿七日。

廷肃均此，恕不另柬。

沈祖绵书　第八通

云老赐鉴：顷奉大札，敬悉。弟九月一日陡然霍乱吐泻，卧床数日，至昨日起床。惟四肢无力，非静养不可。此地情形与舍下状况与函示无异，白米黑市廿七圆，非熟人不能得也。内人因弟病，未知顾及杂物，今日无盐无酱油，托人设法，良久始得。想上海亦如此尔。匆上，祇颂潭安。小弟沈祖绵拜上。九月二日。

附上拙作，久欲发未发。

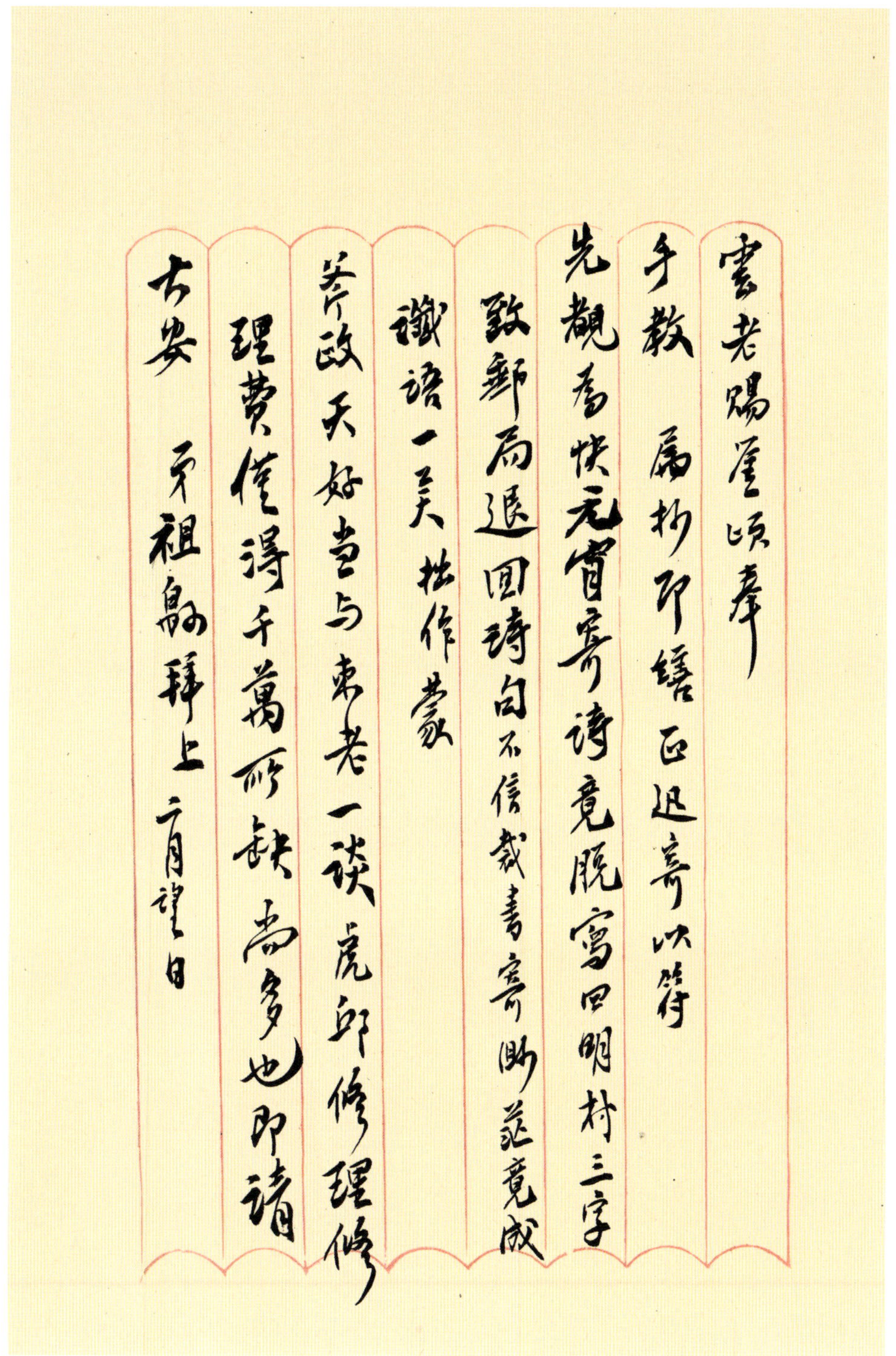
雲老賜鑒頃奉
手教　屬抄即繕正迅寄以符
先覩為快元宵寄詩竟脫寫四明村三字
致郵局退回詩句不信裁書寄渺茫竟成
讖語一笑拙作蒙
斧政天好當與束老一談虎邱修理修
理費僅得千萬所缺尚多也即請
大安　弟祖綿拜上　二月望日

沈祖绵书　第九通

云老赐鉴：顷奉手教，属抄即缮正，迅寄以符先睹为快。元宵寄诗竟脱写“四明村”三字，致邮局退回。诗句“不信裁书寄渺茫”，竟成谶语，一笑。拙作蒙斧正，天好当与束老一谈。虎丘修理，修理费仅得千万，所缺尚多也。即请大安。弟祖绵拜上。二月望日。

# 史致容

史致容（？—？），浙江镇海人。1917年4月，任浙江兴业银行汉口分行经理，参与发起金融研究会，制订简章。后与中国、交通、聚兴诚、盐业、中孚、华丰等银行，将金融研究会改名成立银行公会，以利银行与钱业的金融合作关系，资金周转，扩展业务。

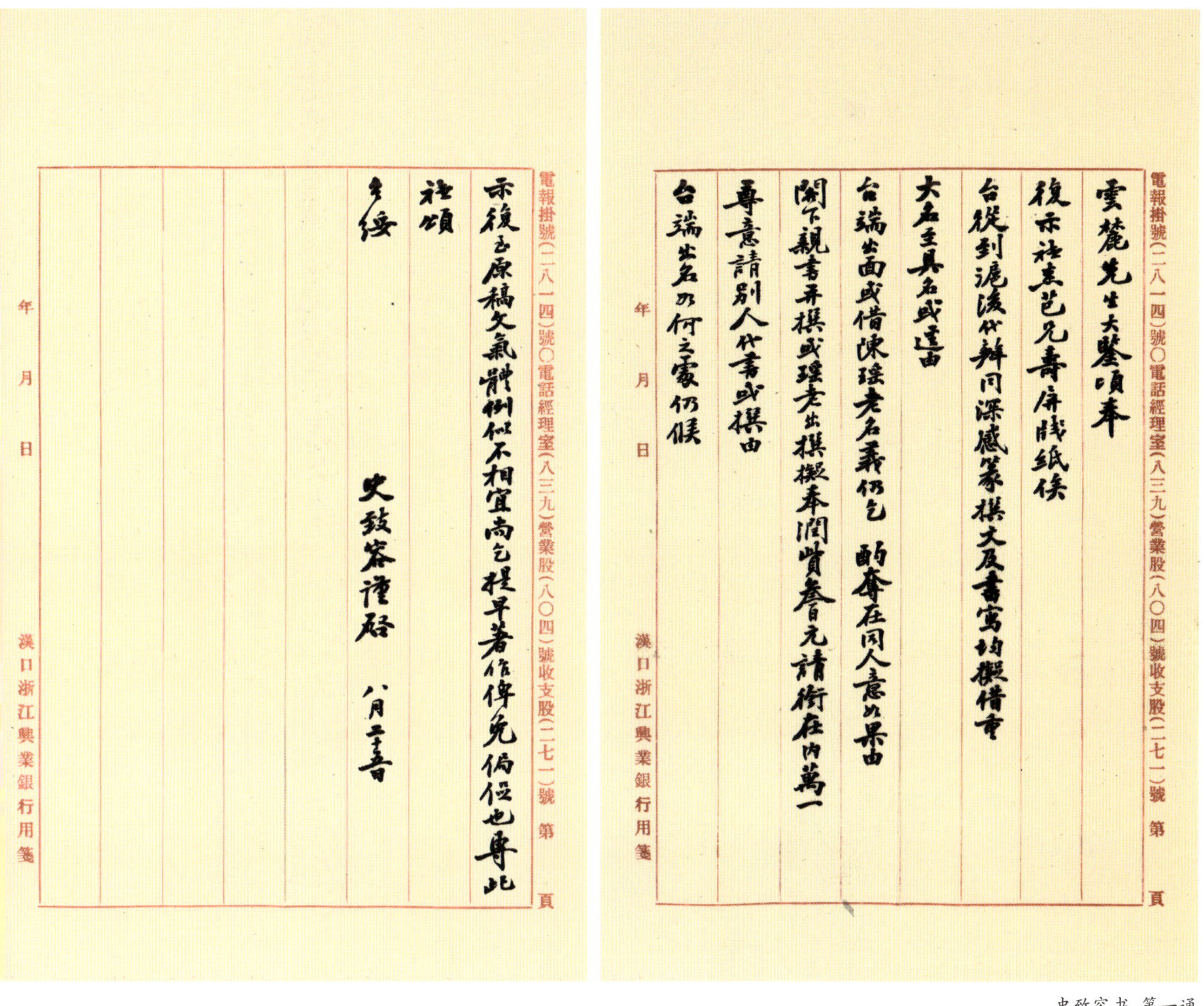
電報掛號(一八一四)號○電話經理室(八三九)營業股(八○四)號收支股(二七一)號 第 頁

雲麓先生大鑒：頃奉
復示祗悉芑兄壽屏牋紙俟
台從到滬後代辦同深感篆撰文及書寫均擬借重
大名至具名或逕由
台端出面或借陳瑶老名義仍乞 酌奪在同人意如果由
閣下親書并撰或瑶老出撰擬奉潤貲叁百元請銜在內萬一
尊意請別人代書或撰由
台端出名如何之處仍候

年 月 日

漢口浙江興業銀行用箋

電報掛號(一八一四)號○電話經理室(八三九)營業股(八○四)號收支股(二七一)號 第 頁

示復至原稿文氣體例似不相宜尚乞提早著作俾免侷促也專此
祗頌
台綏
史致容謹啓 八月二十五日

年 月 日

漢口浙江興業銀行用箋

史致容书 第一通

云麓先生大鉴：顷奉复示，祗悉。芑兄寿屏笺纸俟台从到沪后代办，同深感篆。撰文及书写均拟借重大名，至具名或径由台端出面，或借陈瑶老名义，仍乞酌夺。在同人意，如果由阁下亲书并撰，或瑶老出撰，拟奉润赀叁百元，请衔在内。万一尊意请别人代书或撰，由台端出名，如何之处，仍候示复。至原稿文气体例似不相宜，尚乞提早著作，俾免局促也。专此，祗颂台绥。史致容谨启。八月二十五日。

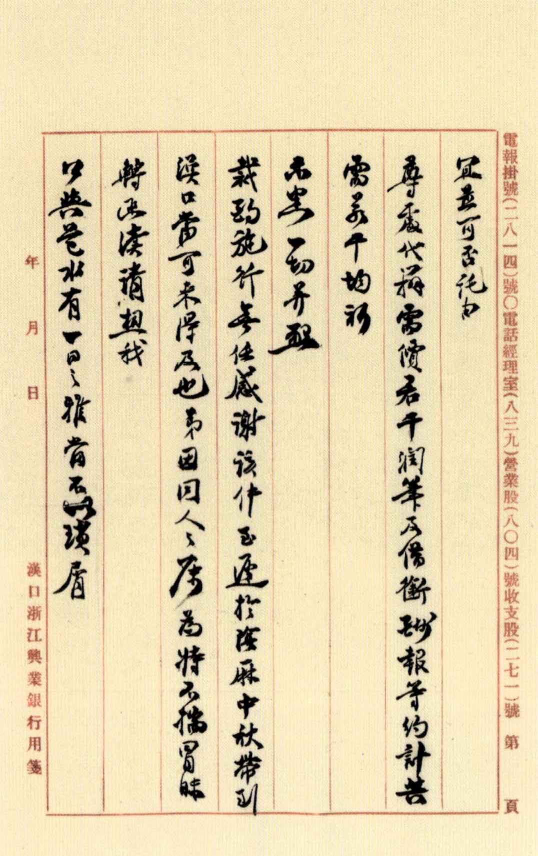

史致容书　第二通

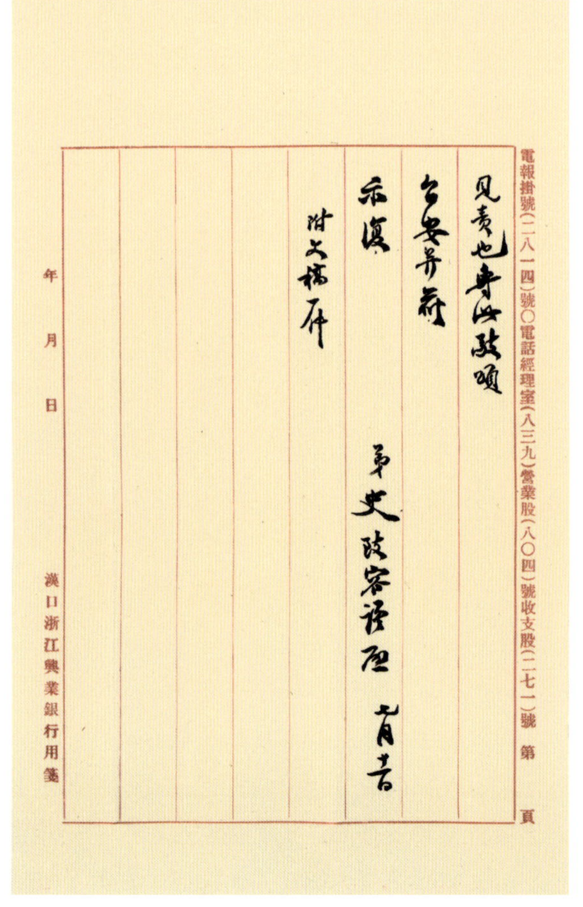

云麓仁兄先生阁下：别来綦念，辰维道履绥和，至以为颂。兹有请者胡芑水兄，本年五十初度，同人拟制屏为寿，请人撰文业已脱稿，惟似觉稍欠妥洽，故特嘱弟转恳削政（原稿附陈），俟修改后并求台端具名书写。其撰者姓氏拟乞瑶圃先生或其他相当之人列名，以壮观瞻。并恳代为接洽。屏条用十二帧或十六帧，乞先示知，以便将名单开奉，并可为伸缩地步。纸用何种为宜，并可否托由尊处代办，需价若干，润笔及借衔酬报等约计共需若干，均祈示悉。一切并恳裁酌施行，无任感谢。该件至迟于阴历中秋带到汉口，当可来得及也。弟因同人之属，为特不揣冒昧转函渎请，想我公与芑水有一日之雅，当不以琐屑见责也。专此，敬颂台安。并候示复。弟史致容谨启。七月十一日。

附文稿一件。

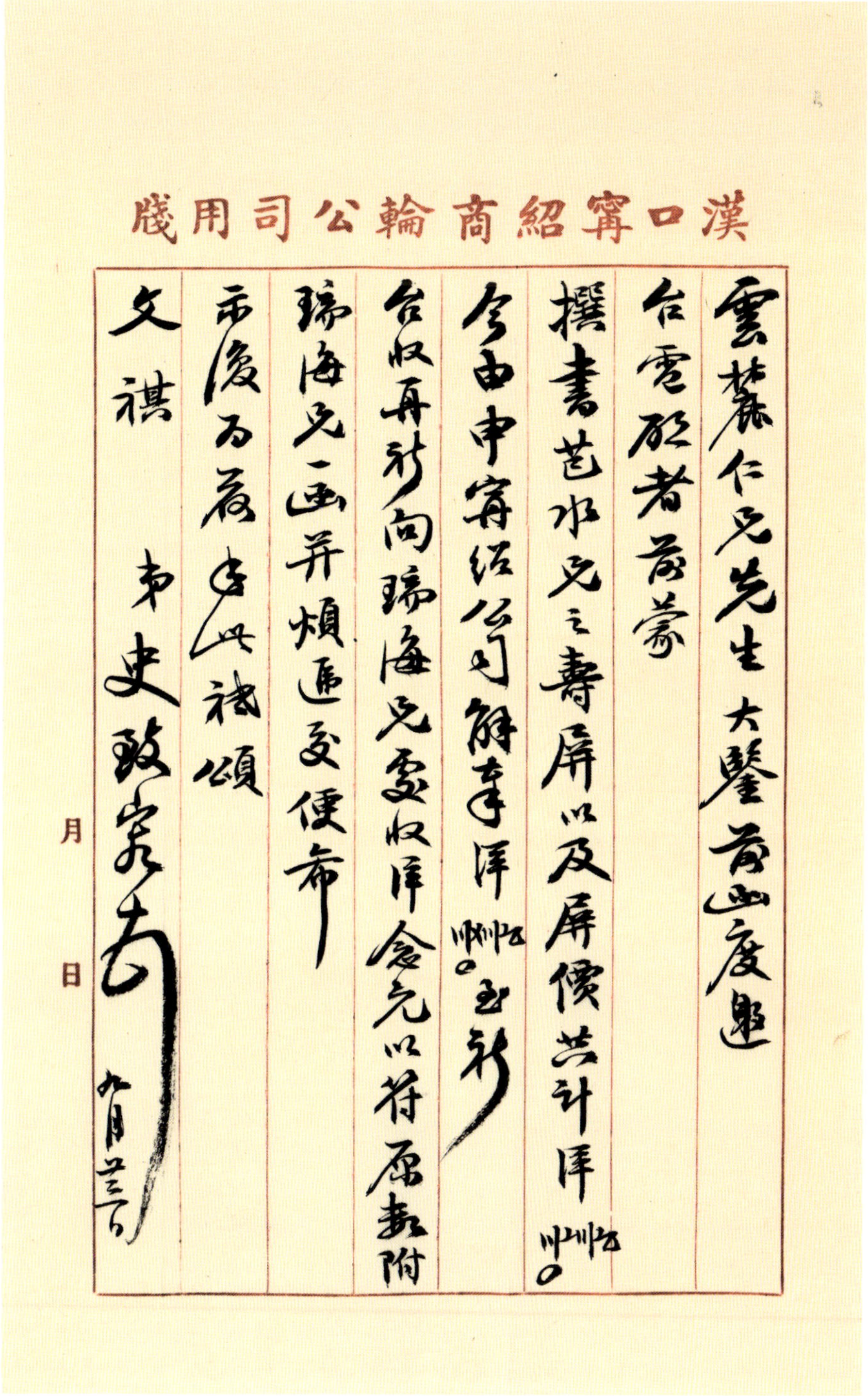

漢口寧紹商輪公司用箋

雲麓仁兄先生大鑒：前函度邀
台電啟者，前蒙
撰書芑水兄之壽屏以及屏價共計洋三百六十三元。今由申寧紹公司解奉洋三百四十三元，至祈
台收。再祈向瑞海兄處收洋念元，以符原數。附瑞海兄一函并煩遞交。便希示復為荷。手此，祗頌
文祺。
弟史致容頓首
九月廿三日

月　日

史致容书 第三通

云麓仁兄先生大鉴：前函度邀台电启者，前蒙撰书芑水兄之寿屏以及屏价共计洋三百六十三元。今由申宁绍公司解奉洋三百四十三元，至祈台收。再祈向瑞海兄处收洋念元，以符原数。附瑞海兄一函并烦递交。便希示复为荷。手此，祗颂文祺。弟史致容顿首。九月廿三日。

## 宋育德

宋育德（？—？），字翰生，号公威，江西奉新县人。明代科学家宋应星后裔。光绪甲辰（1904）进士，曾授翰林院编修。

幼时从硕儒宋丹崖读古文辞。光绪二十一年（1895）中秀才。二十九年（1903）中举人，次年中进士，殿试点翰林。继由翰林院选派往日本留学，入早稻田大学攻读政治经济科。学成归国，授翰林院编修，加侍讲学士。时值清廷宣布行新政，废科举，兴学堂，遂出任江西高等学堂总办，后改为校长。民国后为“民国会”江西分会骨干，民国二年（1912）出任李烈钧治下江西省的教育司长。其间创办《大江报》。不久离职。1916年南归，杜门谢客卖字为生。于北伐军平定江南后，迁居上海，任中央银行秘书。抗战胜利后，江西省立第一中学建“公威亭”以纪念。性好藏书，建“卷雨楼”，并大量影印出版古籍。

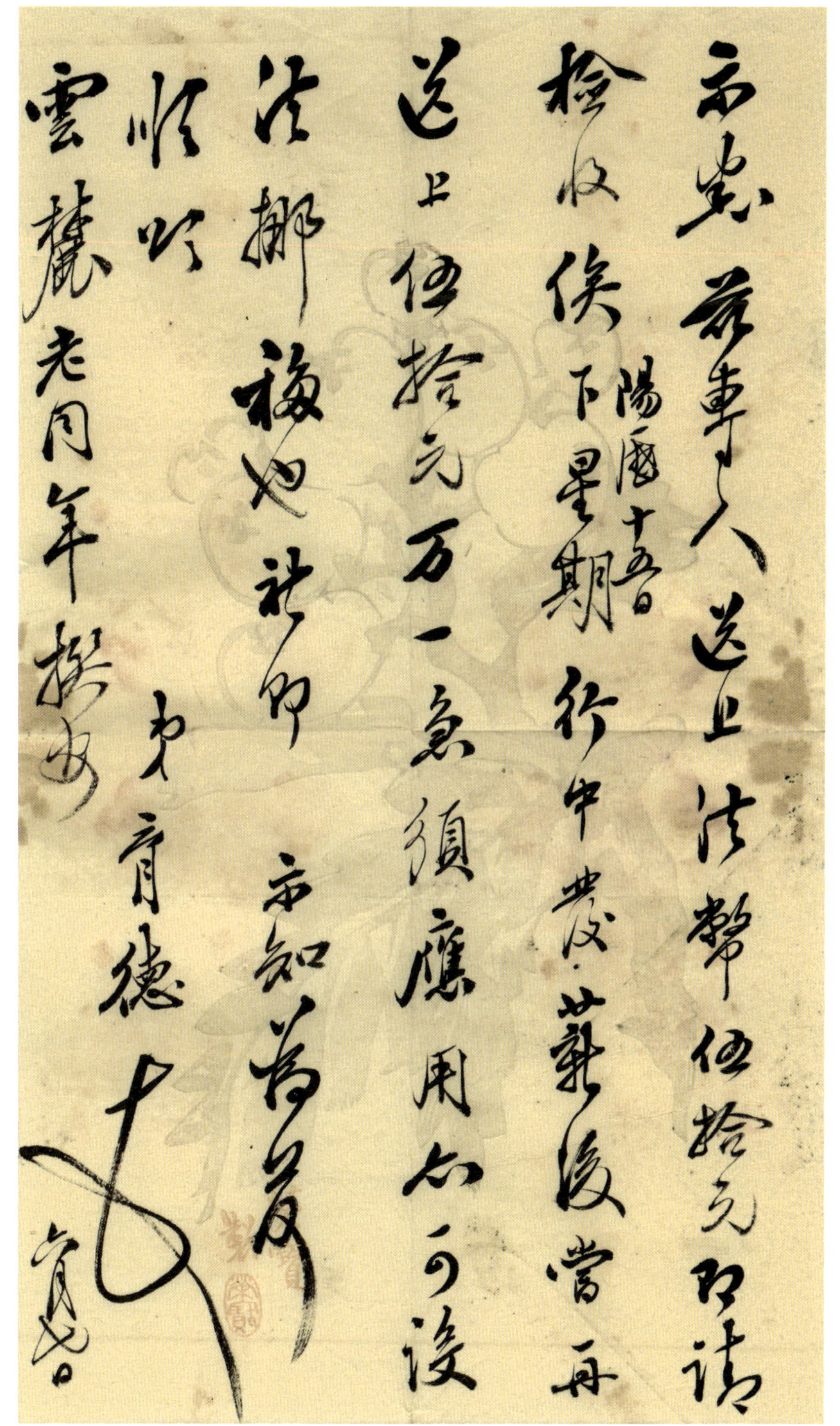

示悉茲專人送上法幣伍拾元即請
檢收俟下星期陽曆十五日行中發薪後當再
送上伍拾元萬一急須應用亦可設
法挪移也祈即示知為荷
順頌
雲麓老同年撰安　弟育德頓首　六月七日

宋育德书

示悉。兹专人送上法币伍拾元，即请检收。俟下星期阳历十五日行中发薪后，当再送上伍拾元。万一急须应用，亦可设法挪移也。祈即示知为荷。顺颂云麓老同年撰安。弟育德顿首。六月七日。

# 苏宝盉

苏宝盉（186l—1938），字幼宰，号冬心，光绪丙午（1906）贡生，官至礼部主事、典礼院事。能承家学，书学李文田。著有《冬心骈文》。其父苏若瑚，字器甫，号简园。广东顺德（乌洲）人。光绪五年（1879）中举人，是近代广东著名书法家和书法理论家，有着深厚国学根底及对金石的深入研究，楷书取法魏唐，古韵味足。其子苏文擢，曾任教香港中文大学联合书院中文系教授，以经学词章名世。祖孙三人精通文史，皆有书名。

苏宝盉书 第一通

云麓太史道兄足下：前荷厚恤，兼承枉存隆谊鸿文，铭感曷既。前月杪为先慈七虞，因蒲石不便久居，故权速立主即奉回桃源坊旧宅。自惟罪重，遂成鲜民偷息人间，悲痛何极。况经此乱离，客冬著籍之生徒，已纷纷四散，无从召集。今年生计竟已无着，奈何！奈何！先慈灵柩一时未克南旋，数日前舍弟先行回里，寻访坟地，如有吉壤，便当于下半年归葬也。我公画梅想已大张旗鼓，求者纷至遝来矣。读礼枯坐，时复言念幽人。俟百日后始克踵叩，先此布谢，敬讯起居。棘人宝盉稽顙。

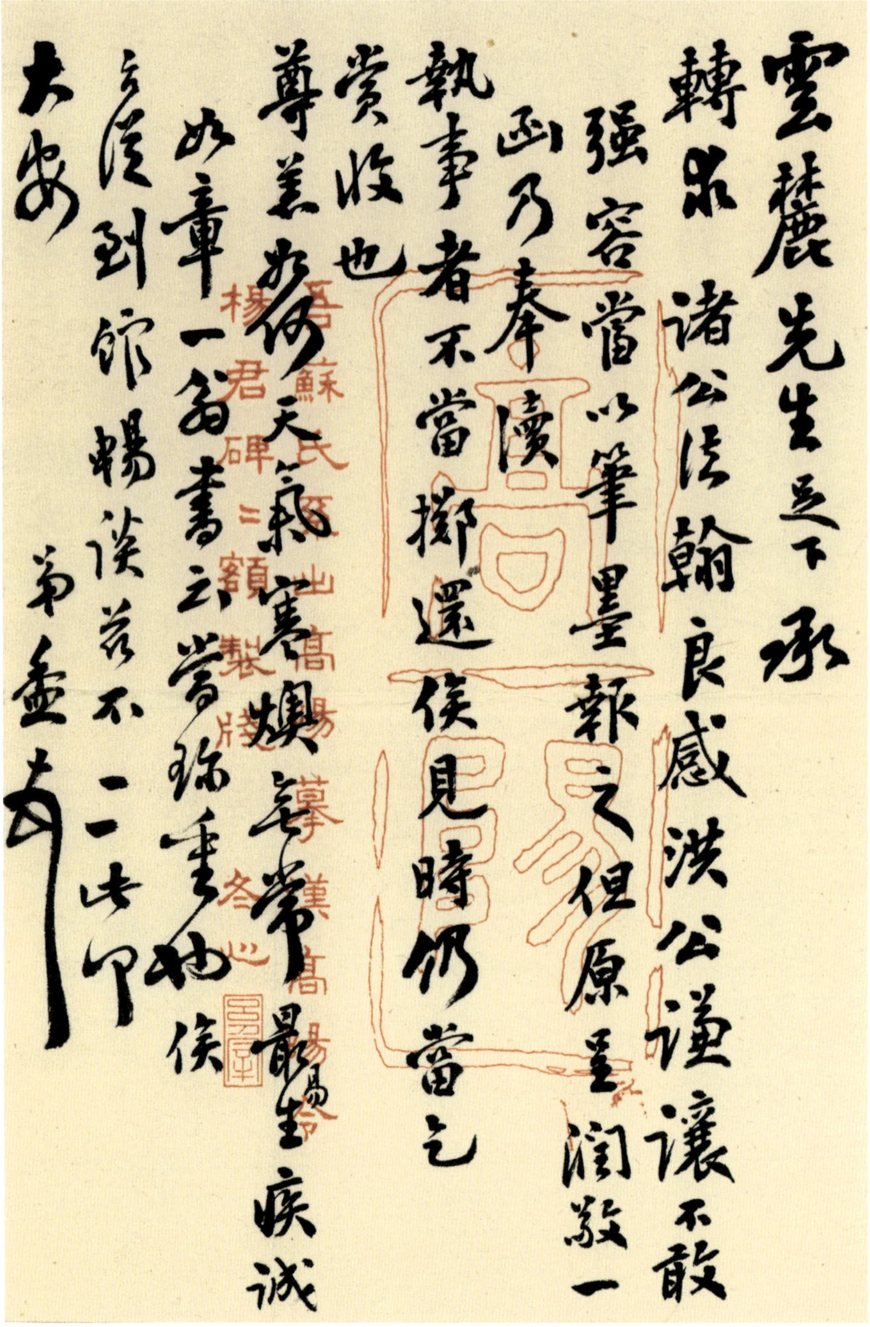

苏宝盉书 第二通

本埠重慶路三祝里
五十五號
高大人雲麓 啟
蘇緘

云麓先生足下：承转求诸公法翰，良感洪公谦让不敢强，容当以笔墨报之。但愿呈润敬一函，乃奉渎执事者，不当掷还，俟见时仍当乞赏收也。尊恙如何？天气寒燠无常，最易生疾，诚如章一翁书云当珍重也。俟台从到馆畅谈，兹不一一。此叩大安。弟盉顿首。

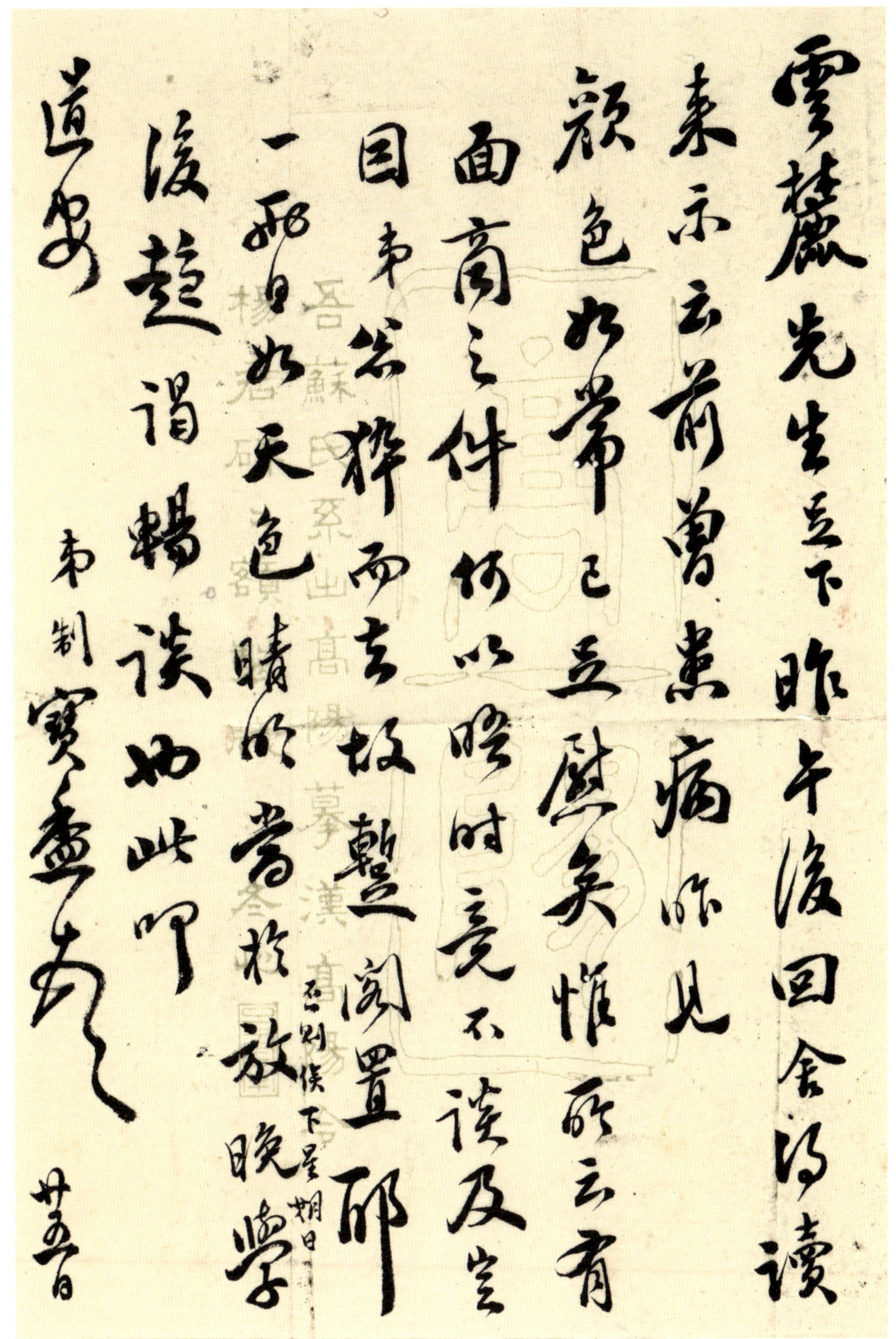

苏宝盉书 第三通

云麓先生足下：昨午后回舍，顷读来示，云前曾患病。昨见颜色如常，已足慰矣。惟所云有面商之件，何以晤时竟不谈及，岂因弟匆猝而去，故暂搁置耶？一两日如天色晴明，当于放晚学后趋谒畅谈也，否则俟下星期日。此叩道安。弟制宝盉顿首。廿五日。

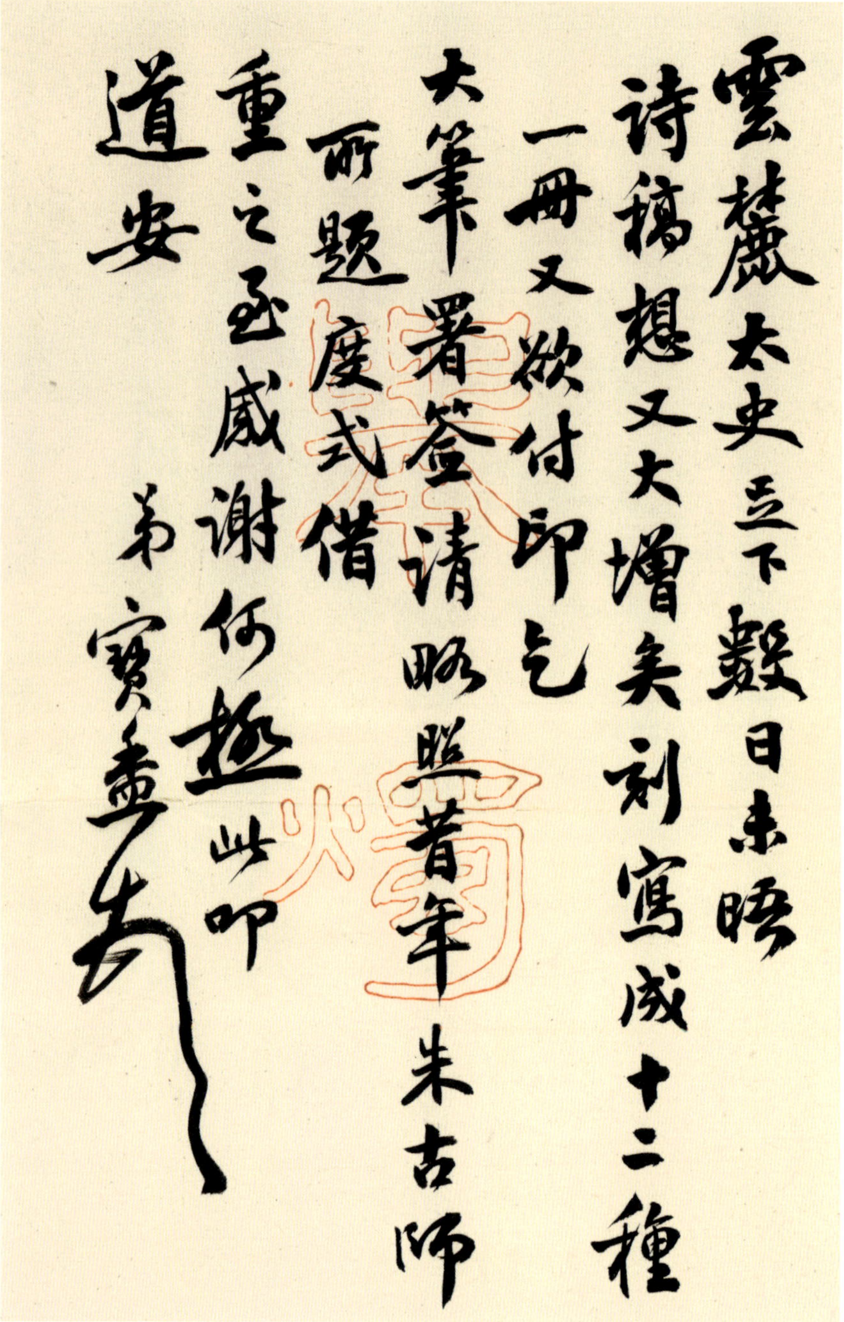

雲麓太史足下：數日未晤，詩稿想又大增矣。刻寫成十二種一冊，又欲付印，乞大筆署簽。請略照昔年朱古師所題度式，借重之至，感謝何極。此叩道安。弟寶盉頓首。

苏宝盉书 第四通

本埠重慶路三祝里
五十五號
高大人
雲麓
蘇緘

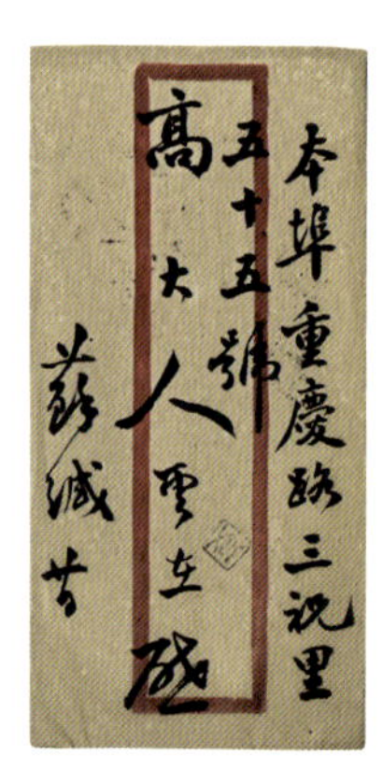

云麓太史足下：数日未晤，诗稿想又大增矣。刻写成十二种一册，又欲付印，乞大笔署签。请略照昔年朱古师所题度式，借重之至，感谢何极。此叩道安。弟宝盉顿首。

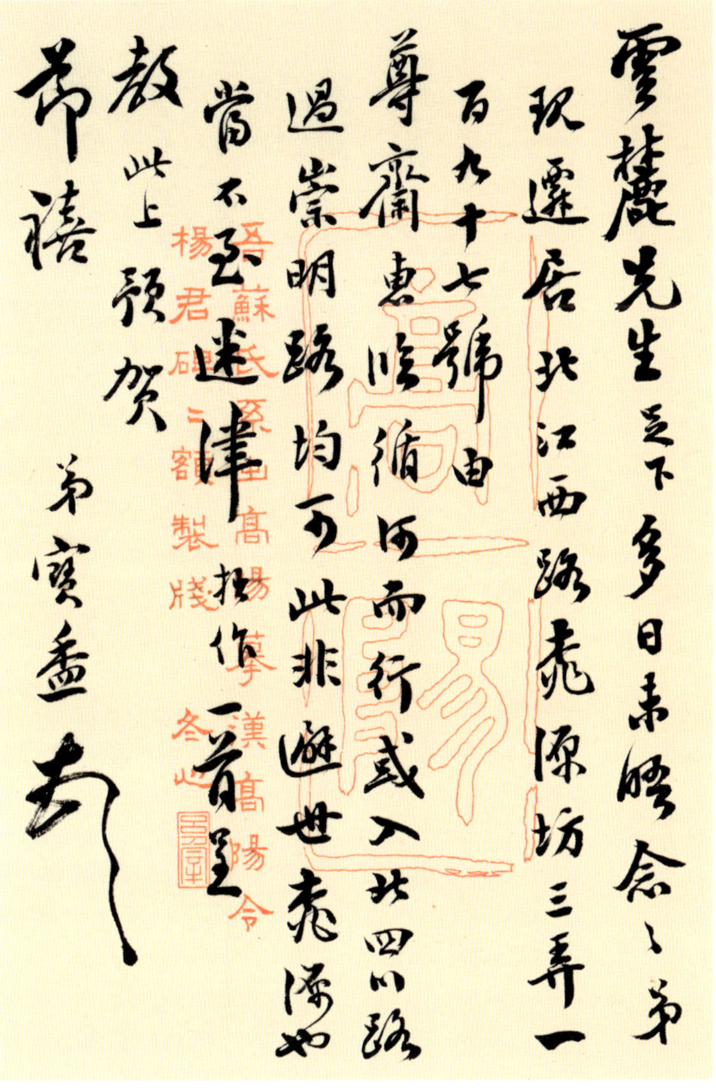

苏宝盉书 第五通

云麓先生足下：多日未晤，念念。弟现迁居北江西路桃源坊三弄一百九十七号，由尊斋惠临，循河而行，或入北四川路过崇明路均可。此非避世桃源也，当不至迷津。拙作一首呈教，此上。预贺节禧。弟宝盉顿首。

徙居桃源坊偶赋

世间何处觅桃源，坊号桃源地正喧。盐米计疏资妾健，鸡豚养薄逮亲存。慎防枳棘伤徒侣，喜有梧桐荫子孙（宅中有梧桐一株）。耕舌惟祈无恶岁，微躯此外更奚论。

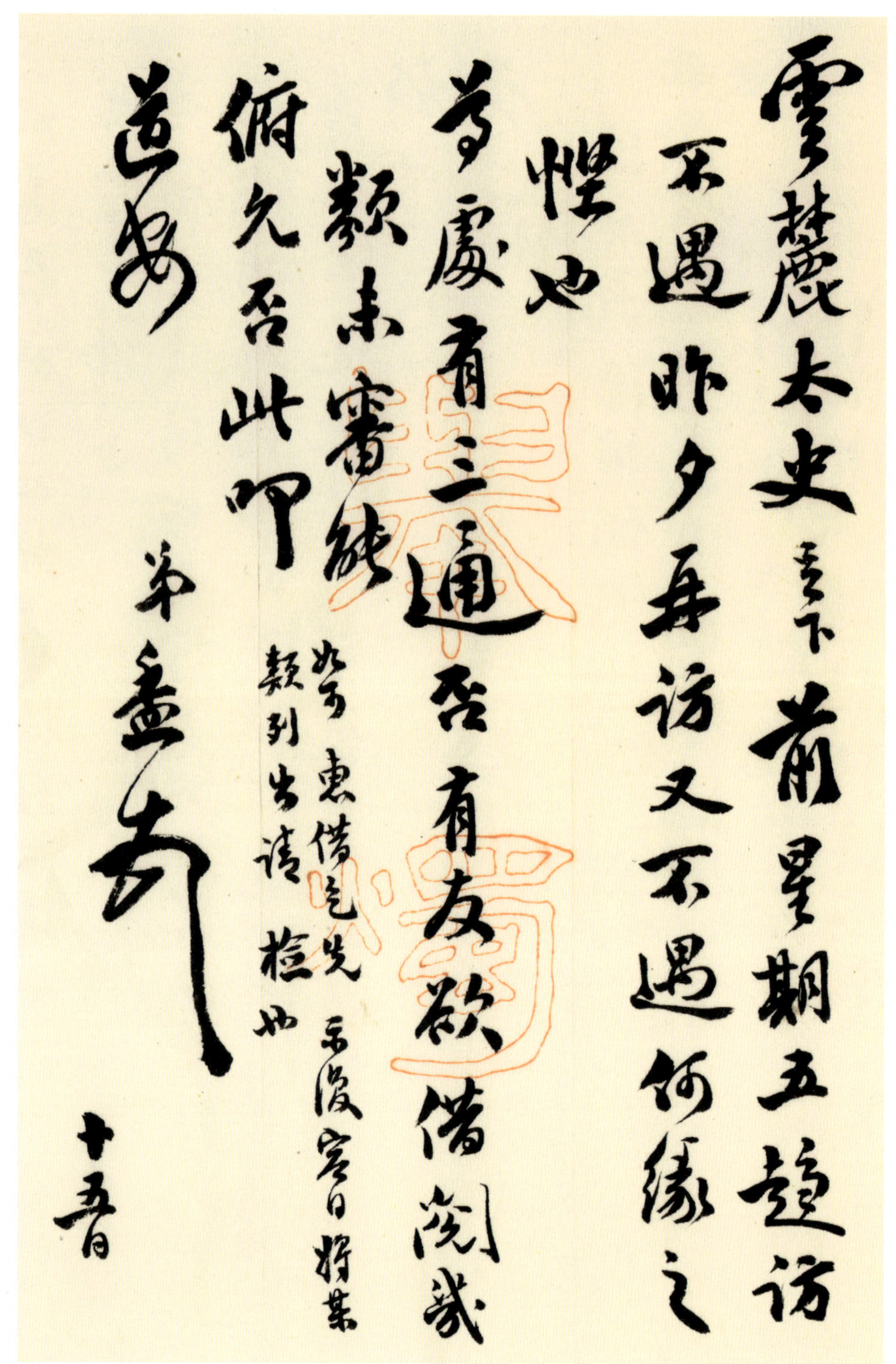

苏宝盉书 第六通

云麓太史足下：前星期五趋访不遇，昨夕再访又不遇，何缘之悭也！尊处有三通否？有友欲借阅几类，未审能俯允否？如可惠借，乞先示复，容日将某类列出请检也。此叩道安。弟盉顿首。十五日。

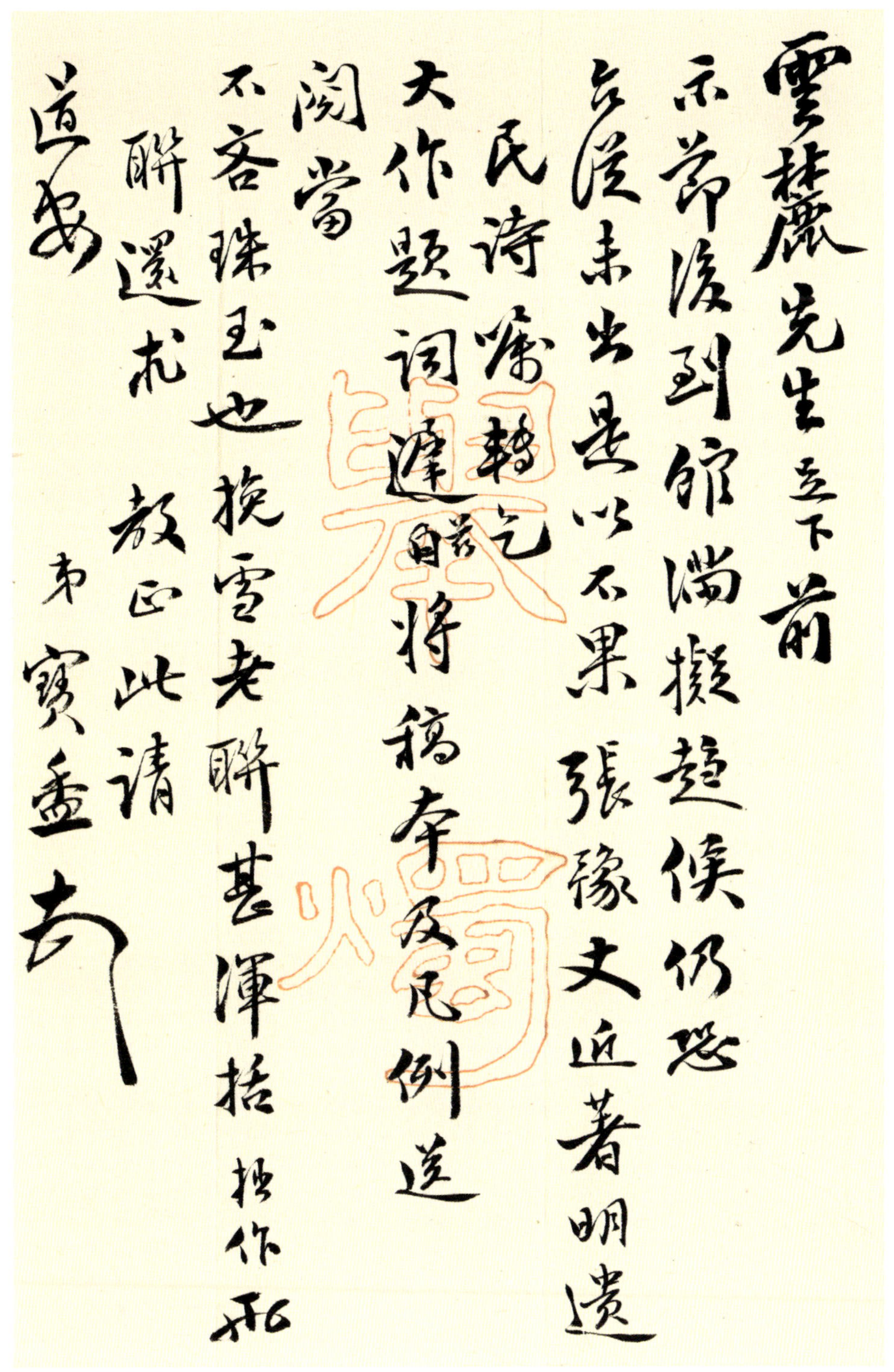

苏宝盉书 第七通

云麓先生足下：前示节后到馆，满拟趋候，仍恐台从未出，是以不果。张豫丈近著《明遗民诗》嘱转乞大作题词，兹将稿本及凡例送阅，当不吝珠玉也。挽雪老联甚浑括，拙作两联还求教正。此请道安。弟宝盉顿首。

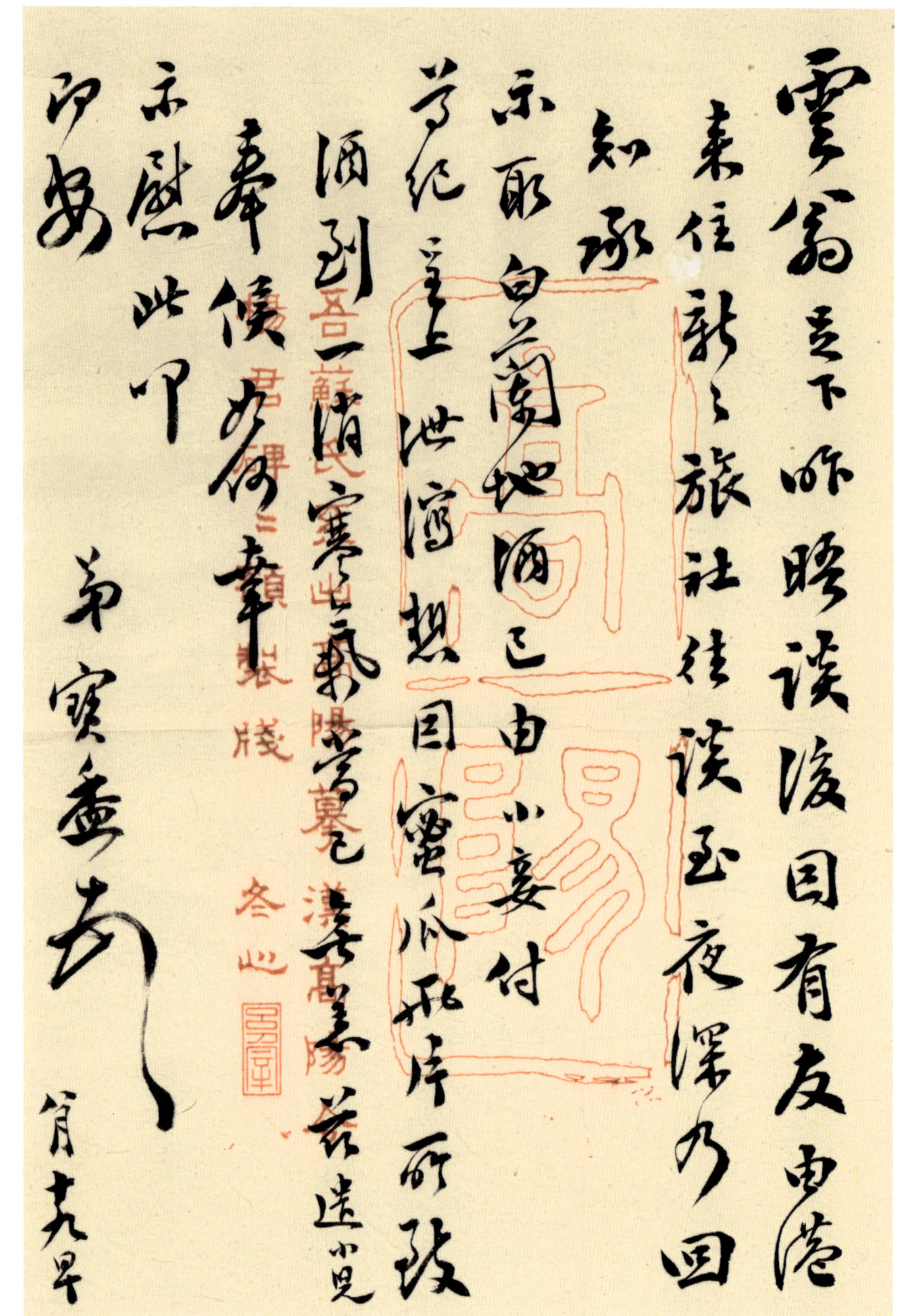

苏宝盉书 第八通

云翁足下：昨晤谈后，因有友由港来，往新新旅社，往谈至夜深乃回。知承示取白兰地酒，已由小妾付尊纪呈上。泄泻想因蜜瓜两片所致，酒到一消寒气，当已无恙。兹遣小儿奉候如何，幸示慰。此叩即安。弟宝盉顿首。八月十九早。

苏宝盉书　第九通

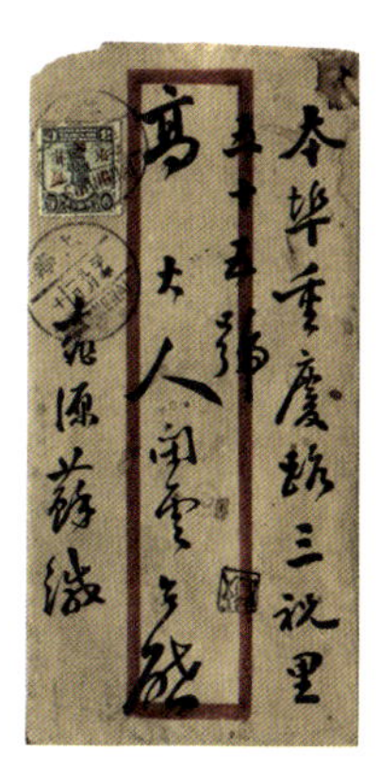


云麓太史足下：暑假一月，竟以炎歊未能趋候，至怅。日来又复上课，幸天气稍凉，不至太苦。绛帐何日开讲？念念。张豫丈昨日见过，以陈文良《哀思录》一册嘱转尊处，容俟晤时呈上，因乏仆人走送也。此叩起居。弟宝盉顿首。七月十八日。

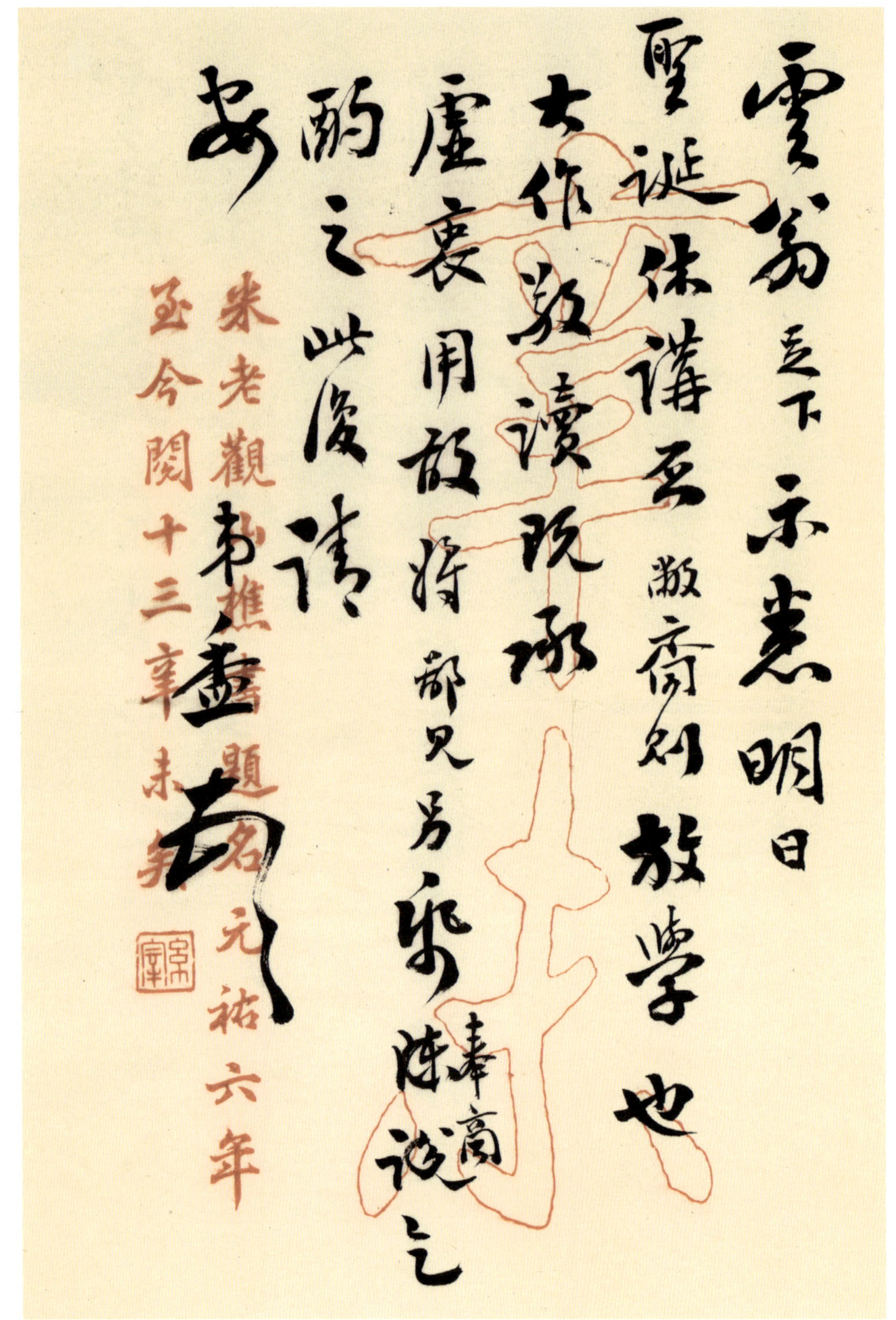

苏宝盉书　第十通

云翁足下：示悉。明日圣诞休讲否？敝斋则放学也。大作敬读，既承虚衷，用故将鄙见另纸奉商，乞酌之。此复，请安。弟盉顿首。

雲麓先生足下前承
枉臨因課忙未克暢談至歉張家壽
屏筆潤前日已專人送來收妥此次
嫁女所費幾及二千金得此不無小補
全仗
吹噓之力感佩萬分滿擬今日走謝並得
暢談又因事未果冬至假日或可造訪
耳此請
道安
弟寶盉頓首

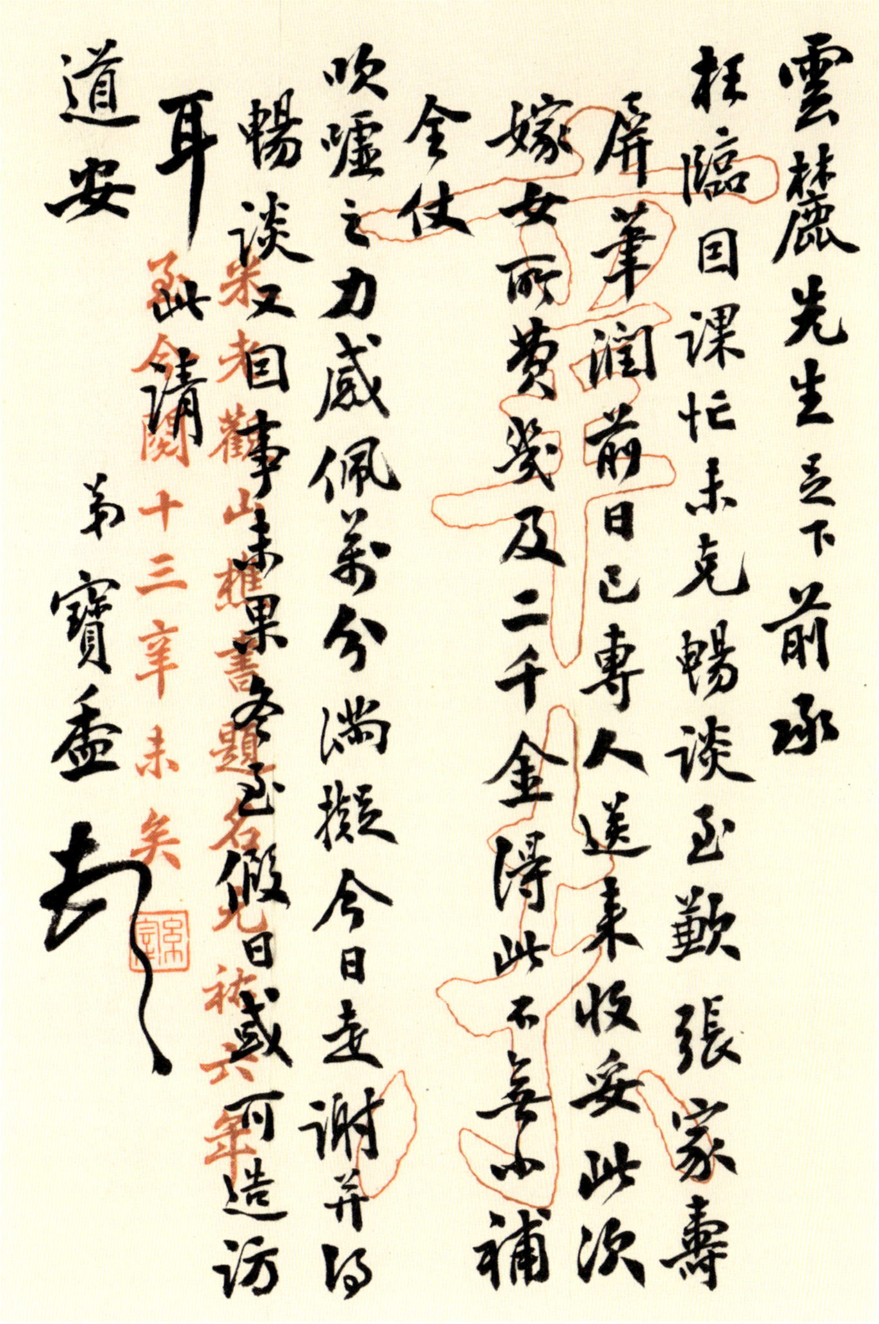

苏宝盉书　第十一通

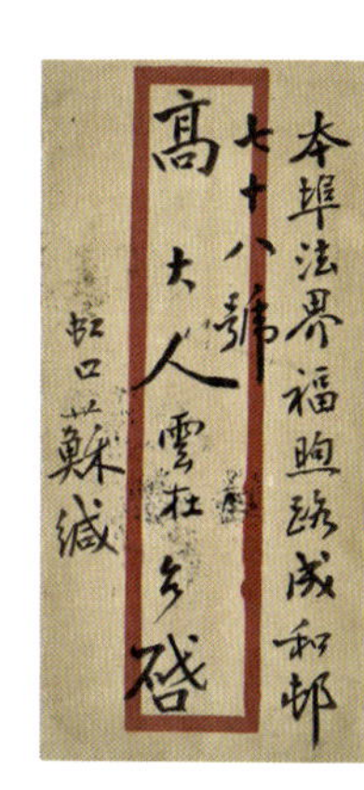

本埠法界福煦路成和邨
七十八號
高大人
雲杜乡
啓
虹口
蘇緘

云麓先生足下：前承枉临，因课忙未克畅谈，至歉。张家寿屏笔润前日已专人送来收妥，此次嫁女所费几及二千金，得此不无小补，全仗吹嘘之力，感佩万分。满拟今日走谢，并得畅谈，又因事未果。冬至假日或可造访耳。此请道安。弟宝盉顿首。

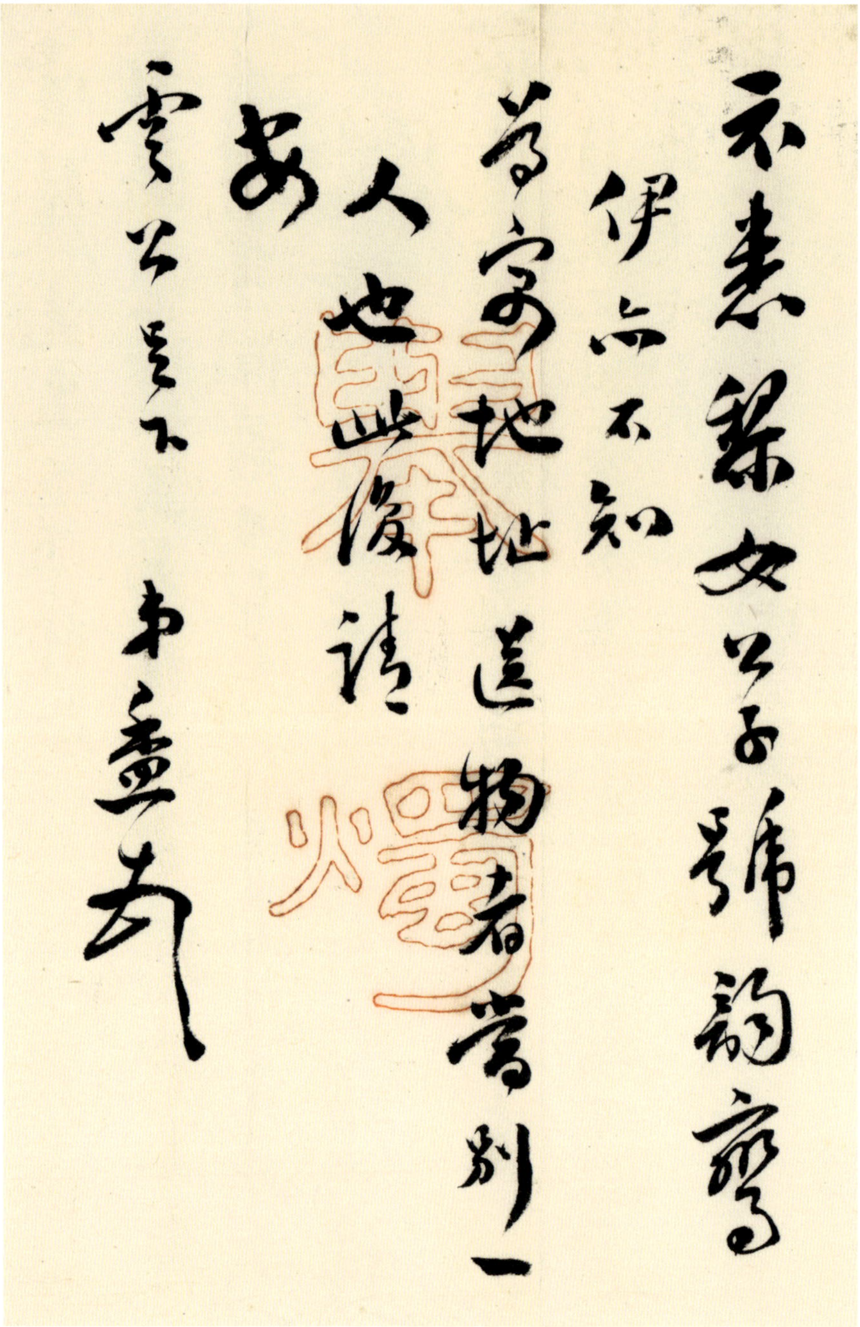

苏宝盉书 第十二通

示悉。黎女公子号韵鸾，伊亦不知尊寓地址。送物者当别一人也。此复，请安云公足下。弟盉顿首。

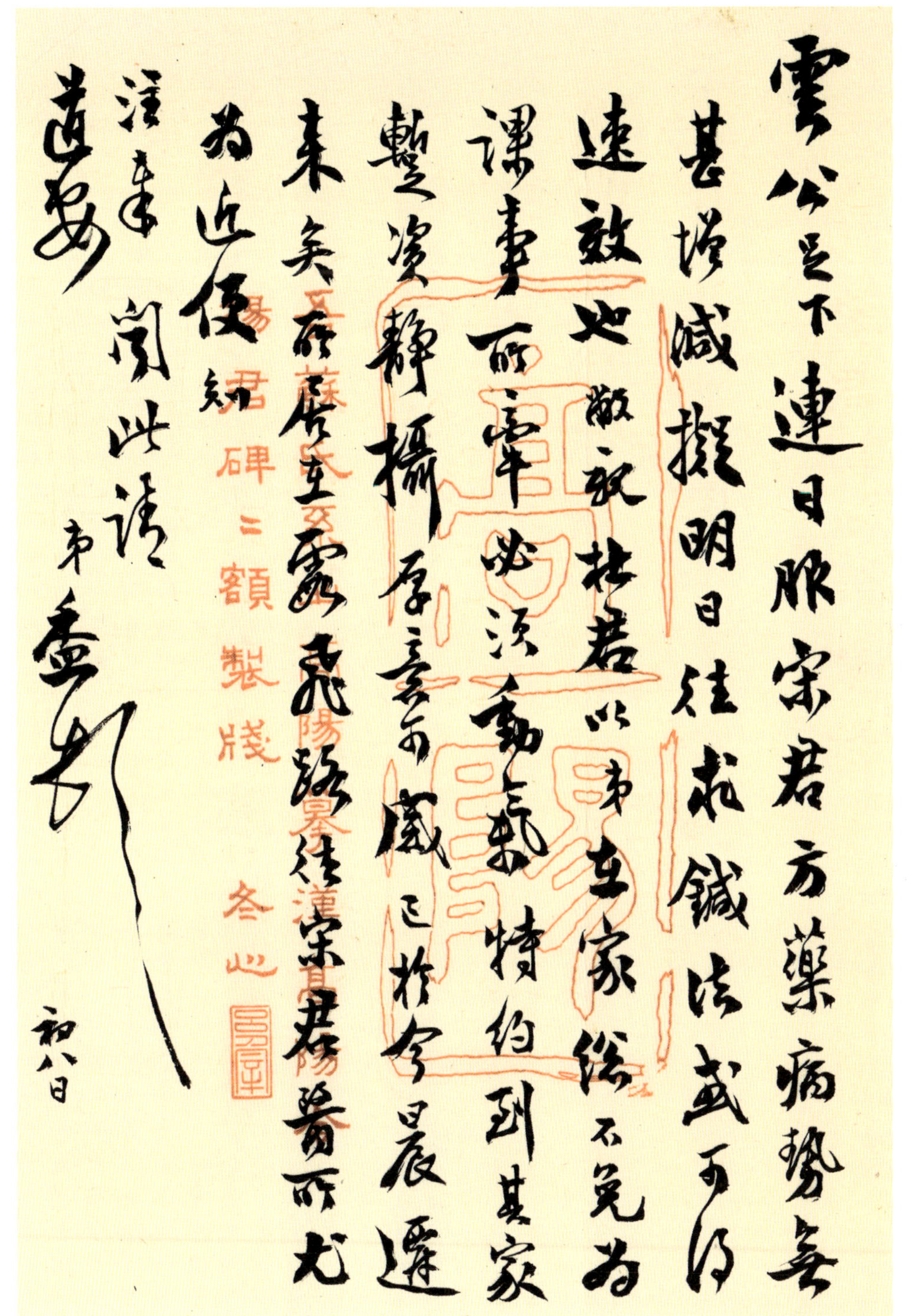

苏宝盉书 第十三通

云公足下：连日服宋君方药，病势无甚增减，拟明日往求针法，或可得速效也。敝亲杜君以弟在家总不免为课事所牵，必须动气，特约到其家暂资静摄。厚意可感，已于今晨迁来矣。所居在霞飞路，往宋君医所尤为近便。知注奉闻，此请道安。弟盉顿首。初八日。

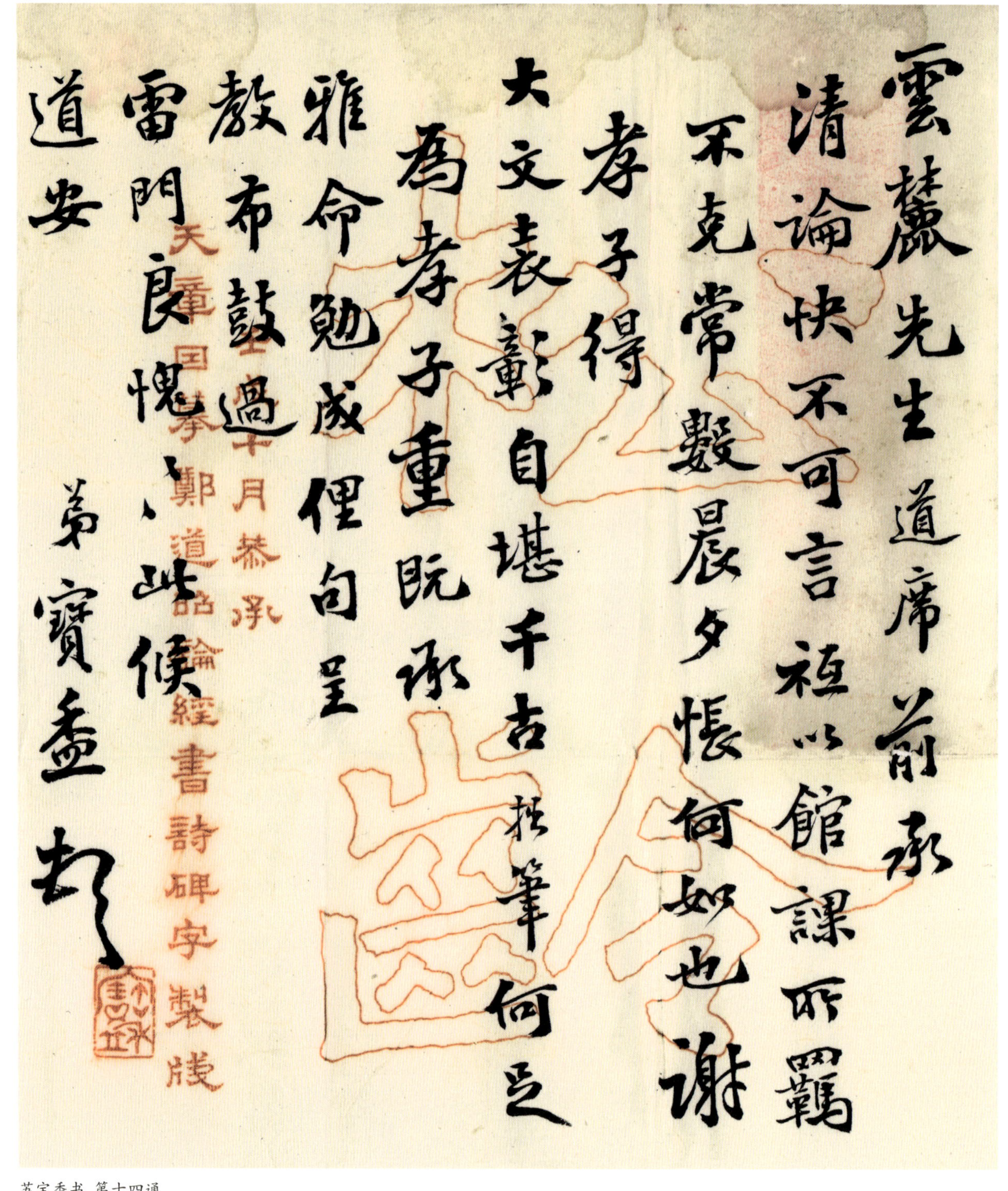

苏宝盉书　第十四通

云麓先生道席：前承清论，快不可言。只以馆课所羁，不克常数晨夕，怅何如也。谢孝子得大文表彰，自堪千古。拙笔何足为孝子重，既承雅命，勉成俚句呈教，布鼓过雷门，良愧！良愧！此候道安。弟宝盉顿首。

# 孙宝琦

孙宝琦（1867—1931），字慕韩，晚年署名孟晋老人。浙江杭县（今杭州）人。清末大臣，晚清外交家，北洋政府第四任代理国务总理。曾创设育才馆、主持及开平武备学堂。1902 年至 1905 年，出任驻法公使，后兼任驻西班牙公使。在欧期间，用心考察列强政情，参观兵工厂、机器厂，思想日趋维新。1904 年，上书清廷，倡言立宪，成为清朝大臣中第一个明确提出“立宪”者。

1924 年 1 月，任北京政府国务总理，兼外交委员会委员长，任内与苏联建立外交关系，向德国索赔成功。其七女儿孙用番嫁给张廷重（即张佩纶之子，张爱玲和张子静之父）。1926 年任中法大学董事长。后致力于救灾事宜。病逝于上海。

（3）

云麓先生大鉴：接展惠函，诵悉一是。承示尊纪借书谢宅，为犬所噬，殊堪诧异。尊拟判词虽属游戏，隐寓箴规，君子爱人以德，佩甚！佩甚！顷闻蘅窗赴甬，俟归当持以示之，并劝其惩前毖后，不可使此事再见也。前示游南翔诗，极思奉和，只因“湑”字无新颖之句可属，致难报命，甚以为歉。兹录与陈筱翁唱和诗二首，呈请郢政，俚句不足言诗，幸勿示人。此颂台安。宝琦启。十二月三日。

岁次己巳四月四日陈筱石招饮花近楼，坐有王雪塍年八十有五，陈伯岩、钱铭伯、秦子质俱年七十有七，余尧衢年七十有六，朱古微暨筱石俱年七十有三，王品三年六十有九，琦年六十有三，庄得云年六十有一，袁伯夔年五十有一，共得七百八十二岁。筱石赋诗见视，依韵和之。录尘云麓先生郢政。宝

（1）

雲麓先生大鑒：接展
惠函，诵悉壹是。承
示尊紀借書謝宅，為尤所嗟，殊堪
詫異。
尊擬判詞，維屢游戲，處處箴規，
君子愛人以德，佩服佩服。頃聞蘅隱
赴甬，俟歸，當特以示之，並勸其勿怨
前嫌，後不可使此事再見也。前

（2）

示循甫鞠詩，極思奉和，祇因俗冗多
紛，頌之句予屢改，始報
命，甚以為歉。茲錄與陳筱石唱和詩
二首呈請
郢政。俚句不足言詩，未可示人。此頌
台安
寶琦頓

孙宝琦书 第一通

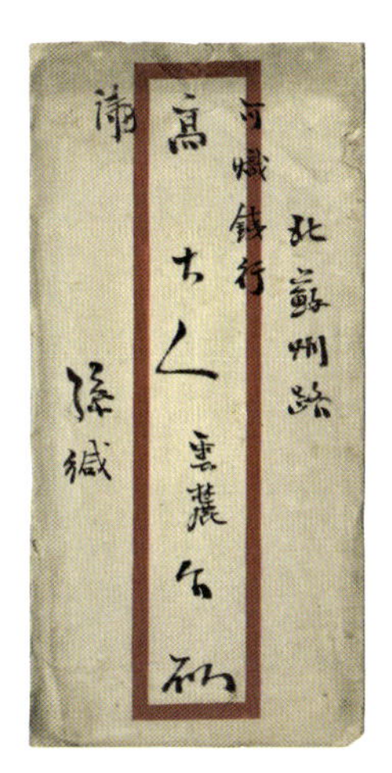


琦漫稿。

我识太丘在京国，其时尔我皆壮年。慨逢庚子黄巾起，北辰失所星离躔。明公赞画和戎策，收京伟业等回天。酬庸建节临淮海，四方同庆扫烽烟。大梁驻跸谒行在，班荆道故亲高贤。我偕徐陈参政务（回銮后余偕徐鞠人、陈瑶圃、郭春榆诸君同直政务处），东华僳直糜俸钱。（时每人月得六十金，京曹已属创格）旋被殊恩使西域，诹谋载咏皇华篇。邮筒海外有时至，音尘若接意欢然。宣猷江海历十载，劲节不与时争妍。北门锁钥归公掌，函牍往复欣联翩。我惭封忻为无补，望公颜色如神仙。吁嗟鼎沸遍海内，觚棱翘首啼杜鹃。鲰生志在保四境，假王谬托徒自怜。生灵涂炭悲曷已，君父危难忧心煎。羡公完名挂冠去，愧吾形秽厕公前。竭来邂逅西溪畔，溪水洗耳清且涟。山庄款客缺鸡黍，只有蔬笋杂豆笾。申江返棹辱折柬，群贤毕至肆鲭筵。主人好客情似海，追踪仲举榻常悬。坐中喜多寿者相，祝公耆耇媲彭篯。高歌示我长太息，走笔步韵污涛笺。

岁次己巳秋尽日，宴集筱石制军花近楼，筱石赋诗叠杜少陵《赠卫八处士诗》元韵，辄依韵和之。

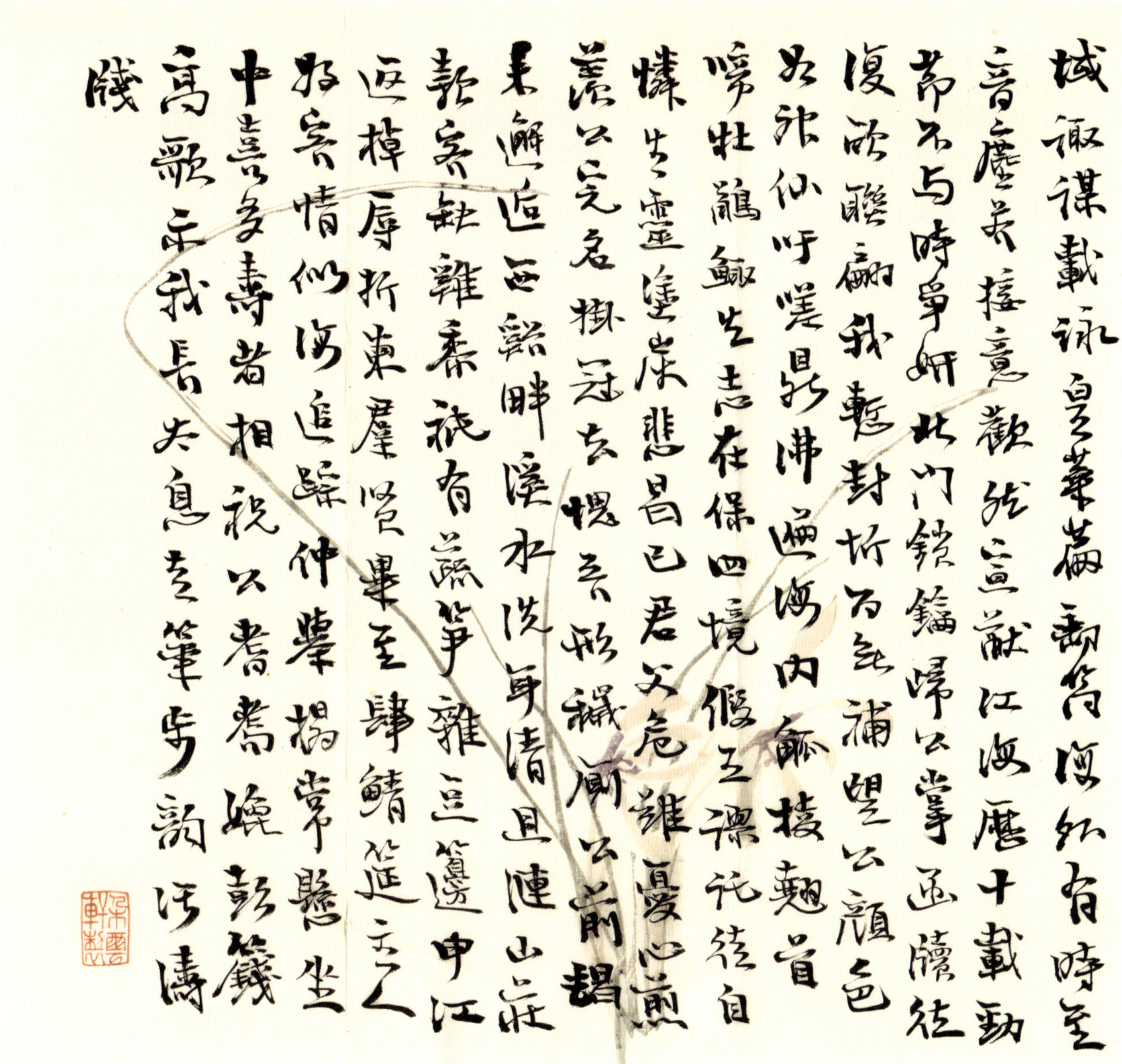

录尘云麓先生郢政。宝琦漫稿。

交谊老逾笃，臭味泯参商。折柬饫盛馔，和霁挹谦光。京华旧俦侣，相视各老苍。结会尽真率，慷慨吐肝肠。平生喜磊落，丈夫气堂堂。昔我抚齐鲁，感公示周行。何期别廿载，萍迹聚一方。宾主东南美，佳酿如玉浆。尝笑卢生痴，一梦炊黄粱。远慕山阴贤，列坐引流觞。及时贵行乐，信天寿必长。会访严陵钓，秋水正苍茫。

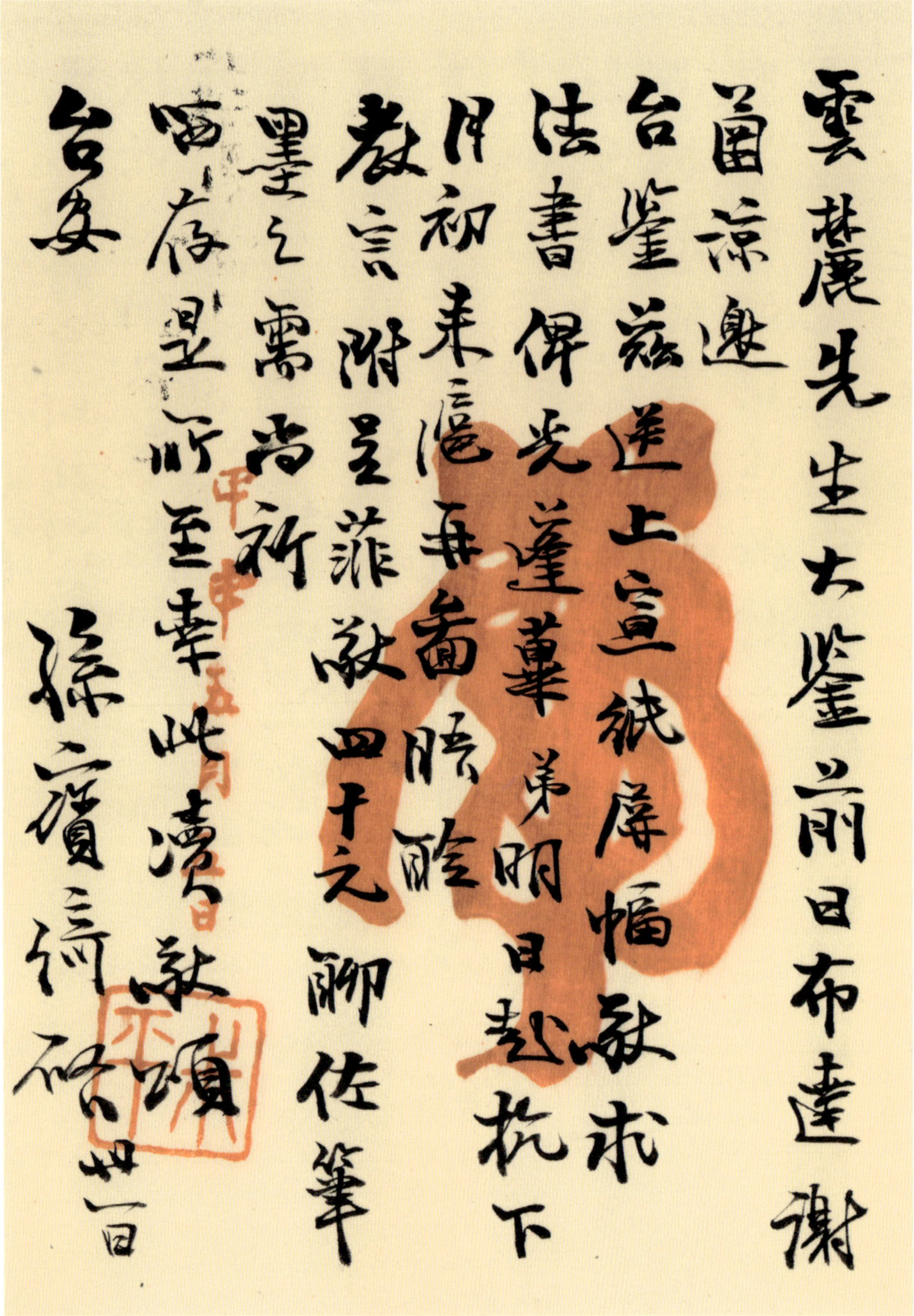

孙宝琦书　第二通

云麓先生大鉴：前日布达谢函，谅邀台鉴。兹送上宣纸屏幅，敬求法书，俾光蓬荜。弟明日赴杭，下月初来沪再图晤聆教言。附呈菲敬四十元，聊佐笔墨之需，尚祈哂存，是所至幸。此渎，敬颂台安。孙宝琦启。卅一日。

孙宝琦书 第三通

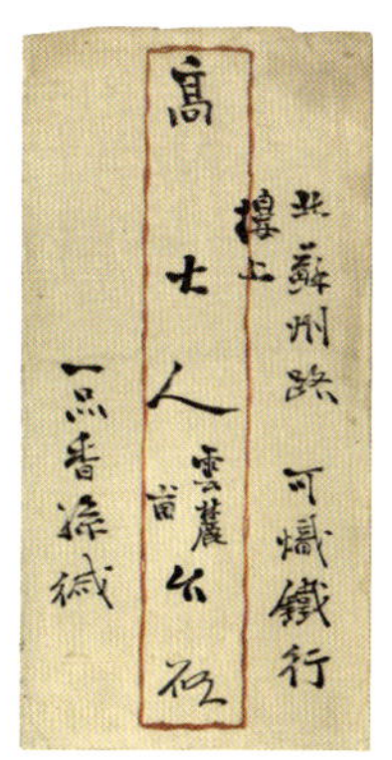

云麓先生执事：昨奉惠书，祇聆一是。承赐法书楹联，扬美阐幽，殁存均感。字体银钩铁画，胎息深厚，尤为钦佩。谨当镌刻悬之先祠，永铭雅意。专此陈谢，敬颂台安。弟宝琦启。九月十七日。

茶封乞掷交尊纪是幸。

舍弟明早可到，并以附及。

孙宝琦书　第四通

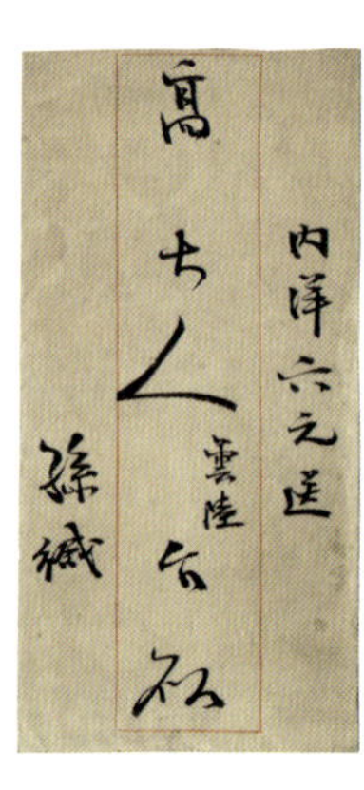


云陆先生执事：日前荷承枉顾，有失迎迓，至以为歉。嗣奉手书并承赠榭山先生《甬上耆旧集》，具征垂爱，祇领感谢。琦匆匆即行北上，不及诣答，歉疚之至，尚祈鉴原。附缴书价六元，希察存是幸。此颂秋安。孙宝琦启。十一月一日。

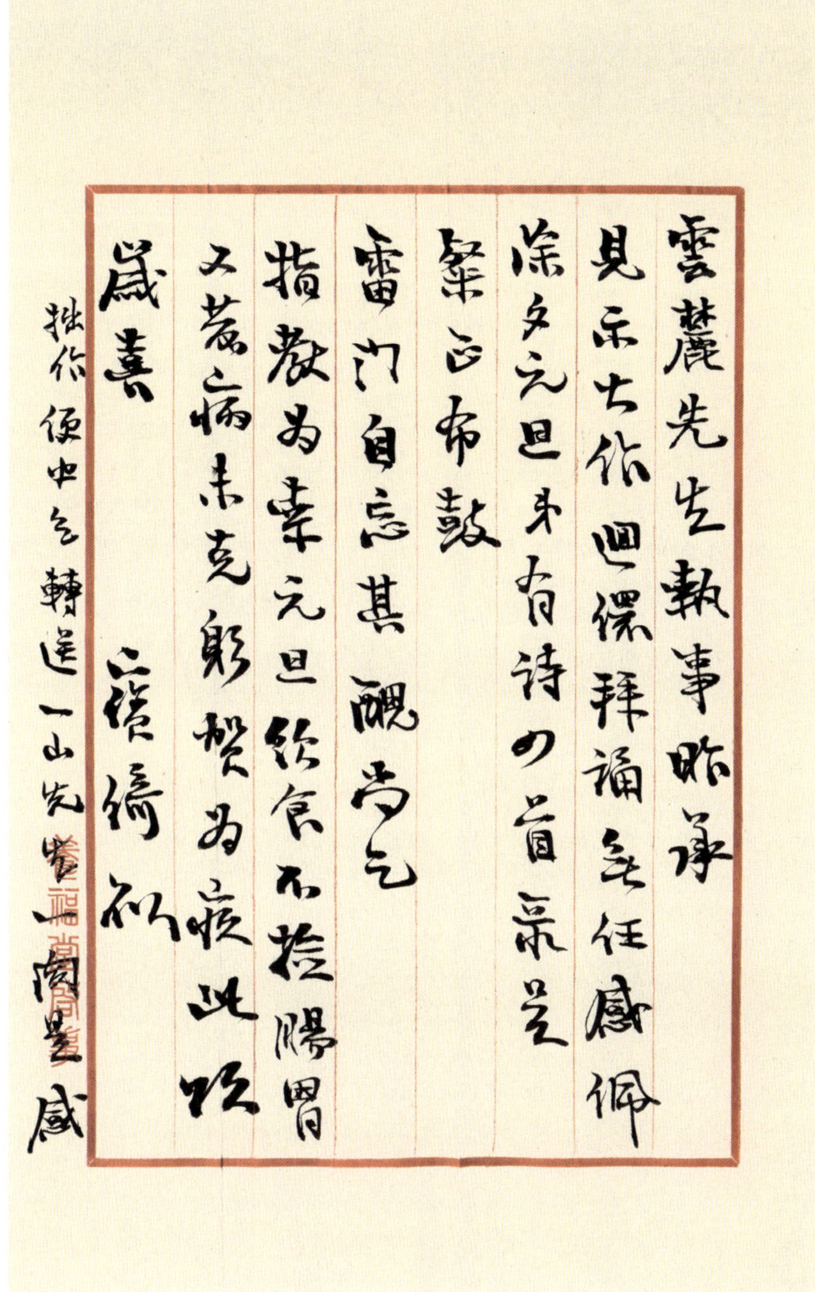

雲麓先生執事：昨承見示大作，迴環拜誦，無任感佩。除夕元旦弟有詩四首，錄呈粲正，布鼓雷門，自忘其醜，尚乞指教為幸。元旦飲食不檢，腸胃又發病，未克躬賀為疚。此頌歲喜。寶琦啟。

拙作便中乞轉送一山先生一閱是感。

孙宝琦书 第五通

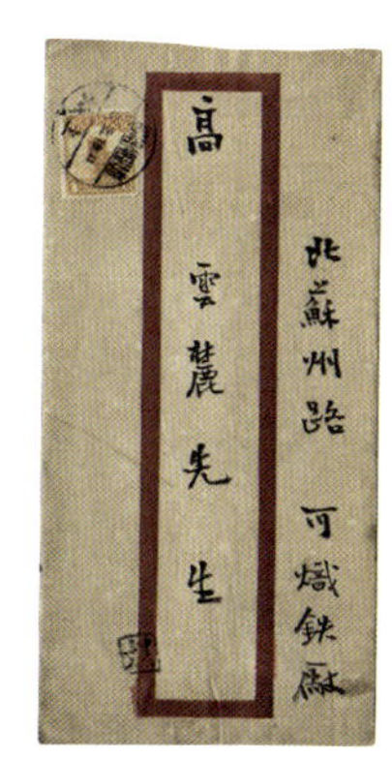


云麓先生执事：昨承见示大作，回环拜诵，无任感佩。除夕元旦弟有诗四首，录呈粲正，布鼓雷门，自忘其丑，尚乞指教为幸。元旦饮食不检，肠胃又发病，未克躬贺为疚。此颂岁喜。宝琦启。

拙作便中乞转送一山先生一阅是感。

# 孙表卿

孙表卿（1870—1967），名振麒，字表卿，浙江奉化人。历任国民政府行政院参议、浙江省议员、四明日报社经理等职。1949年后，曾任浙江省政协特邀委员。参加创办龙津学堂、凤麓学堂，筹资开设“新学会社”书店，进一步传播革命进步思想，推动辛亥革命。1927年，与庄嵩甫、张泰荣等创办奉化孤儿院，并任董事长。曾出资开展修路、筑桥、围塘等公益事业，造福桑梓百姓，被誉为“梓桑造福功多有，兰桂腾芳福自绵”。与刘裕堂合编《奉化县志》。

孙表卿书

云麓先生阁下：承和韵及即事诗，佳甚，暇当奉和呈正。顷接友人函，石虞作古，前寄和韵诗，恐未及览，人生如朝露，可叹。曾作小诗哀之，并以呈览。即问台安。弟孙表卿上。三月二十五日。

闻石虞作古，诗以哀之

云章缄札递巴东，薤露旋惊一昔中。太息老成凋谢后，不留憔悴一诗翁（同邑庄崧甫、周枕琴先殁）。

灌输新学作书淫，兰臭同心利断金。今日人琴感俱逝，抚弦三叹有遗音（君办新学会社，余助成之，后各离去）。

猛士风云守四方，运筹帷幄亦堂堂。独怜脱帽吟诗句，幕府犹容一老狂。

龙蛇起陆百川浑，干净宁容片土存。云路招要先撤（撒）手，三生福慧更输君。

相见难于参与商，暮年情景易悲伤。绸缪诗意今何属，应在仙家缥缈乡（前年因余函有“未知相见更在何日”语，邬生培因作《相见行》，君与余皆叠韵和之）。

孙表卿稿。

# 孙智敏

孙智敏（1881—1961），字勤斋，一字廑才，号执庵，斋名知足居，浙江杭州人。清光绪癸卯（1903）翰林，任翰林院编修。宣统元年（1909）任浙江图书馆会办。辛亥（1911）后任建德、龙游知县，又任杭州高等学堂监督、浙江两级师范学堂监督、之江大学文理学院教授、青岛市政府秘书。喜藏书。抗战军兴，流寓上海，从事教育工作，卖字、卖文为生。擅书法，书出钟、王，略参李邕，尤工端楷，巨细皆能，老而不失娟秀。为西泠印社早期赞助社员。裁定1949年秦康祥编纂《西泠印社志稿》，并作序，惜散佚。长骈文，善作诗。著有《知足居文存》《知足居诗存》《知足居联语录存》等。

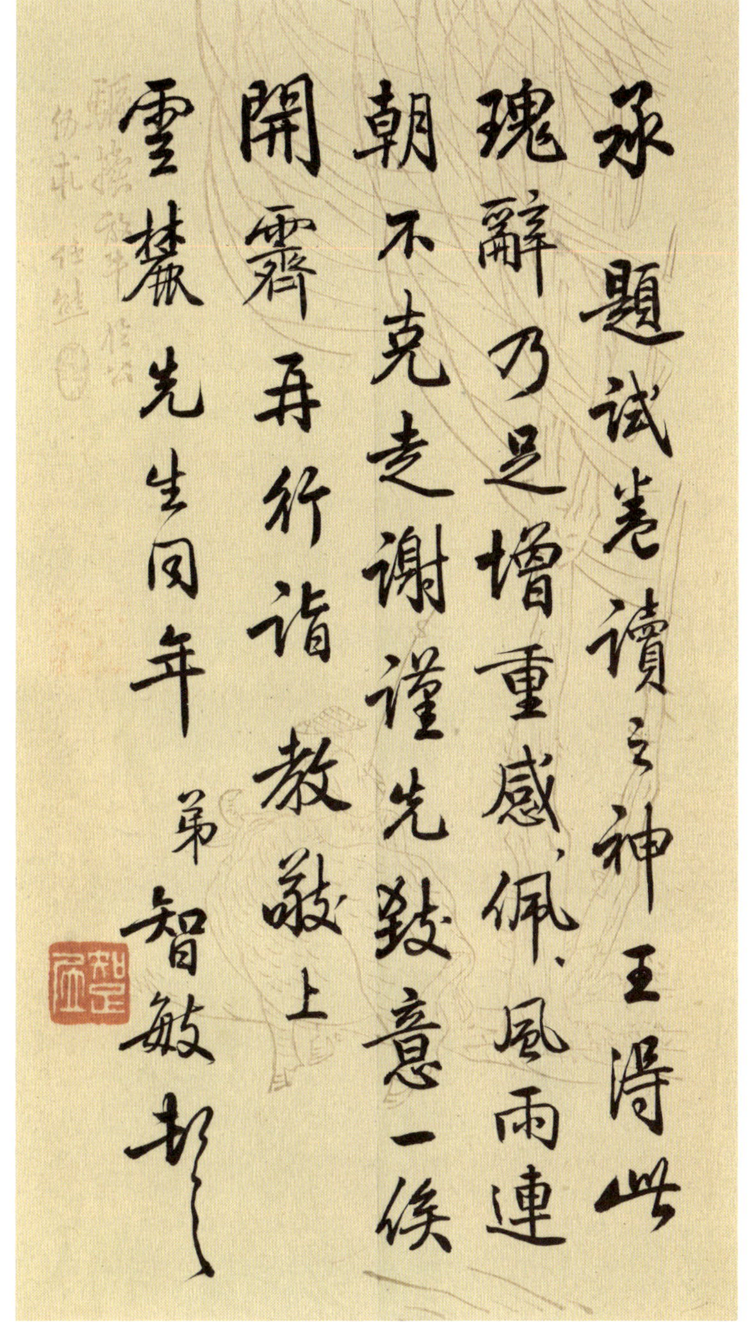
承題試卷，讀之神王。得此瑰辭，乃足增重，感佩感佩。風雨連朝，不克走謝，謹先致意，一俟開霽，再行詣教。敬上雲麓先生同年。弟智敏頓首

孙智敏书 第一通

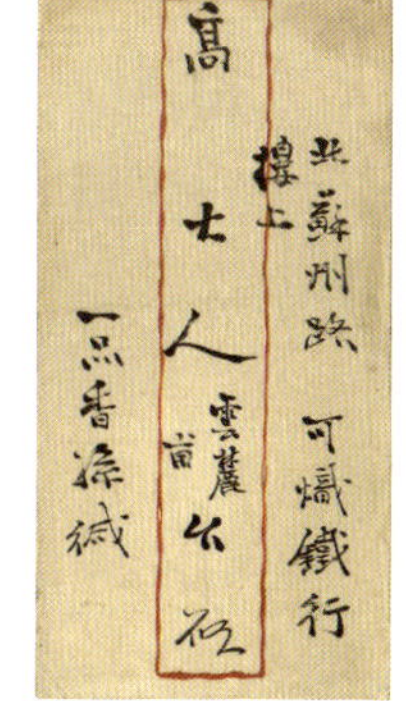

承题试卷，读之神王。得此瑰辞，乃足增重，感佩！感佩！风雨连朝，不克走谢，谨先致意，一俟开霁，再行诣教。敬上云麓先生同年。弟智敏顿首。

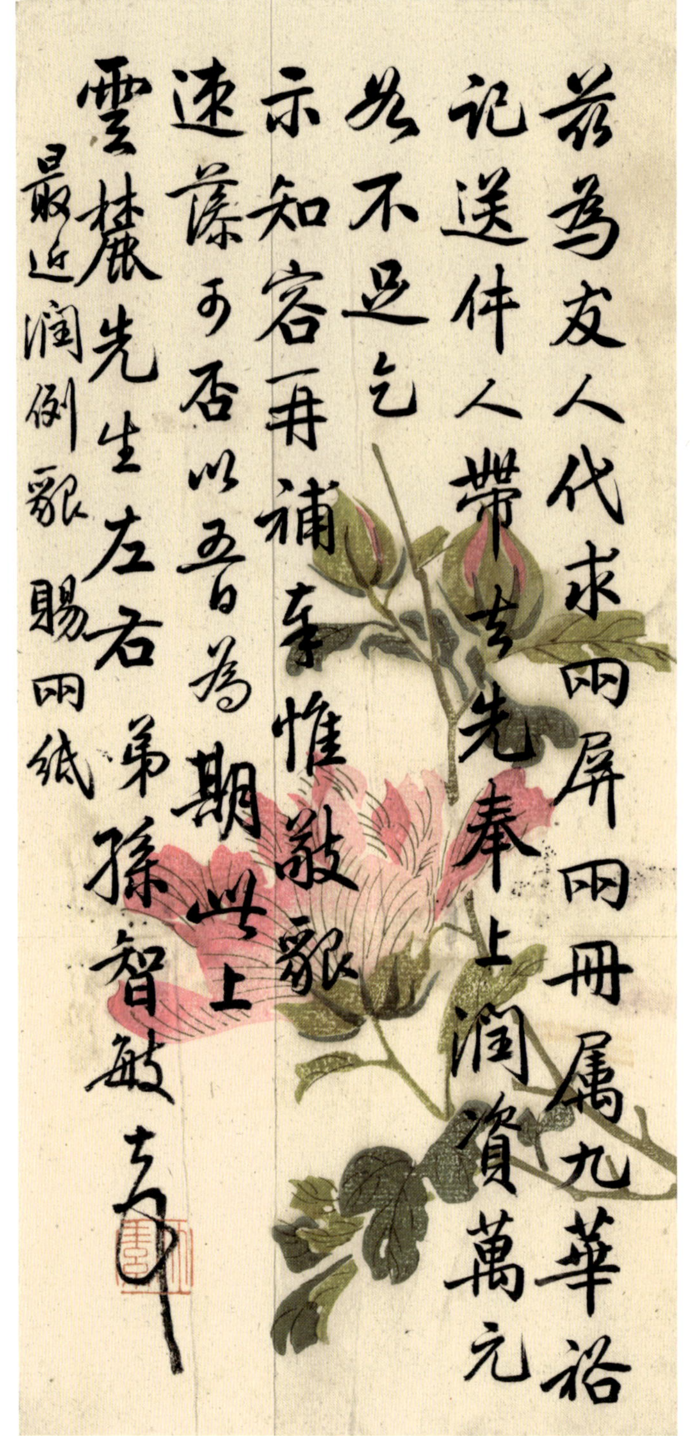
茲為友人代求兩屏兩冊屬九華裕記送件人帶去先奉上潤資萬元如不足乞示知容再補奉惟敬懇速藻可否以五日為期此上雲麓先生左右弟孫智敏頓首
最近潤例懇賜兩紙

孙智敏书 第二通

兹为友人代求两屏两册，属九华裕记送件人带去。先奉上润资万元，如不足乞示知，容再补奉。惟敬恳速藻，可否以五日为期。此上云麓先生左右。弟孙智敏顿首。

最近润例恳赐两纸。

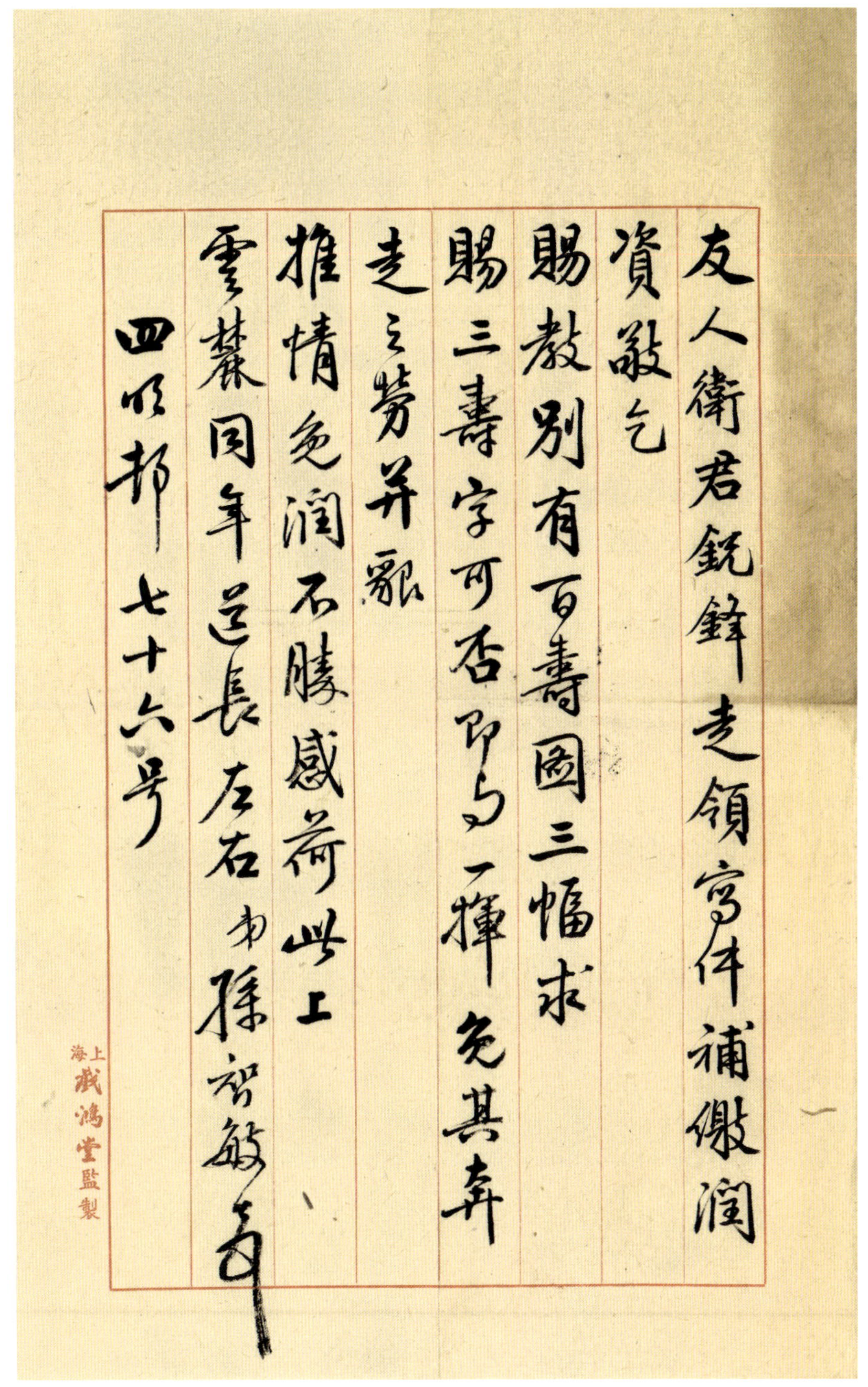

友人衛君銳鋒走領寫件補繳潤
資敬乞
賜教別有百壽圖三幅求
賜三壽字可否即與一揮免其奔
走之勞並懇
推情免潤不勝感荷此上
雲麓同年道長左右 弟孫智敏頓首
四明村七十六號

上海戲鴻堂監製

孙智敏书 第三通

友人卫君锐锋，走领写件，补缴润资，敬乞赐教。别有《百寿图》三幅，求赐三“寿”字，可否即与一挥，免其奔走之劳，并恳推情免润，不胜感荷。此上云麓同年道长左右。弟孙智敏顿首。四明村七十六号。

# 夏启瑜

夏启瑜（？—？），字伯瑾，同甫，浙江宁波鄞县人，清末著名书法家。光绪二十年（1894）进士。历任清国史馆翰林编修、陕甘学政、江西安吉知府等职。后寓居上海。擅作文，创立四明文献馆，致力于乡邦文献的收集研究。工书法，以行书见长。

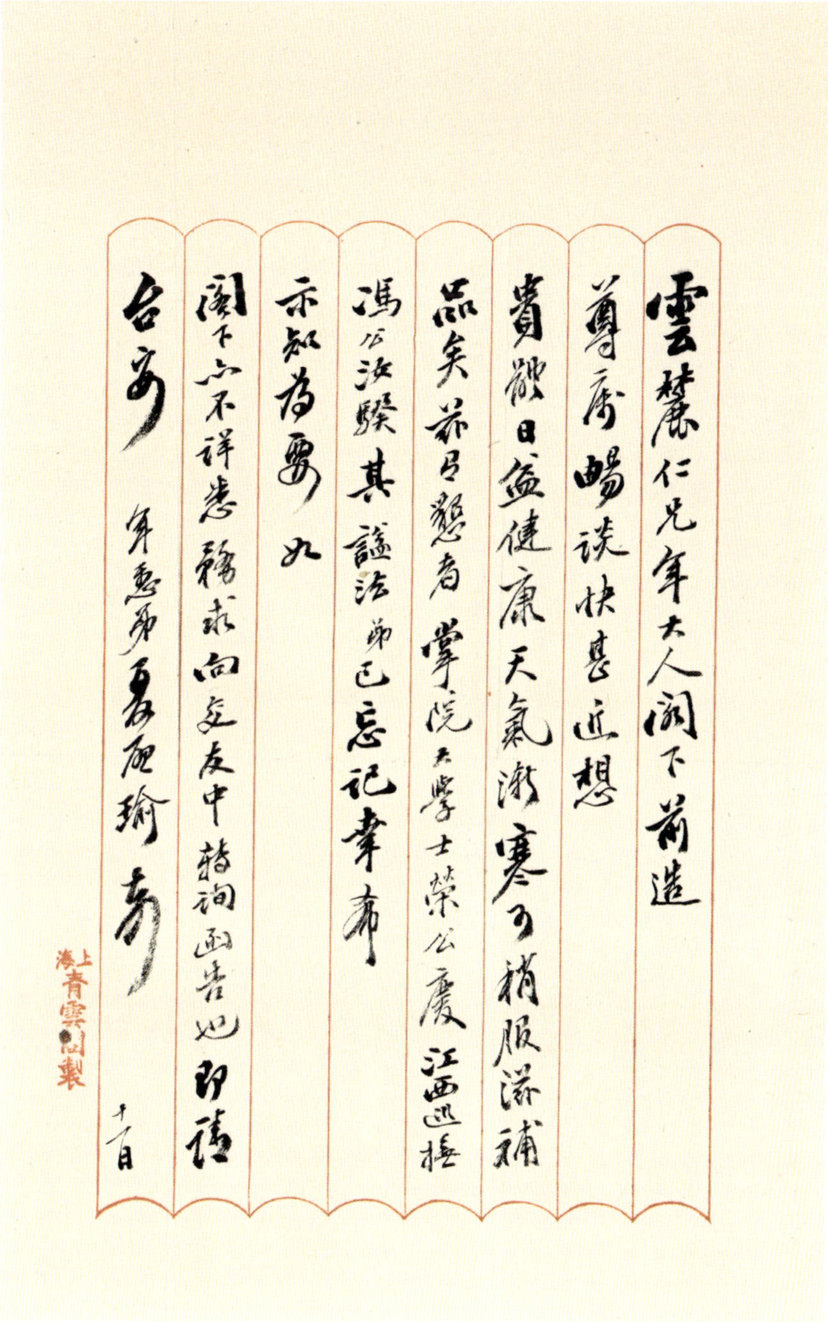

雲麓仁兄年大人閣下前造
尊寓暢談快甚近想
貴體日益健康天氣漸寒可稍服滋補
品矣茲有懇者掌院大學士榮公慶江西巡撫
馮公汝騤其謚法弟已忘記幸希
示知為要如
閣下亦不詳悉務求向交友中轉詢函告也即請
台安 年愚弟夏啟瑜頓首
十一日
上海青雲閣製

夏启瑜书 第一通

新重慶路三祝里底
雲在堂高公館
高雲麓先生台啟
上海西摩路底二百二十三號夏宅緘

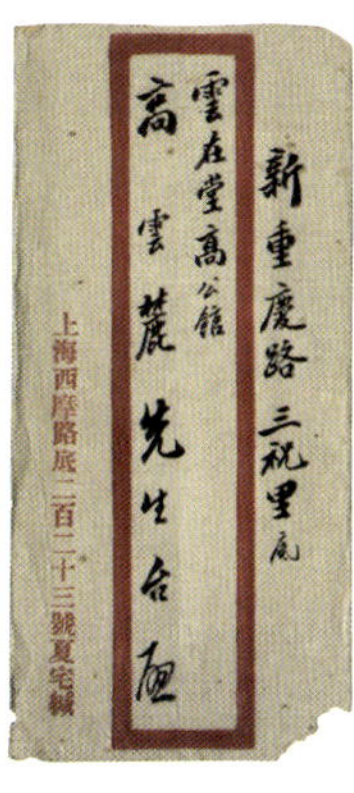

云麓仁兄年大人阁下：前造尊寓，畅谈快甚。近想贵体日益健康，天气渐寒可稍服滋补品矣。兹有恳者，掌院大学士荣公庆、江西巡抚冯公汝骙，其谥法弟已忘记，幸希示知为要。如阁下亦不详悉，务求向交友中转询函告也。即请台安。年愚弟夏启瑜顿首。十一日。

夏启瑜书　第二通

云麓仁兄年大人阁下：接奉惠书，知鄞馆经费二百元在公意欲弟暂垫，就近划至沪、甬以省汇费，具见保存公款之盛意。本可遵照，惟鄞馆月支经费通惠京行立有经折，划款应用鄞馆名义较为正当，且亦易于查考。若汇至沪至甬须用个人名目，难保不辗转滋弊。目下世风人情似不若从前之敦壳也，鄙意仍请阁下速函甬庄汇至北京前门外通惠银行付鄞县馆之账，其汇费即在二百元额内扣除较为便利，并祈汇出后知弟为要。王启常君人尚诚笃，但任劳任怨而又欲使其赔钱，于理似亦未顺。都门留京诸君均奔走衣食之人耳。此复，即请台安。弟夏启瑜顿首。八月初九日。

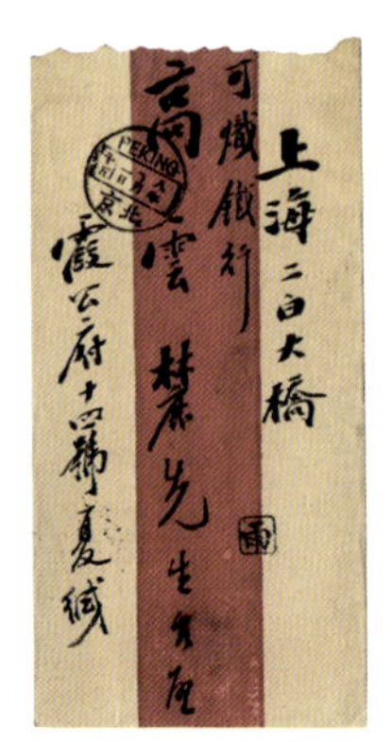

# 谢凤孙

谢凤孙（1880—1956），名石钦，号复园、樗公，湖北随县人。湖北法官养习所毕业。1907 年加入共进会，任文书。武昌起义后，任湖北军政府顾问。1912 年任湖北革命实录馆馆长，至 1913 年馆撤销。1922 年任湖北财政厅秘书，次年任湖北实业厅厅长，后曾任湖北省教育会会长。抗日战争时留武汉曾任伪职。后从慧明法师，专心慧明学社工作。学沈曾植书体颇相似。后为武汉文史馆馆员。著有《樗公随笔》。

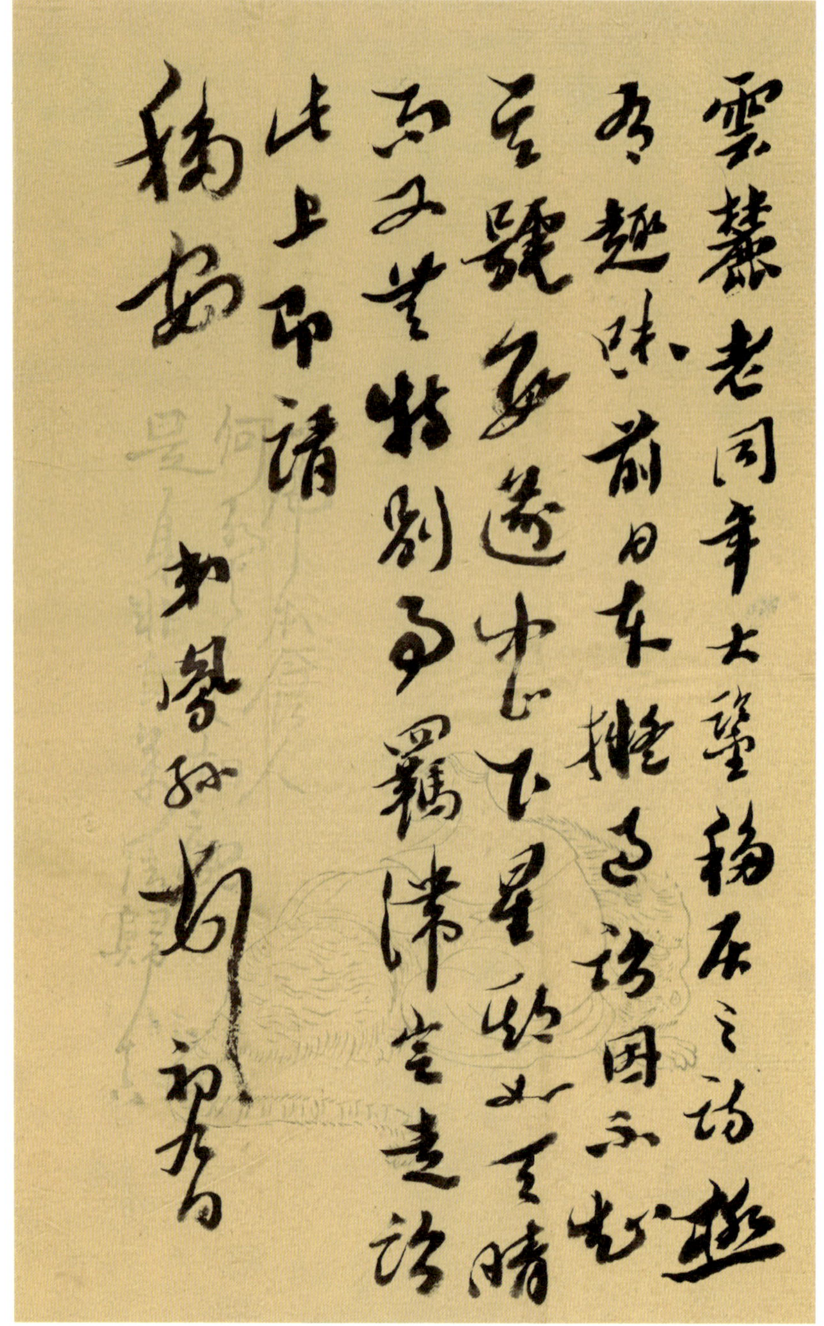

谢凤孙书 第一通

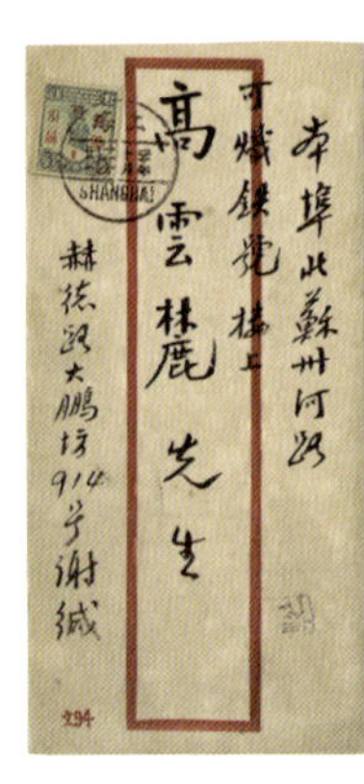


云麓老同年大鉴：移居之诗，极有趣味。前日本拟过访，因不知其号数，遂中止。下星期如天晴而又无特别事羁滞，定走访。此上，即请移安。弟凤孙顿首。初九日。

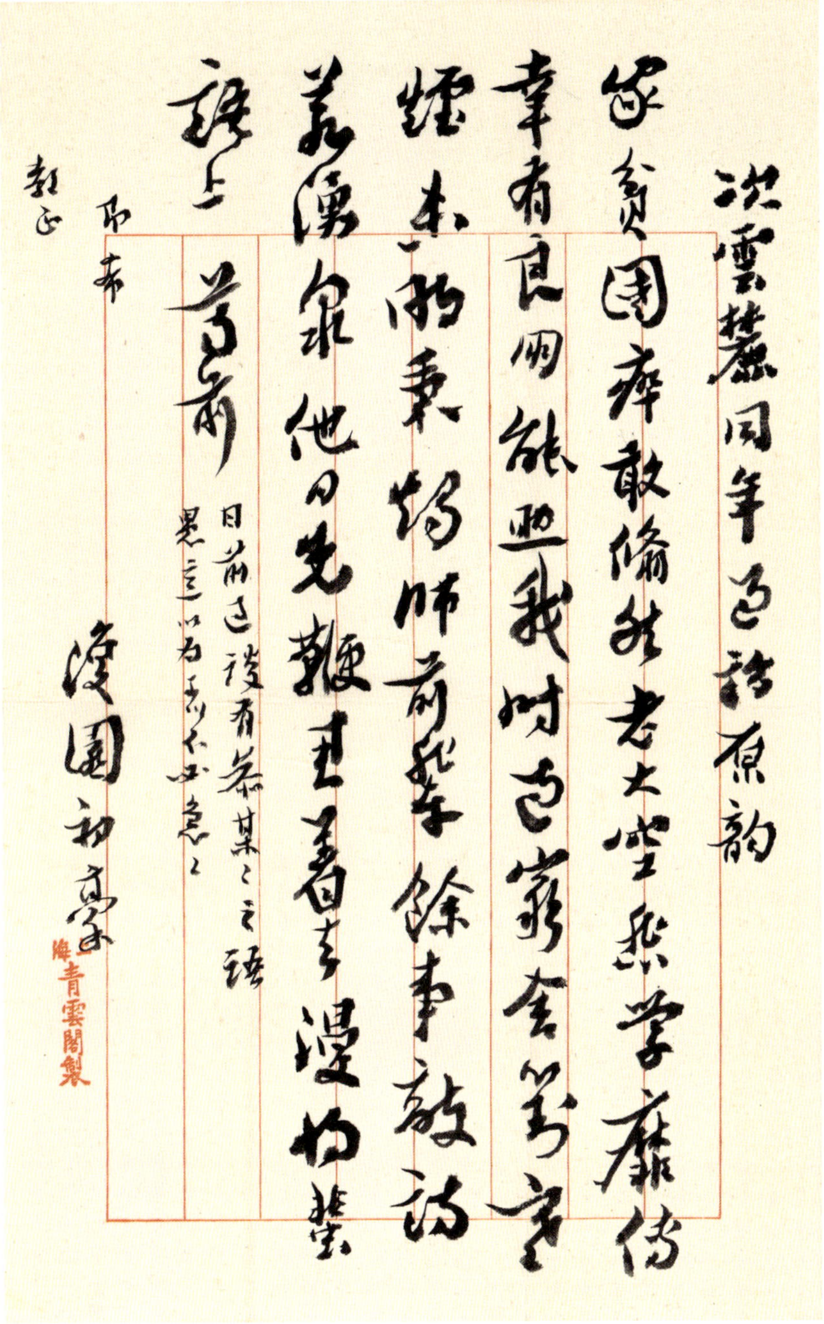

谢凤孙书　第二通

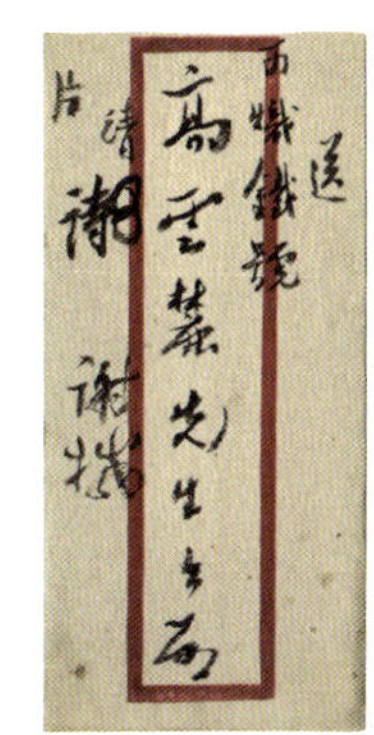

《次云麓同年过访原韵》："家贫国瘁敢翛然，老大空悲学靡传。幸有良朋能助我，时过穷舍对寒烟。未明秉烛师前辈，余事敲诗若涌泉。他日先鞭君着去，漫将蜚语上尊前。"即希教正。复园初稿。

日前过谈有恭某某之语，愚意以为可以不必急急。

# 忻江明

忻江明(1872—1939),谱名元彭,字祖年,一字觳堂,号兆曙,又号绍如,晚号鹤巢。浙江鄞县人。明清五百多年来唯一的一位忻氏进士。清光绪三十年(1904),会试第一百八十二名,殿试登进士第三甲第六十八名,钦定安徽省桐城县知县。在皖省为官清正,又先后任宁国县、潜山县知县。诰封朝议大夫,加四品衔任亳州知府。治理州县政绩卓著,入民国推选为浙江省第一届省议会议员。武昌起义后,回家乡鄞县江陆村,侍奉母亲,编修地方志等。晚年潜心修文撰书,遗章留墨,造福乡梓。民国二十八年(1939)病逝于家中,归葬于东钱湖寨场岙。曾撰写《鹤巢文存》中的《诗存》,编有《四明清诗略续稿》。

忻江明书 第一通

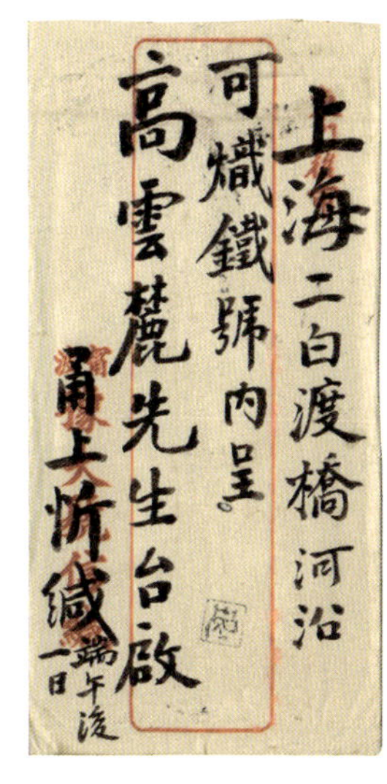
上海二白渡橋河沿
可熾鐵縣內呈
高雲麓先生台啟
甬上忻緘 端午後一日

云麓同年阁下：三月杪得书，以移居栗六，不期将尊函杂入纸堆中，检寻无着。今始复得之，裁答稽时，罪甚！罪甚！弟前寓颇局促，所以苟安者，原欲得闲还乡。今盗风愈炽矣，不能不作久计。正月杪，舍弟又得一子，三月初小儿李生两男，人口增多几至无容膝地。目下新移之寓，在江东东胜街励家河头，为楹五，有楼，可居稍宽矣。修葺整理忙碌旬馀，不知所为何事也。侍郎师病危复安，吾党之幸。桓荣忍死以待中兴，古今人何遽不相及，晋谒时乞代为问候。李同年葬事，月至其家一催，终以未得地为憾。高义为审慎筹款，甚佩。函中所云不欲求绝不相干之人以累亡友，正鄙怀所欲言而未达者，尤为佩慰。暑假拟旋里否？伫图良觌。专复，敬请道安。弟忻江明顿首。端午后一日。

尊著渔湘同年五十赠言，情文相生，婉切有味。亲家称谓，古人文中似少见。亲谊已叙之于文，标题似可径称同年。“先祖遯而着鞭”句与下“已后渔湘数年”意复，似可节去。首山行遁一接似脱气，作何斡旋，请酌之。原稿附上。

忻江明书　第二通

云麓同年阁下：昨奉手教并附件，敬悉。尊著随意抒写，隽爽绝伦，借见胸襟灏落醰粹充积，为之一快。承垂念并为舍弟策画，至感。闰月初当来沪晤教，俗尘坌积，须公为一扑去也。《谢孝子传》朱、徐两处已分致，惟蘅成尚未访得其寓所。讹传东坡死海外，自出忌者之口，诵佛说罪过百遍，一洗余耳。费瑚老自去秋患足疾，至今不良于行，晤已致候矣。专复，敬请道安。不具。弟忻江明顿首。二月二十六日。

雲麓同年閣下昨回寓出
大著謝孝子傳序重加玩索中間感其事而全其
節句微嫌徑遂恐不合疊山身分疊山似非待文王而後興者擬請
審正鄙意或易為於荒涼轉側中。讀其碑為之感泣。而因以益固其節。與文陸後先以死。似較宛轉結末似仍
須歸到本題擬易為余以是編之成。卜人心之不死。心不死。則理不易也。此事此文於
世道人心所關不細故宜鄭重出之是否仍乞
賜教專此敬請
道安附繳序藁一帋 弟江明頓首 九月三十日

忻江明书　第三通

云麓同年阁下：昨回寓，出大著《谢孝子传序》重加玩索，中间“感其事而全其节”句微嫌径遂，恐不合叠山身分（叠山似非待文王而后兴者），拟请审正。鄙意或易为“于荒凉转侧中，读其碑为之感泣，而因以益固其节，与文陆后先以死”似较宛转。结末似仍须归到本题（拟易为“余以是编之成，卜人心之不死，心不死，则理不易也”）。此事此文于世道人心所关不细，故宜郑重出之，是否仍乞赐教。专此，敬请道安。弟忻江明顿首。九月三十日。

附缴序稿一纸。

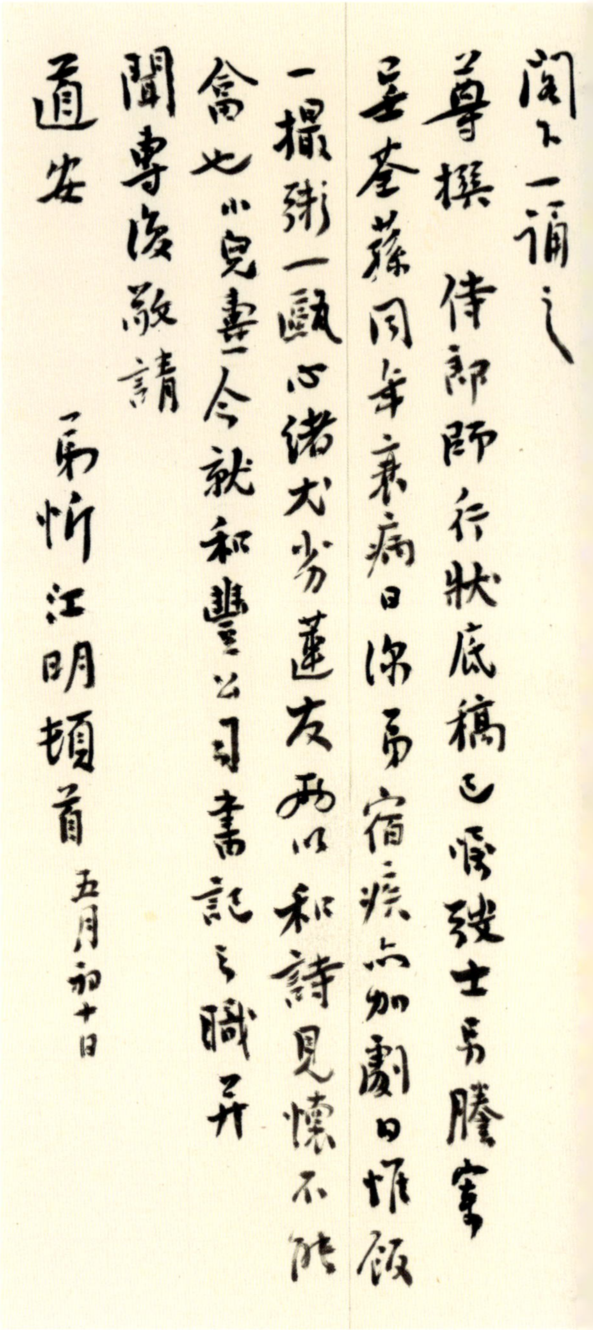

阁下一诵之。尊撰侍郎师行狀底稿已囑弢士另謄寄呈。荃蓀同年衰病日深，弟宿疾亦加劇，日惟飯一撮粥一甌，心緒尤劣。蓮友兩以和詩見懷，不能答也。小兒壽今就和豐公司書記之職。并聞專復，敬請道安。弟忻江明頓首。五月初十日

云麓同年阁下：两奉惠书，敬悉一是。昨在和丰公司晤劼丞同年，知省令已到，拟将全卷呈送核办。惟劼丞颇不满于阁下（大庭广众非谈官事之地，渠一入座便诉说如此如此，非意所及也），谓就公事论，彼方不得谓过。且渠前函并无所谓无从措手等语文致之词，累渠无故碰一钉子。屡查屡复并经派员履勘，原卷具在，将来自有分晓云云。弟婉与疏解，意不为释，而旁人且搀及前后不慊事，众口铄金，弟亦无从置喙。鄙意事已提省，省必有办法以复南京，无论如何处分或意有所轻重，阁下似不必再动公事。虎豹在山藜藿不采，养威而已，不必定行狝薙，亦不必患枭獍之复生也。且就我辈言，车驾尚蒙尘，何况臣子。就世局论，豺狼已当道，安问狐狸？弟非为若辈解脱，为我辈孑遗养重也。《周颂》曰："於铄王师，遵养时晦。"请为阁下一诵之。尊撰侍郎师行状底稿已嘱弢士另誊寄呈。荃荪同年衰病日深，弟宿疾亦加剧，日惟饭一撮粥一瓯，心绪尤劣。莲友两以和诗见怀，不能答也。小儿焘今就和丰公司书记之职。并闻专复，敬请道安。弟忻江明顿首。五月初十日。

雲麓同年閣下兩奉
惠書敬悉一是昨在和豐公司晤劫巫同年
知省令已到擬將全卷呈送核辦惟劫巫頗不
滿於大庭廣衆非談官事之地渠一入座便訴說此〻
閣下謂就非意所及也公事論彼方不得謂過且渠前函並無
所謂無從措手等語文致之詞罵渠無故碰一釘
子壓查壓覆並經派員覆勘原卷具在將來
自有分曉云〻弟婉與疏解意不為釋而旁人
且攬居上前後不慊事衆口鑠金弟亦無從置喙
鄙意事已提省之後有兩法以處南京無論如何
處分或意有所輕重
閣下似不必再動以事虎翁在山藜藿不採咸
而已不必空行獨難亦不必患鼻攖之後出也且動我
輩言
車駕尚紫塵何況臣子於世局論豺狼之當道安

忻江明书 第四通

# 叶尔恺

叶尔恺（1864—1937前），字柏皋、伯皋，号悌君。浙江杭州府仁和县（今杭州市）人，清末政治人物、书法家。善草书。光绪十八年（1892）进士，选翰林院庶吉士。二十年（1894）散馆，授翰林院编修。二十三年（1897）充陕西学政。二十六年（1900）丁忧离任。三十二年（1906）服阕，仍授编修，署理云南提学使。宣统二年（1910），实授云南提学使。在云南时，时常监视革命党人的行动，陈报云贵总督李经羲。辛亥后，在上海居家学佛，工章草，卖字为生，以遗臣自居。北洋政府聘修《清史》，不赴任。

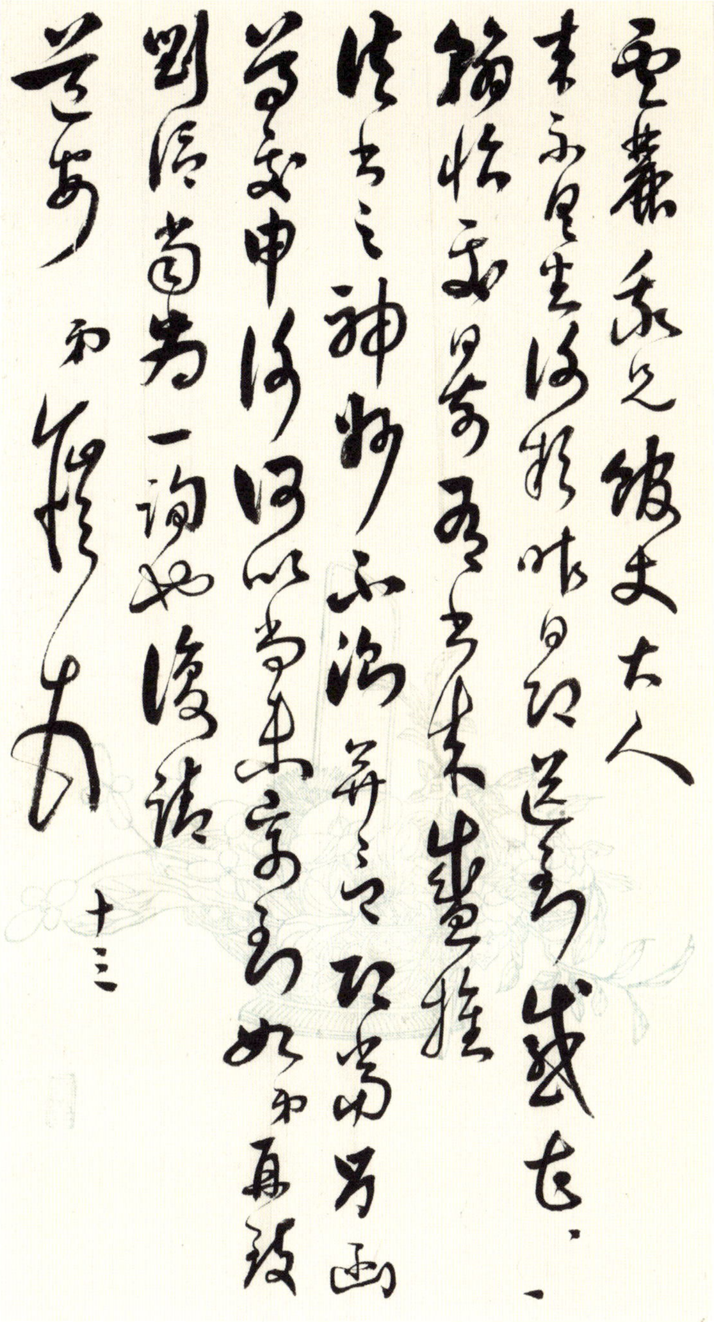

叶尔恺书 第一通

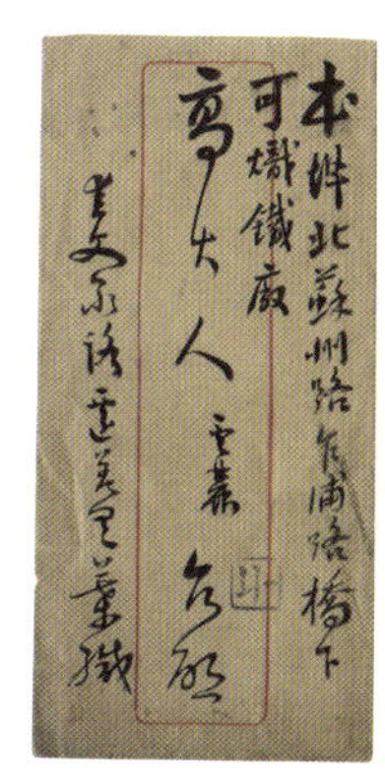

云麓我兄馆丈大人：来示具悉，谢款昨日即送到，感甚！感甚！翰怡处日前有书来，盛推法书之神妙不测，并言即当另函尊处申谢。何以尚未寄到，如弟再致刘信，当为一询也。复请道安。弟尔恺顿首。十三。

叶尔恺书 第二通

云麓我兄馆丈：手示诵悉，所见极为正当。吾兄前函谓不能以失国之主为居奇之货，二语足以尽之。况宸翰庄严，岂可亵渎至此，吾辈遗臣于心何忍。既进忠告听，不亦只可随之。明日陈宅拜牌，理当前往，容再晤谈。手此，复请道安。弟尔恺顿首。即刻。

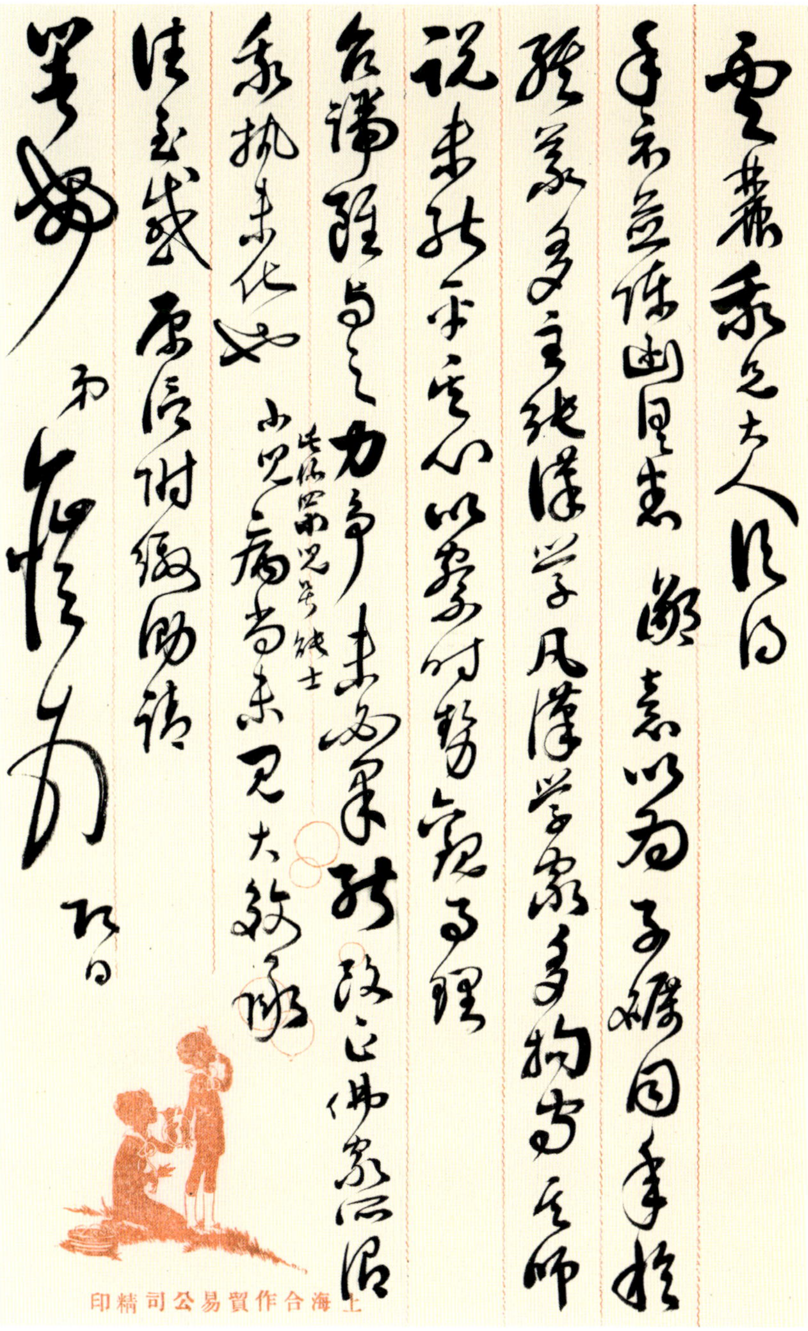

叶尔恺书 第三通

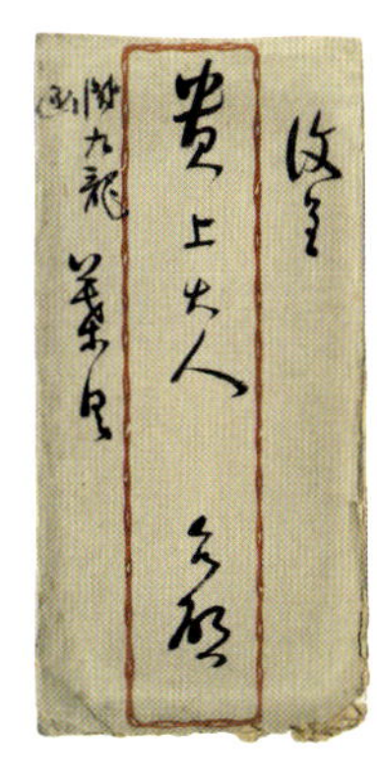

云麓我兄大人：顷得手示并陈函，具悉。鄙意以为子砺同年于经义多主张汉学，凡汉学家多拘守其师说，未能平其心以察时势观事理。台端虽与之力争，未必果能改正，佛家所谓我执未化也。小儿病尚未见大效（此系四小儿，号能士），承注至感。原信附缴，泐请著安。弟尔恺顿首。即日。

# 陈伯陶

陈伯陶（1855—1930），字象华，号子砺，晚年更名永焘，又号九龙真逸。别署万年青，室名聚德堂、瓜庐。广东东莞人。清光绪十八年（1892）进士。历任国史馆协修，云南、贵州、山东乡试正副考官，江宁提学使、江宁布政使。入民国，避居香港九龙，潜心著述。性嗜藏书，擅书法，尤工行楷。撰有《宋东莞遗民录》《胜朝粤东遗民录》《孝经说》《瓜庐文剩》《瓜庐诗剩》，主持修纂《东莞县志》《增补罗浮志》等。

（1）

雲麓仁兄足下：昨接李孔曼世兄函中附
足下致蘇君幼寧書及[illegible]拙著孝經說中一段，捧誦之
下，深佩
足下學術之正，與相愛之深，感何可言！然此乃僕憂憤
之作，本不足彌說經。所以中著責君父一段者，則以歐洲
民約狂瀾釀為大亂，而其藉口則曰專制。專制二字本以中文譯西語，大戴禮云：婦
人無專制；韓詩外傳云：周公事文王，事無專制；漢書袁盎傳云：大臣專制；楊雄諫
不受單于朝書云：日逐呼韓扶伏稱臣，然尚羈縻之計，不專制。此譯語之典切者，
故亦仍通用之。昔日中國無民知

陈伯陶书

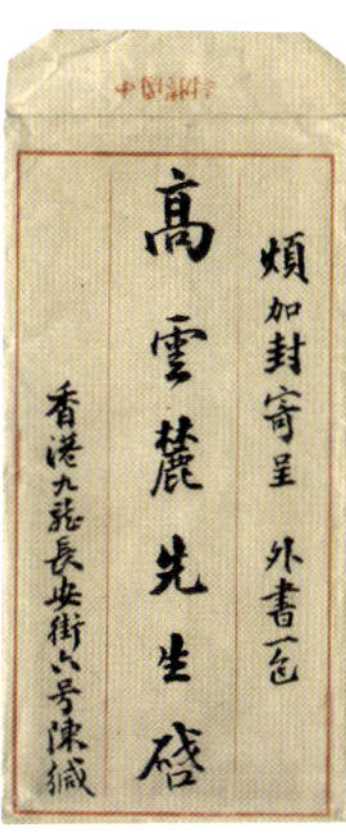

（4）

故於文公十六年宋人弑其君杵臼傳曰君無道也宣公四年鄭公子歸生弑其君夷傳曰凡弑君稱君君無道也稱臣臣之罪也殆亦深明此旨合數説觀之春秋之大義固深罪臣子而尤微言亦婉責君父故曰微而顯婉而成章此蓋吾夫子大中至正之道不滯於一偏所以維經常於不敝而爲萬世長治久安之策也孟子學孔子者也其言臣弑其君子弑其父孔子懼作春秋大義昭然矣然又有言曰聞誅一夫紂矣未聞弑君也七篇中亦兩存之荀卿學孔子而非孟子者也而其正論篇則曰湯武不弑君説與孟

（5）

子同左氏傳傳自荀卿此乃勸學篇所謂春秋之微亦窺見邱明之本旨也然邱明之傳仍正名曰弑君而孟荀乃並弑君之名諱之故其義至漢轅固生與黄生争於景帝前而不能決（見漢書儒林傳）遂成爲千古之疑義竊謂此兩義當並行不悖乃足以維萬古之綱常若滯於一偏則黄生所云冠雖敝必加於首履雖新必貫於足此合於孟子説春秋之義矣然以之駁不弑君之説不免於以子之矛陷子之盾耶鄙見以爲孟荀雖論湯武非論春秋然其論弑君則同殆亦謂兩義當並行不悖也

（2）

列聖仁厚不敢加以無道遂亦藉專制之說矯惑狂愚以成其造亂之計夫我中國數千年來君制之善始於堯舜而確定於孔子而自秦漢而後賢聖之君繼作尤莫盛於本朝故辛亥禪位後洶洶者遂進詆孔子使君制不復生而永絕我中興之望夫有君之利智者知之愚者亦知而無君之害今日共產即由是而生其禍必更烈於洪水猛獸僕因是懼故反覆求之於經論語告齊景公曰君君臣臣父父子子此正名之義聖言渾涵本自無迹而景公憬然曰善哉信如君不

（3）

君臣不臣父不父子不子雖有粟吾得而食諸蓋深悟之外之旨仲弓游夏輯論語時記其言有當聖心因附記之以垂世戒易之文言曰積善之家必有餘慶積不善之家必有餘殃臣弑其君子弑其父非一朝一夕之故其所由來者漸矣由辨之不早辨也夫子既正名曰弑深著其惡矣而復推原其故曰不善餘殃即寓有責君父之意故子夏曰春秋紀君不君臣不臣父不父子不子者也此非一日之事也有漸而至焉見劉向說苑據夢巳引之蓋即合論語文言之辭以申明夫子作春秋之本旨左邱明受經仲尼

（8

能增益又歆移書太常在哀帝時莽惡未著且莽托名伊周
堯舜以篡漢亦無須藉無道一言為解矣惟杜預無恥嘗有
是近合意焦里堂發其覆而誅其隱所論極確然不當以是疑
邱明之傳而謂其有異於經蓋傳之發凡自是釋經況君臣父子
之道夫子日以誨人羣弟子當日切磋而不舍（荀子天論篇云無用之辨不急之察棄而不治若夫君臣之義父子之親夫婦之別則日切磋而不舍也聖賢之學切問近思殆在於此）邱明受經仲尼而此又經中要旨焉有
立說異經之理
來教云左氏發凡是當時之史例非孔子之經例據杜預序則云

（9）

周公之志仲尼從而明之又云其發凡以言例皆經國之常制周公
之垂法史書之舊章仲尼從而修之以成一經之通體孔疏云修
者治舊之名（見仲尼從而明之句下）然則經例即史例也必謂舊史一例春秋
經又一例是夫子有異於周公而左氏從史例而不從經例實失
夫子作經之旨竊所未安希再詳審之（杜氏此論至確不得因其人而疑之）
來教云左氏好奇炫異故於各國紀載皆因之而備錄之凡所謂
無道者大約皆據當世亂賊加誣其上之辭非實錄也此則
足下有為言之但邱明為魯太史夫子言巧言令色足恭匿怨而

（6）

來教謂春秋為責臣子而作，責君父一義實為附益，此說以執諂愿之口而不知適足以揚其波而助其瀾。（但）著此篇时紬繹聖言，條有兩義，前已詳之矣。至責君父一義，初亦慮閱者以為曲學阿世，彷不食馬肝之意，刪之。繼思我朝得天下之正莫過於湯武，而至禪天下之公同符堯舜，三代以來一姓之慶興衰乎莫尚，而累世深仁厚澤，惡民猶到今稱之，何嫌何疑而以專制為諱？今讓國十餘年矣，而大盜與暴民之專制日以益酷，勢力不至於人將相食不止。故竊以為倡民貴君輕之說，非

（7）

光宣之際則設淫辭而助之攻，而嚴君父者道之防於百六之交，乃撥亂世而反之正。誠使今之居人上者有所畏忌，亦庶幾少息其燄而挽其瀾，而生民之禍或不至於不救。故再四思維，仍著其說於篇中。

來教又稱杜預釋例舉此傳文創為奇論，務以迎合司馬氏篡弑心理，此焦里堂之說（見左傳補疏序），東塾先生讀書記亦特采之。同年林君歇伯（名國賡）因謂杜為劉歆所竄入，鄙見以為左氏傳荀卿，傳之張蒼，蒼之傳之賈誼，誼又為訓故授趙人貫公，傳習不絕，非歆所

云麓仁兄足下：昨接李孔曼世兄函，中附足下致苏君幼宰书及批拙著《孝经说》中一段，捧诵之下深佩足下学术之正与相爱之深，感何可言。然此乃仆忧愤之作，本不足称，说经所以中著责君父一段者，则以欧洲民约狂澜酿为大乱而其借口则曰专制。（专制二字本以中文译西语。《大戴礼》云："妇人无专制。"《韩诗外传》云："周公事文王事无专制。"《汉书・袁盎传》云："大臣专制。"扬雄《谏不受单于朝书》云："日逐呼韩扶伏称臣，然尚羁縻之，计不专制。"此译语之典切者，故亦仍通俗用之。）当日中国奸民知列圣仁厚，不能加以无道，遂亦借专制之说煽惑狂愚以成其造乱之计。夫我中国数千年来君制之善，始于尧舜而确定于孔子。而自秦汉而后，贤圣之君继作尤莫盛于本朝，故辛亥禅位后汹汹者遂进诋孔子，使君制不复生而

（10）

友其人与之同恥謂其嫉惡嚴經不書弒而傳載其弒事未必
實此則有之襄七年鄭伯髡頑如会未見諸侯丙戌卒于鄵 昭元年楚子麇卒 哀十年齊侯陽生卒傳皆記其被弒 東塾先生謂經有經之體傳有傳之體故不嫌異同若謂亂賊誣蔑之辭而亦錄之論其學識不應不別黑白至此
昌黎詩云春秋三傳束高閣獨抱遺經究終始唐之啖趙陸
之徒則何敢去聖日遠左氏事實又或得自傳聞於著撰傳說
經安能一一允當但以為不失聖人垂教之言云爾質之
足下以為何如僕老矣衰病侵尋旦夕就木自維海濱遁跡[illegible]
寸心耿耿不忘

（11）

本朝而此書又憂憤之作雖瑜瑕互見或不至貽曲學阿世之
譏此區區著說之言也
足下知我愛我不遠千里展轉貽書而
教誨之俾獲聞高論欽仰莫極故敢具陳之秋高風冽諸惟
衛道自愛 尚復 即請
著安不宣 弟伯陶頓首 九月初二日

永绝我中兴之望。夫有君之利，智者知之愚者不知也；而无君之害，今日共产即由是而生，其祸必更烈于洪水猛兽。仆因是惧，故反复求之于经。《论语·告齐景公》曰："君君、臣臣、父父、子子，此正名之义。"圣言浑涵本自无迹，而景公憬然曰："善哉！信如君不君、臣不臣、父不父、子不子，虽有粟吾得而食诸？"盖深悟言外之旨。仲弓游夏辑《论语》时谓其言有当圣心，因附记之，以垂世戒。《易》之《文言》曰："积善之家必有余庆，积不善之家必有余殃。"臣弑其君子弑其父非一朝一夕之故，其所由来者渐矣，由辨之不早辨也。夫子既正名曰"弑"，深著其恶矣，而复推原其故曰："不善余殃"，即寓有责君父之意。故子夏曰《春秋》纪君不君、臣不臣、父不父、子不子者也，此非一日之事也，有渐而至焉。（见刘向《说苑》，拙著已引之。）盖即合《论语》《文言》之辞以申明夫子作《春秋》之本旨。左丘明受经仲尼，故于文公十六年，宋人弑其君杵臼，传曰君无道也。宣公四年，郑公子归生弑其君夷，传曰凡弑君，称君，君无道也；称臣，臣之罪也。殆亦深明此旨。合数说观之，春秋之大义固深罪臣子而其微言亦婉责君父。故曰微而显，婉而成章。此盖吾夫子大中至正之道不滞于一偏，所以维纲常于不敝而为万世长治久安之策也。孟子学孔子者也，其言臣弑其君子弑其父，孔子惧作春秋大义昭然矣。然又有言曰："闻诛一夫纣矣，未闻弑君也。"七篇中亦两存之。荀卿学孔子而非孟子者也，其《正论篇》则曰，汤武不弑君，说与孟子同。左氏传传自荀卿，此乃《劝学篇》所谓春秋之微，亦窥见丘明之本旨也。然丘明之传仍正名曰弑君而孟、荀乃并弑君之名辨之。故其义至汉辕固生与黄生争于景帝前而不能决（见《汉书·儒林传》），遂成为千古之疑义。窃谓此两义当并行不悖，乃足以维万古之纲常。若滞于一偏则黄生所云冠虽敝必加于首，履虽新必贯于足，此合于孟子说春秋之义矣。然以之驳不弑君之说，不几于以子之矛陷子之盾耶？鄙见以为孟荀虽论汤武非论春秋，然其论弑君则同，殆亦谓两义当并行不悖也。来教谓春秋专责臣子而作，责君父一义实为蛇足。此欲以执谗慝之口而不知适足以扬其焰而助其澜。仆著此篇时，紬绎圣言系有两义，前已详之矣。至责君父一义，初亦虑阅者以为曲学阿世，欲仿不食马肝之意删之，继思我朝得天下之正过于汤武，而其禅天下之公同符尧舜，三代以来一姓之废兴夐乎莫尚而累世深仁厚泽，愚民犹到今称之，何嫌何疑而以专制为讳！今让国十余年矣，而大盗与暴民之专制日以益酷，势不至于人将相食不止。故窃以为倡民贵君轻之说于光宣之际，则设淫辞而助之攻，而严君父无道之防于百六之交，乃拨乱世而反之正，诚使今之居人上者有所畏忌，亦庶几少息其焰而挽其澜，而生民之祸或不至于不救。故再四思维仍著其说于篇中。来教又称杜预释例举此传文创为奇论，藉以迎合司马氏篡弑心理。此焦里堂之说（见《左传补疏》序），《东塾（先生）读书记》亦特采之。同年林君敭伯（名国赓）因谓此为刘歆所窜入。鄙见以为左氏传荀卿传之张苍，苍传之贾谊，谊又为训故，授赵人贯公，传习不绝，非歆所能增益。又歆移书太常在哀帝时，莽恶未著。且莽托名伊周尧舜以篡汉，亦无须借无道一言为解免，惟杜预无耻，当有是迎合意。焦里堂发其复而诛其隐，所论极确，然不当以是疑丘明之传而谓其有异于经。盖传之发凡自是释经，况君臣父子之道夫子日以诲人，群弟子亦日切磋而不舍（荀子《天论篇》云："无用之辨，不急之察，弃而不治。若夫君臣之义，父子之亲，夫妇之别，则日切磋而不舍也。"圣贤之学切问近思殆在于此）。丘明受经仲尼，而此又经中要旨，乌有立说异经之理。来教云，左氏发凡是当时之史例，非孔子之经例。据杜预序则云，周公之志仲尼从而明之。又云，其发凡以言例，皆经国之常制。周公之垂法史书之旧章，仲尼从而修之，以成一经之通体。孔疏云，修者治旧之名（见"仲尼从而明之"句下）。然则经例即史例也，如谓旧史一例，春秋经又一例，是夫子有异于周公，而左氏从史例而不从经例，实失夫子作经之旨。窃所未安，希再详审之（杜氏此论至确，不得因其人而疑之）。来教云，左氏好奇炫异，故于各国记载皆因事而备录之，凡所谓无道者大约皆据当世乱贼加诬其上之辞，非实录也。此则足下有为言之。但丘明为鲁太史，夫子言巧言令色足恭慝怨而友其人与之同耻，谓其嫉恶严经，不书弑而传载其弑事，未必实此则有之（襄七年，郑伯髡顽如会，未见诸侯，丙戌卒于鄵。昭元年，楚子麇卒。哀十年，齐侯阳生卒。传皆记其被弑。东塾先生谓经有经之体，传有传之体，故不嫌异同），若谓乱贼诬蔑之辞而亦录之，论其学识不应不别黑白至此。昌黎诗云，“春秋三传束高阁，独抱遗经究终始”，唐之啖、赵能之，仆则何敢。去圣日远，左氏事实又或得自传闻，拙著据传说经，安能一一允当，但以为不失圣人垂教之意云尔。质之足下以为何如？仆老矣，衰病侵寻，旦夕就木，自维海滨遁迹后，寸心耿耿不忘本朝，而此书又忧愤之作，虽瑜瑕互见，或不至贻曲学阿世之讥，此区区著说之意也。足下知我爱我，不远千里辗转贻书而教诲之，俾启发愚意，钦仰奚极。故敢具陈之，秋高风冽，诸惟卫道自爱。耑复，即请著安。不宣。弟伯陶顿首，九月初二日。

附呈《七十述哀诗》一本，《东莞明季五忠传》一本，近著八纸。《述哀诗》末孱王数句，孔曼世兄嘱删去。鄙见以为诗人刺艳妻嫉皇父，孔子不删，以为鉴诫。武侯《出师表》又以太息痛恨于桓灵为后主告，拙意同此，故仍存之。《五忠传》袁贼在时未敢示人，壬戌岁后邑志成乃采入，此别印行本也。近著数纸皆无补于事，聊以见志而已。足下知我爱我，故覼缕言之，统希教正为幸。陶又启。

# 虞铭新

虞铭新（1878—1944），字和钦，又字士勋，号莳新，浙江镇海人。早年留学日本，毕业于东京帝国大学。回国后历任图书局理科总编纂，顺天高等学堂及北京优级师范学堂教员，资政院硕学通儒候补议员。入民国后，任北京政府教育部主事、视学。1917 年任山西教育厅厅长，1923 年离职后任陆军检阅使署秘书，1926 年任顺天京兆教育厅长，至 1928 年去职。

虞铭新书 第一通

云麓老前辈赐鉴：昨接伯岸兄电话，知《莳姜精舍图》已蒙老前辈暨沈公题就，欣喜欲狂。今因道路泥泞未能去领，特先修书道谢。沈公门牌未知，晤时并望致意。此请纂安。晚虞铭新顿首。拜上。

開明電器廠股份有限公司用箋

第　頁

中華民國　年　月　日　地址：上海甘世東路一五〇弄（興順東里）六號

電話 七八六一〇　電報掛號 七一四八

諧音 潔白老益靈　釋義 貿潔光白老而益靈

虞铭新书 第二通

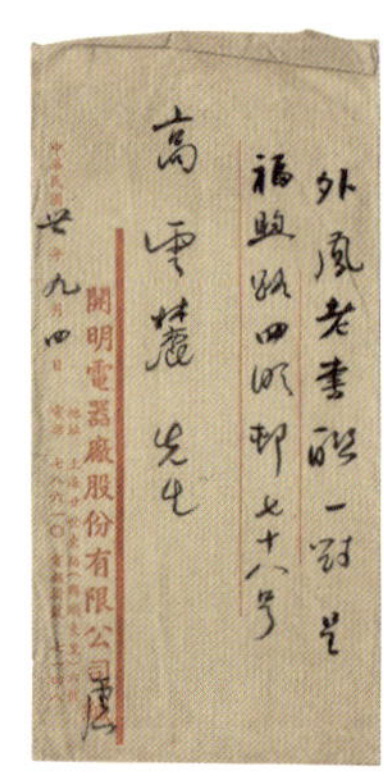


云麓老前辈座右：昨检旧箧，得陆凤老书。老前辈制句一联，恍如梦寐。大约系前请末年翰林院解组时，凤老嘱晚代递者。抚今怀曩，至深感慨。兹特将原件补呈，实赋诗之好题也。此请近安。晚虞铭新上言。九月四日。

# 张其淦

张其淦（1859—1946），字豫泉，号邵村，别号豫道人、予道人等，广东东莞人。光绪二十年（1894）甲午恩科进士，同年五月，改翰林院庶吉士。光绪二十一年四月，散馆，擢以知县即用，改山西黎城知县。官至安徽提学使。辛亥革命后，弃官隐居上海。民国初年，婉辞原安徽巡抚朱家宝任直隶督军多次邀请出掌该省财政，不就。1915年袁世凯酝酿称帝，拟封他官爵，亦力却之，终日以撰述著作为乐。治学严谨，勤于著述。著有《邵村学易》、《老子约》、《松柏山房骈体文钞》十卷、《梦痕仙馆诗钞》十卷、《吟芷居诗话》四卷、《五代咏史诗钞》六卷、《元代八百遗民诗咏》八卷、《明代千遗民诗咏》二十一卷等二十多种，另辑有《东莞诗录》六十五卷等，大多数已刻印发行。在淞沪抗战时，寓所毁于战火，所藏论著七十多箱，全遭劫难，幸其刻板尚存于上海商务印书馆，合刊为《寓园丛书》。

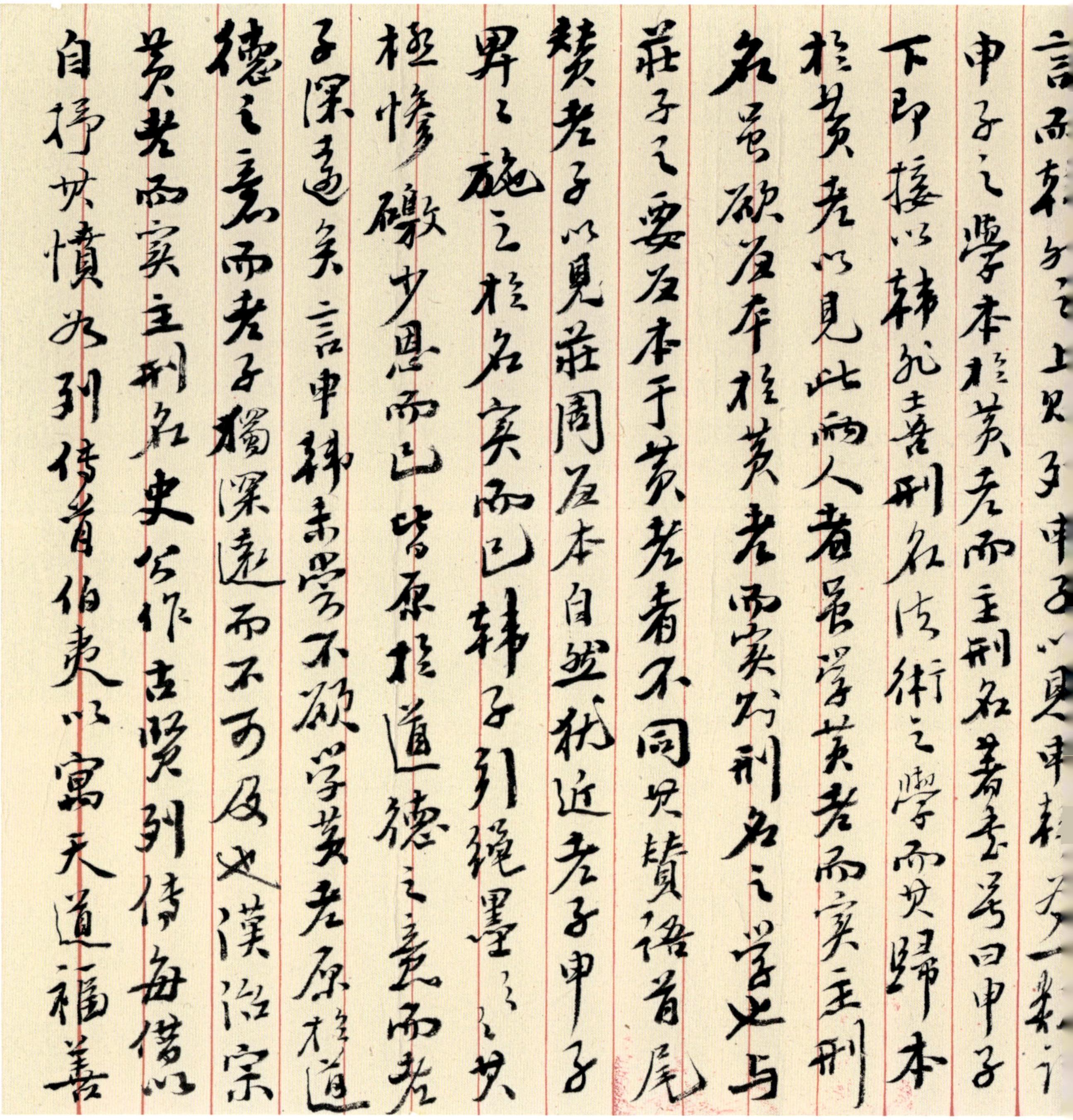

张其淦书　第一通

云老仁兄大人足下：得奉手谕并拜诵大作，日记于拙作《老子约》评为必传之作，揄扬过甚，君子失辞，愧不敢当。然得一知己可以不恨，皓首穷经堪以自慰，其感激何如也。足下养气读书晨夕无间，至可钦慕。日记心得甚多，如论管仲、子贡各条，均有特识，佩服！佩服！论《史记·老韩传》云："世之学者绌儒学，儒学亦绌老子。儒道纷出以相矜，各立门户，亦犹汉世经师各宗师说以标异，要之皆俗学也，非孔与老之学也。"史公此传极斟酌有深意云云，此甚精确，深得太史公之意。盖老子与韩非同传，昔人已传为

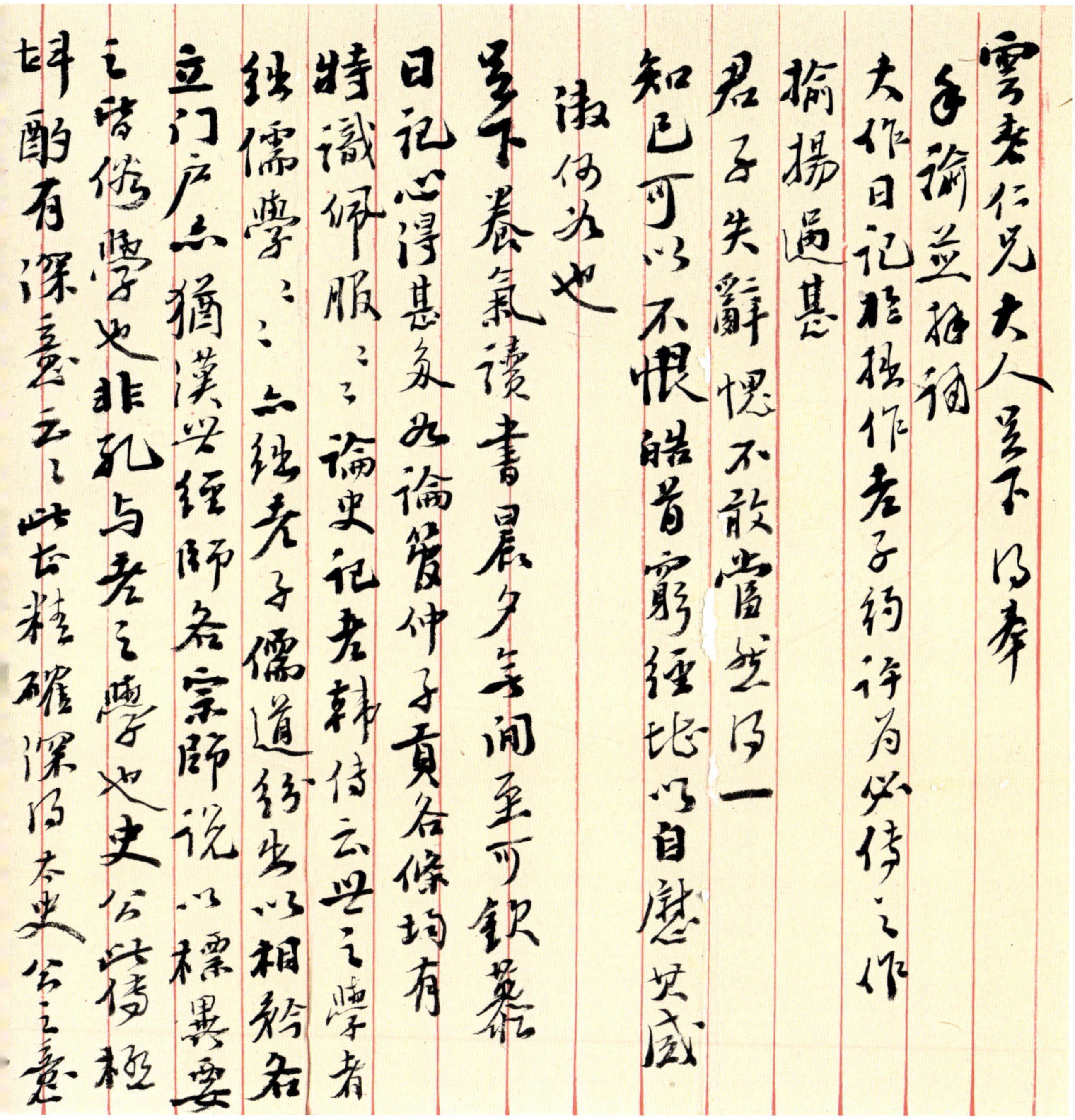
霄枩仁兄大人足下昨奉
手諭並拜誦
大作日記於拙作老子約許為必傳之作
揄揚過甚
君子失辭愧不敢當然昨一
知己可以不恨皓首窮經聊以自慰其感
謝何如也
足下養氣讀書晨夕無間至可欽慕
日記心得甚多如論管仲子貢各條均有
特識佩服佩服論史記老韩傳云世之學者
絀儒學儒學亦絀老子儒道絀出以相絀名
立門戶亦猶漢世經師各宗師說以標異要
之皆儒學也非孔與老之學也史公此傳極
斟酌有深意云云此古精確深得太史公之意

话柄。弟按此传老子下列庄子一人，言其要归本于老子之言，而韩非之上则列申子以见申、韩为一类，谓申子之学本于黄老而主刑名，著书号曰《申子》，下即接以韩非，喜刑名法术之学而其归本于黄老，以见此两人者虽学黄老而实主刑名，虽欲归本于黄老而实则刑名之学也。与庄子之要归本于黄老者不同。其赞语首尾赞老子以见庄周归本自然犹近老子，申子卑卑施之于名实而已。韩子引绳墨，绳墨其极惨礉少恩而已，皆原于道德之意而老子深远矣！言申、韩未尝不欲学黄老原于道德之意，而老子独深远而不

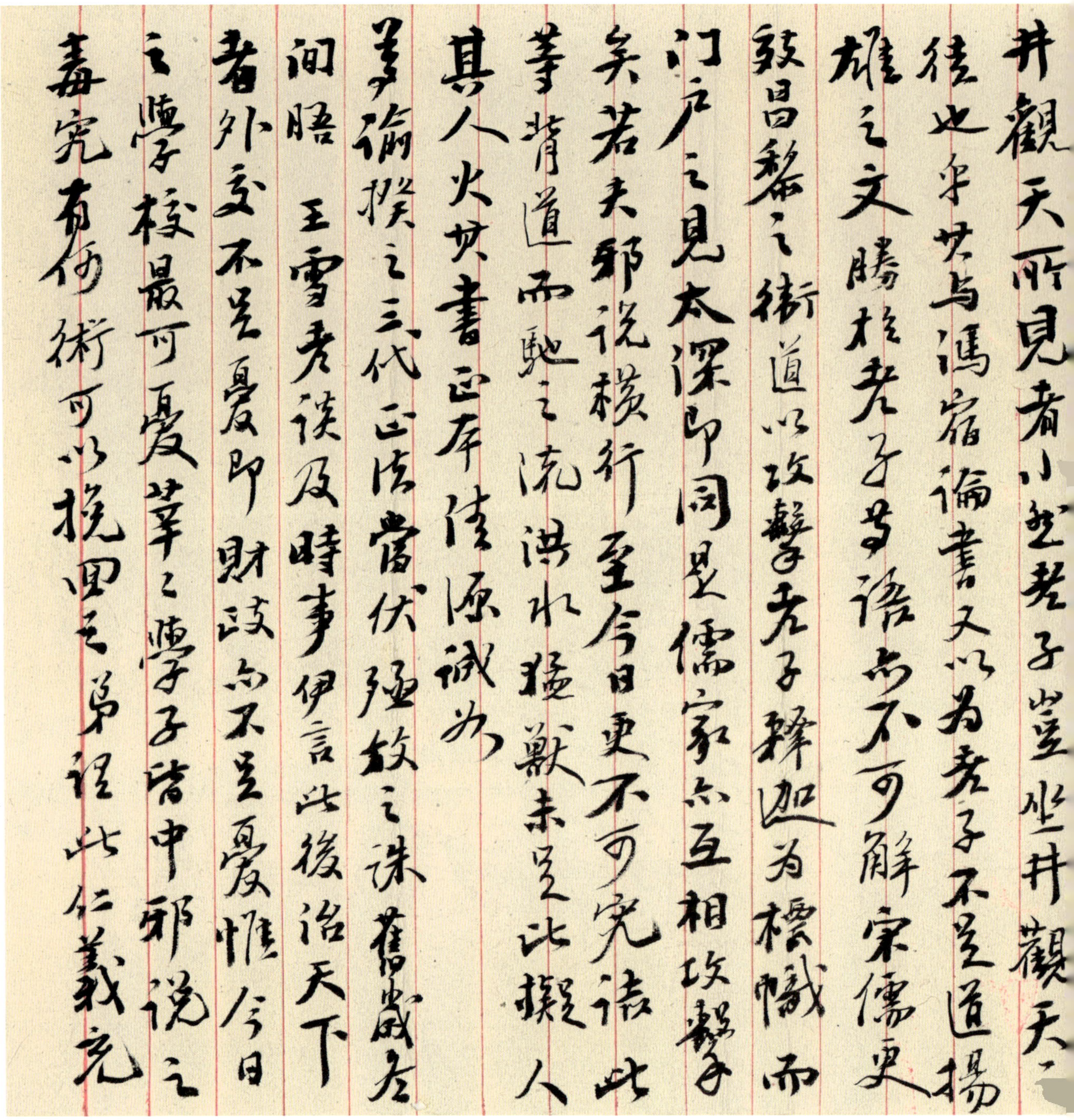
井觀天所見者小然老子豈坐井觀天之
徒也乎其与馮宿論書又以為老子不足道揚
雄之文勝於老子其語亦不可解宋儒更
敬昌黎之衛道以攻擊老子釋迦為標幟而
門户之見太深即同是儒家亦互相攻擊
矣若夫邪說橫行至今日更不可究詰此
善背道而馳之流洪水猛獸未足比擬人
其人火其書正本清源誠為
篤論撲之三代正法當伏强放之誅舊歲冬
間晤王雪老談及時事伊言此後治天下
者外交不足憂即財政亦不足憂惟今日
之學校最可憂華之學子皆中邪說之
毒究有何術可以挽回之弟謂此仁義充

张其淦书 第一通

可及也。汉治宗黄老而实主刑名，史公作古贤列传每借以自抒其愤。如列传首伯夷以寓天道福善之无凭，次管晏传伤己不得知己；如鲍叔以及屈子被放、贾子迁谪，皆借题淋漓慨叹以抒其无穷之感。此传特叙《说难》一篇，末云余独悲韩子为《说难》而不能自脱耳。此言亦大有深意，言己之著书亦不免于下蚕室也，以见汉治虽宗黄老而实主刑名也。足下以为然否？祈教正之。大作谓昌黎卫道，即孟子之吾为此惧。然无一语侵及老与释迦，老与释迦其言具在，亦何尝有一语背道云云。弟按昌黎气概如孟子，以身任道统之重，九死不悔诚可景仰，其言佛者夷狄之一法耳。然自六朝佞佛以来，学者多窃道家精要之言以文饰其梵夹之书，已不仅夷狄之一法矣。昌黎专攻彼教之粗者，求食之僧人恨之而高谈禅理者不恨也。至其言老之小仁义，比之坐井观天，所见者小。然老子岂坐井观天之徒也乎！其与冯宿论书又以为老子不足道、扬雄之文胜于老子等语，亦不可解。宋儒更效昌黎之卫道，以攻击老子释迦为标帜而门户之见太深，即同是儒家亦互相攻击矣。若夫邪说横行，至今日更不可究诘，此等背道而驰之流，洪水猛兽未足比拟。

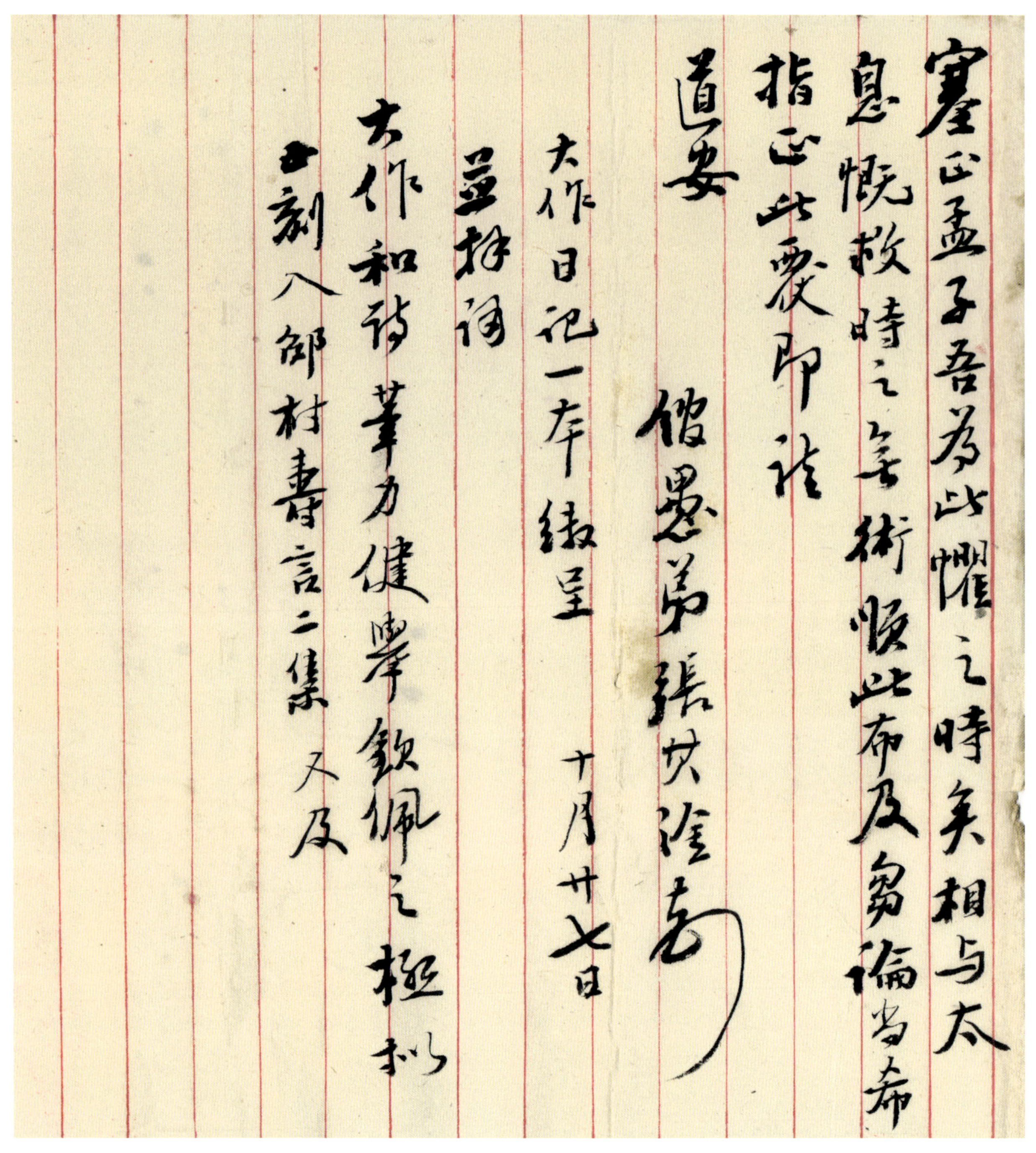

塞正孟子吾为此惧之时矣相与太
息慨救時之無術順此布及刍論尚希
指正此復即請
道安
館愚弟張其淦頓首
大作日記一本繳呈　十月廿七日
並拜誦
大作和詩筆力健舉欽佩之極擬
刻入邵村壽言二集　又及

人其人火其书，正本清源，诚如尊谕，揆之三代正法当伏殛放之诛。旧岁冬间晤王雪老谈及时事，伊言此后治天下者，外交不足忧，即财政亦不足忧，惟今日之学校最可忧。莘莘学子皆中邪说之毒，究有何术可以挽回之？弟谓此仁义充塞，正孟子吾为此惧之时矣。相与太息，慨救时之无术。顺此布及刍论，尚希指正。此复，即请道安。馆愚弟张其淦顿首。十月廿七日。

大作日记一本缴呈，并拜诵大作和诗，笔力健举，钦佩之极。拟刻入《邵村寿言二集》。又及。

张其淦书　第二通

云老仁兄大人足下：得接手示并拜诵佳诗文，痛快淋漓，佩服之至。和篇草草成之，尚希斧政。此请台安。弟张其淦顿首。

昨检拙作《邵村学易》，由贵纪带呈。

闲云示我题画诗，云烟满纸看淋漓。元稹为状烟霄质，杜陵忽讶雷雨垂。要使世间顽懦作气骨，天地黯黯回春姿，不知阅世几甲子。常带龙腥月明里，会集九仙瞻羽仪。壁立万仞睨凡卉，与君往返多诗筒。羡此妙笔侔化工，安得苍虬惠我松。茅斋日日闻松风，土室应有云气从。岂知世上浮云变苍狗，我辈原是支离叟。己巳十一月奉和闲云先生题苍虬画松。罗浮豫道人未定草。

## 张载阳

张载阳（1874—1945），字春曦，号暄初，浙江新昌人。幼年随父业农，及长，仪容修伟，膂力过人。清光绪二十四年（1898）春，考入浙江武备学堂，二十七年以正科第二名毕业，历任浙江常备军及新军多项官职。辛亥革命光复杭州时，驻守镇海，率军响应，后擢升至旅长师长，授陆军少将衔，并兼杭州警备司令。1924 年江浙战争时，任浙沪联军第三军司令，兵败去职。虽行武出身，于军政之余喜弄翰墨，造诣宏深，成就卓著，以雄厚刚健的书风，在高手如林的近现代江、浙、沪书坛立稳脚跟。书学晋唐，字如其人，襟怀超逸，然不轻易与人书，晚年研读道教书籍，于书法用功更勤，尤显炉火纯青。后因病卒于杭州。

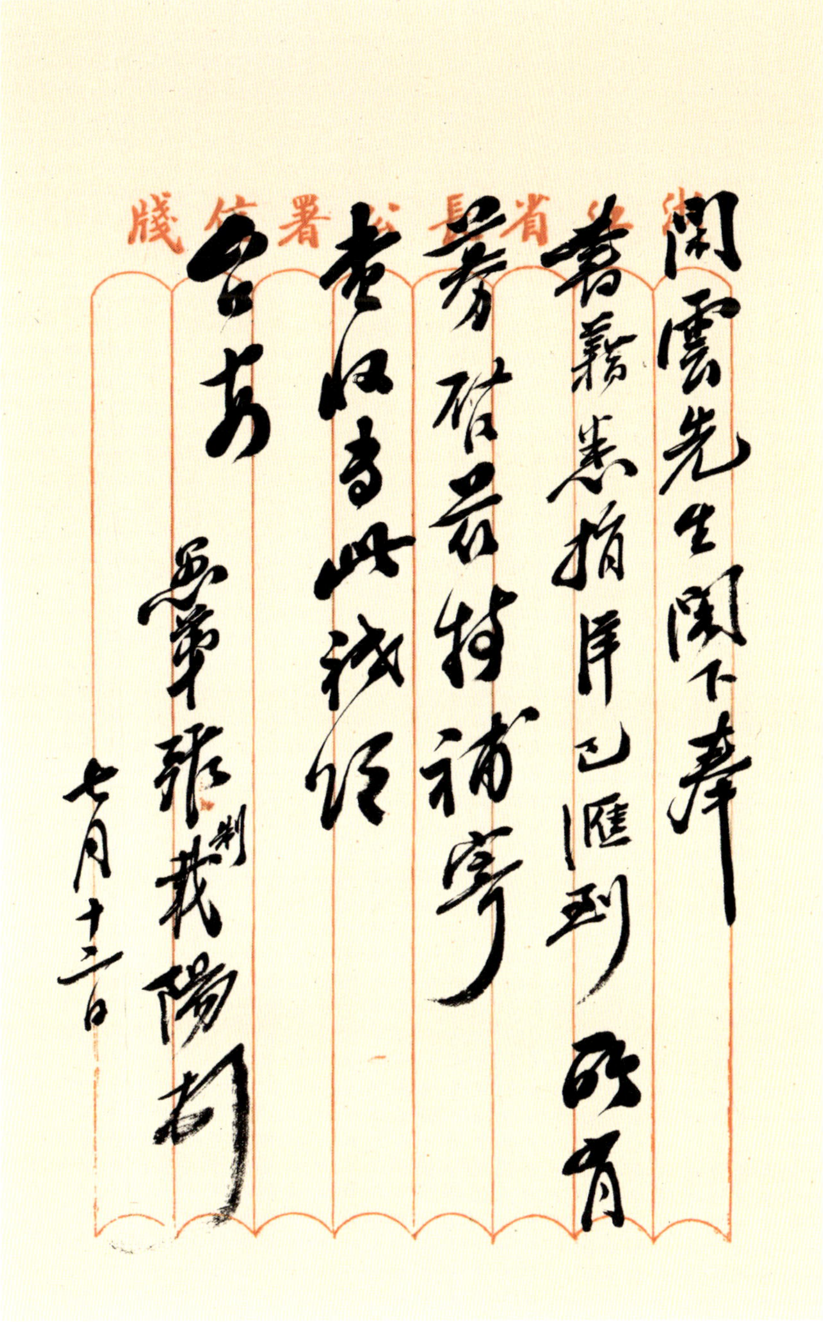

张载阳书　第一通

闲云先生阁下：奉书藉悉。捐洋已汇到，所有募启兹特补寄查收。专此，祗颂台安。愚弟张制载阳顿首。七月十二日。

閑雲先生大鑒久濶正企適奉
手書就讅
道履增綏如頌爲忭
先生誼重故交死生一致范雲
營葬于寬助喪不能專美於
前承

浙江省長公署用箋

囑一節當竭棉力資助以成
義舉附奉鈔洋壹百元至希
詧收彙交是荷原啟附璧耑
復順頌
台綏
弟張制載陽頓首 七月二日

浙江省長公署用箋

张载阳书 第二通

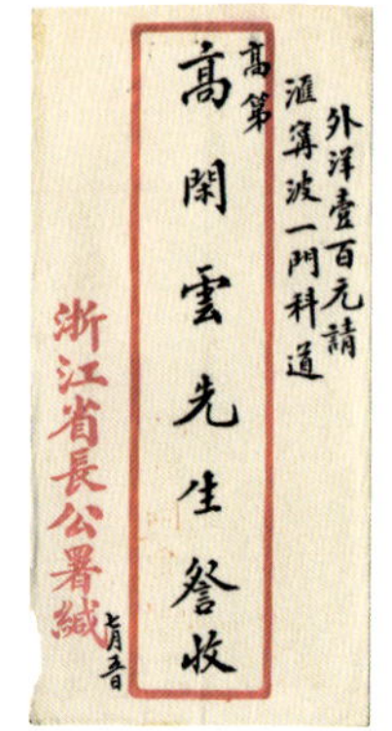


闲云先生大鉴：久阔正企，适奉手书，就谉道履增绥，如颂为忭。先生谊重故交，死生一致，范云营葬、于宽助丧，不能专美于前。承嘱一节，当竭绵力资助以成义举。附奉钞洋一百元，至希察收汇交是荷。原启附璧，耑复。顺颂台绥。弟张制载阳顿首。七月二日。

# 张之纲

张之纲（1867—1939），字文伯，号君辅，晚号谢村老民，浙江永嘉人。光绪二十八年（1902）举人，授奉政大夫、内阁中书，宣统三年（1911）立宪内阁成立，调任内阁制造局佥事。幼年因父张志瑛赴汉阴府任职去湖北，从师皆一时名士。在温州，与瑞安孙衣言之子诒让相友善，探讨周秦以上古文。并与学者刘景晨（贞晦）、黄群（溯初）有诗文之交，吟诗酬唱。1930年辞官移家寓居上海。晚年读书著述，孜孜于金文校释。温州近代古文字考古著名学者，下启刘节、夏鼐等人。著作丰富，有《毛公鼎校释》一卷（已印刊）、《契亭金文校释》（现存初稿八卷，手稿及钞本藏于浙江及上海图书馆）、《池上楼诗稿》（温州图书馆藏）、《池上楼文集》、《周书逸文征》、《周书汇会解释注》、《说文解字缘隙》、《纵理内外篇政论》、《读书丛录》、《留庵杂志》、《学老学庵笔记》等。

张之纲书

云麓太史同年侍右：日前得示复，张碑“圀”字，王兰泉读为“渊”，不可据，并证以碑中他渊字。具仰校读精勤，佩甚！佩甚！但王氏案语已云“囦”变为“圀”，太守之字如此，其余渊仍作渊，以杜驳议。惟究匙义证，是可疑尔。但北碑多诡异非体，乾嘉以来经儒考论綦详，不必尽从篆隶改变，如“肉”作“宍”，“鼅鼊”（即鼃鼁），下“黽”右作若页形（此类至繁，聊举一二）。公笃嗜张碑，云景印王孝禹藏本为佳，窃谓坊间景印本，无论如何要得佳拓方臻其妙。吾辈即无力购置，亦宜多方借观以求真面。盖景印本体势丰神究逊也，不审公然之否？《礼器碑》“桮”字桂未谷所释为“塙”，古文连辇乃胡连二字旁加玉，皆俗字。来翰“桮”作“杯”，谓即“杯”，殆别有所据邪？近日患腰酸，顷稍平。匆复，余俟晤谈。即颂著安。弟纲顿首。廿六。

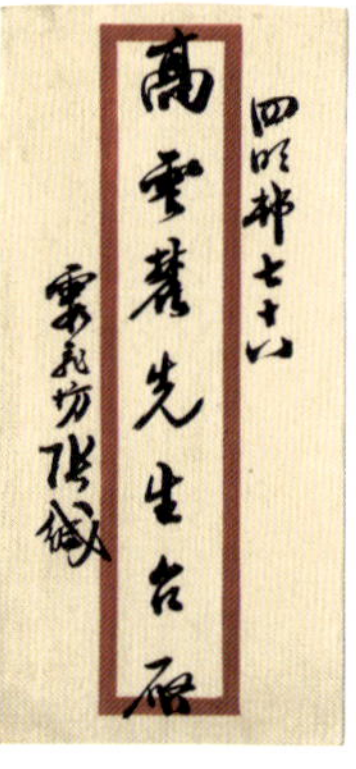

# 章　梫

章梫（1861—1949），名正耀，字立光，号一山、留盦遗民，浙江宁海人。著名学者、教育家、书法家。中华人民共和国外交家章文晋的祖父。清光绪三十年（1904）登进士，殿试选授翰林院检讨。历任京师大学堂译学馆提调、监督，国史馆协修、纂修，功臣馆总纂，邮传部、交通部传习所监督，北京女子师范学校校长等职。早年至杭州诂经精舍深造，问学于江南名师俞曲园，研学经史，兼学数学、天文、地理，学业日进。辛亥后侨寓上海，以遗老自处。以佛老之学自遣，吟诗、作书自娱。夙善楷法，晚岁笃好草书，执笔五指并用，运腕如拔镫，翰墨清华，体势秀逸。病逝于杭州。著有《一山文存》等。

雲麓同年手鑒：先奉壽張提學詩，極佳。同深感謝。嗣又奉尊和三章，忠肝義膽與日爭光，尤深佩服。泐謝，答請著安。弟梫頓首。閏月十八日。
上海九華堂厚記製

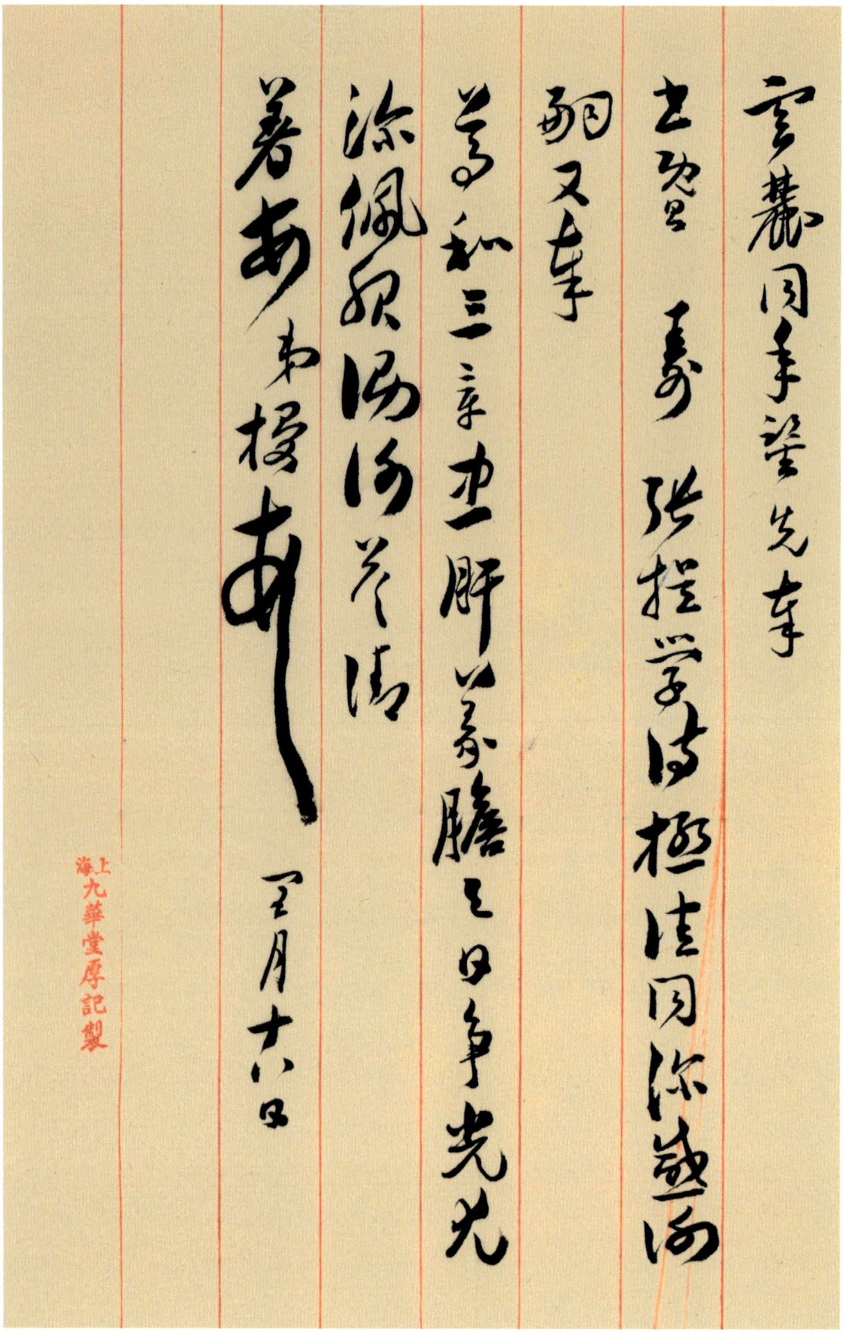

章梫书 第一通

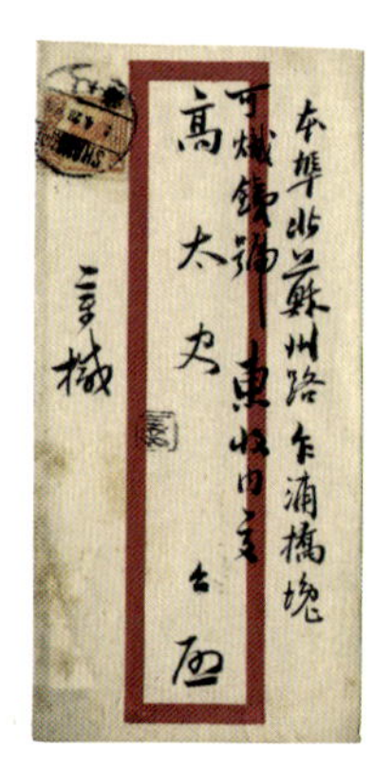

云麓同年鉴：先奉书暨寿张提学诗，极佳。同深感谢。嗣又奉尊和三章，忠肝义胆与日争光，尤深佩服。泐谢，答请著安。弟梫顿首。闰月十八日。

章梫书 第二通

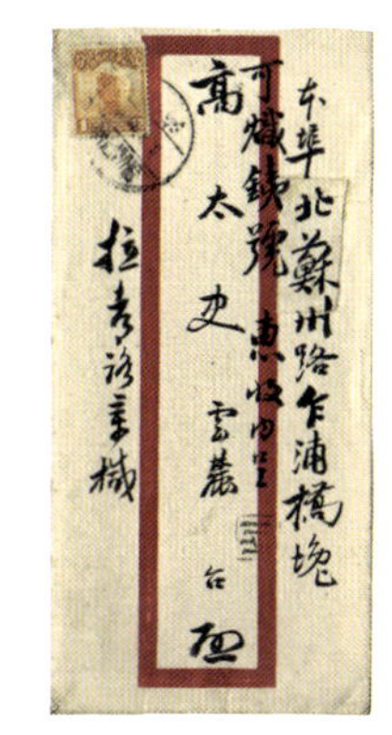

云麓同年台鉴：昨先后奉书暨诗，过荷推许，非所敢承。公血性男子，文诗皆称心而出，独见真气，所最可贵重者在此，常人何足知之。大诗仓猝不及和为歉。张豫泉提学，甲午前辈也，寓居沪上，著述最多，志行亦最芳洁。四月为其七十生辰，附呈征诗文启，乞赏一诗，同深感谢。泐谢，祇请著安。弟梫顿首。闰二月十三日。

章梫书 第三通

赠诗愧不敢承，奉和三绝句：惭反称佳自古然，文章真气秉于天。醇疵论定荀扬子，巨眼昌黎过马迁（公论事向来持正，非梫所及）。　一字千金挂国门，咸阳城外市夫言。麟书笔削无能赞，大义煌煌在鲁论。　当代群攻外国书，更无人识马相如。文君取酒为卿寿，声价分明在石渠。闰二月写呈云麓同年吟教。弟梫顿首。

章梫书　第四通

廿三日寄一椷，想可先到。顷得子康寄来其尊公重宴鹿鸣诗，题称渥荷殊赏。诗末有“头衔乍换惭非分”之句，究赏何件，换何头衔，乞详示以便和诗。又禀子质军门亦重宴鹿鸣，有何赏件，兼乞示及。弟病初愈，正在养息，伯皋前辈来一信，以病迟延，即拟作答惠教。月来大忙，风帆大顺，先以奉闻，即希椷告伯皋。天意不可预算，此后变化总望是好，不然国无炊烟矣。泐请著安。弟梫顿首。二月廿五日。

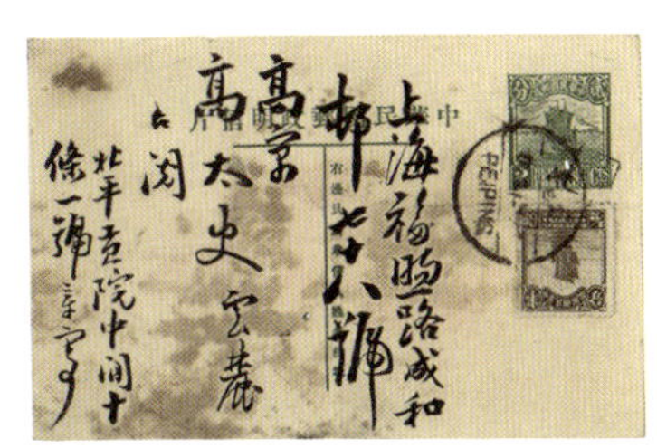

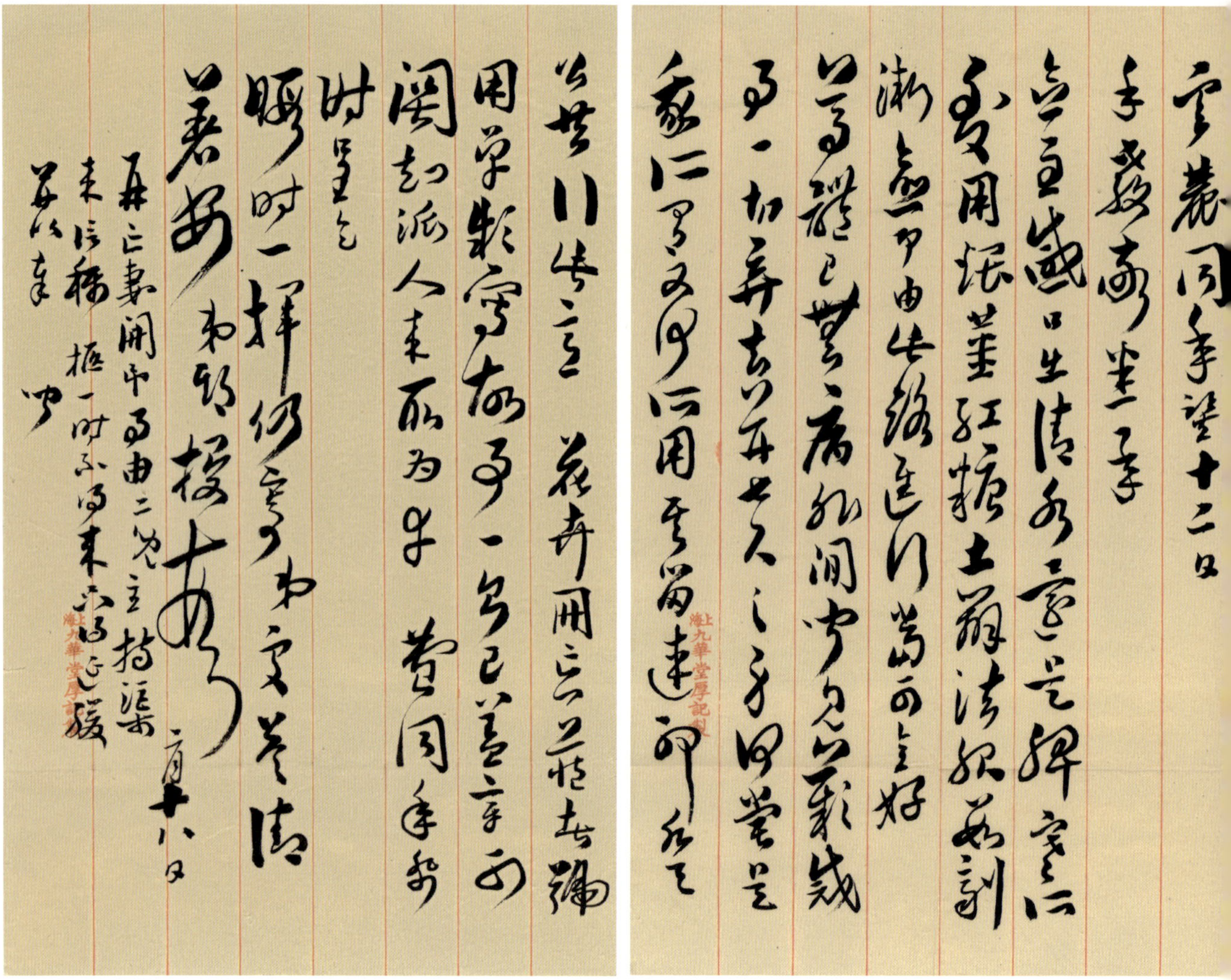

章梫书　第五通

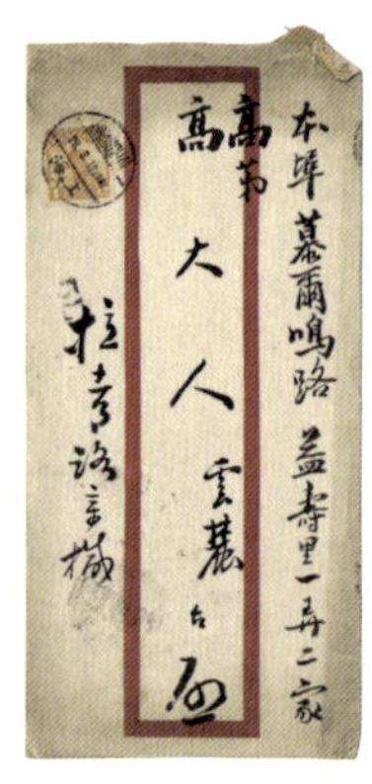


云麓同年手鉴：十二日手教，敬悉，承念至感。口出清水还是脾寒所致，用煨姜红糖土办法服数剂，渐愈，即由此路进行当可全好。尊体已无病，外间闻见叹。咸事一切弃去，并七尺之身，何尝是我所有，又何所用其留连邪？“水天公共行此意”花卉册，忘藏者号，用单款写故事一则，已盖章，可关知派人来取为幸。费同年纸，时呈乞暇时一挥，仍寄弟处。答请著安。弟期梫顿首。二月十八日。

再亡妻开吊事，由二儿主持。渠来信称柩一时不得来，只得延缓，并以奉闻。

章梫书 第六通

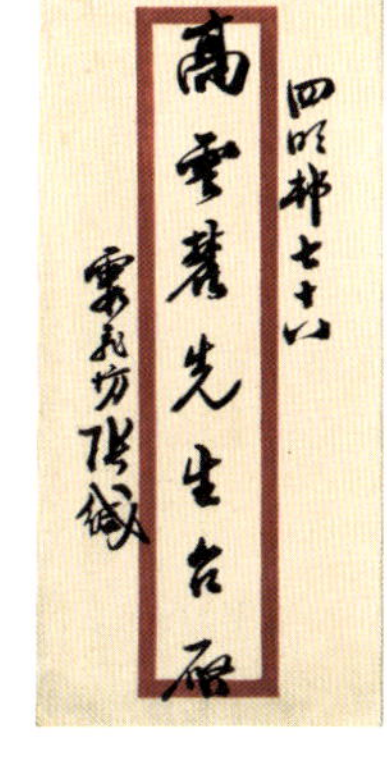


云麓同年台鉴：谢墓志大稿，细读实佳，所谓“吏部文章日月光，何人更识段文昌”也。已械告蘅公。“父析而子荷”二句系衬语，不必推敲，即以奉闻。原稿附缴，祗请著安。弟梫顿首。闰月初十日。

# 赵 润

赵润（？—？），字种青，因有足疾，行动不便，字半跛、跛道人，以半跛行。湖北汉阳人，自小随父来浙江，侨寓宁波。入民国后，曾掌管税务多年，廉洁奉公。后出任鄮山书院山长。工诗能书，与白门陈寄伯、南通张侠亭以诗定神交，合梓诗作名《神交集》。书法行、楷，苍劲挺雅。五十后始学画，瓣香青藤、雪个，自号藤雪翁。以不能遁世为闷，又号闷盦。花卉用笔纵恣，不求甚似以气胜，间仿倪瓒、黄公望小品及指画。著有《藤雪楼画册》《藤雪楼诗抄》等。十九世纪二十年代，旅居上海，住今延安路四明村，作画吟咏。1928 年，与镇江谢公展每年九月组织书画金石展览会名“秋英会”，好宾客。参加多种书画社团活动。晚年以鬻书画自给，1937 年全面抗战前逝世，年六十余。

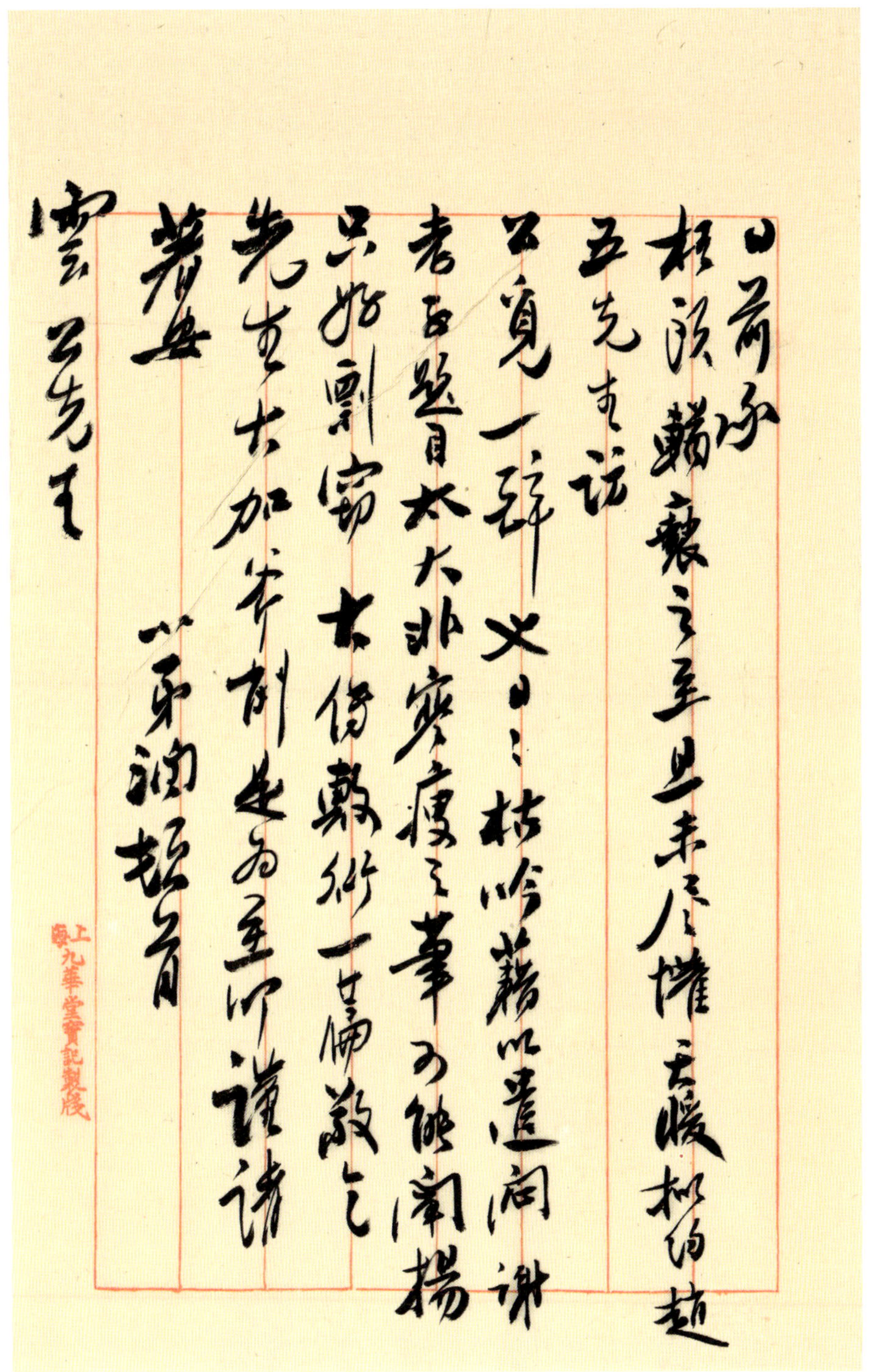


赵润书

日前承枉顾，鞧褒之至，且未尽欢。天暖拟约赵五先生访公，觅一醉也。日日枯吟，藉以遣闷。谢孝子题目太大，非寒瘦之笔可能阐扬，只好剽窃大传，敷衍一篇，敬乞先生大加斧削，是为至叩。谨请著安。云公先生。小弟润顿首。

# 郑雪耘

郑雪耘（1890—1969），字翼，广东潮州府城人。其家藏书甚丰，毕生刻苦钻研，勤于著述，擅书画文章、精通谜语、工诗词；亦研究考古学、潮州方言，素有“岭东才子”之称。与上海文化界人士高吹万、郑逸梅及复旦大学教授、收藏家苏乾英等学者交往甚密，切磋诗章。

1928年，潮籍左翼作家杜国庠、洪灵菲、戴平万等在上海活动期间经常得到其相助。为二十世纪二十年代诗坛“南社”社员，诗词、论文刊于《南社丛谈》《南社诗集》《求知》等书刊。系上海“文虎社”社员，常与吴莲洲、薛梦梅等社友搜奇索隐、精益求精；谜作富有诗意，深入浅出，耐人寻味。与友人多唱和诗词，撰写序跋，诗文创作成绩斐然。

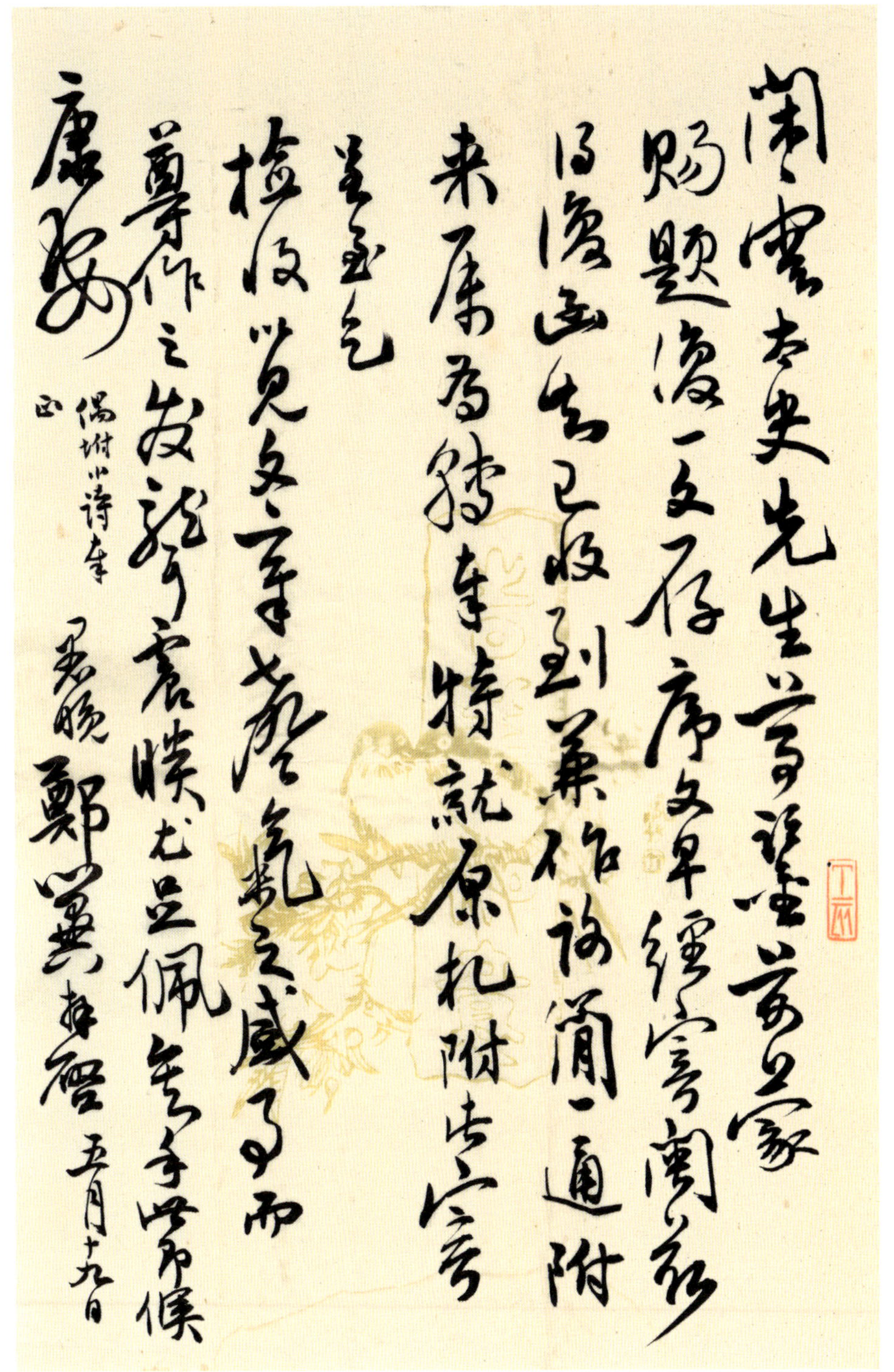

郑雪耘书

闲云太史先生尊鉴：前蒙赐题“复一文存”序文，早经寄闽。兹得复函，知已收到，兼作谢简一通，附来属为转奉，特就原札附此寄呈，至乞检收。以见文章声气之盛事，而尊作之发聋震聩，尤足佩矣。手此，即候康安。愚晚郑翼拜启。五月十九日。

偶附小诗奉正。

# 朱汝珍

朱汝珍（1870—1943），字玉堂，号聘三，又号隘园，广东清远人。清末民初书法家、文章家。光绪三十年（1904）末科榜眼，授翰林院编修。三十二年（1906）被选派赴日本东京法政大学读法律，两年后学成回国。宣统三年（1910）清朝第一次法官招聘考试，受委派往贵州任主考。1911年后在紫禁城从事《德宗实录》纂修。1929年移居香港，先后任职于香港大学、香港孔教学院等。抗日战争期间爱国爱乡。1942年来沪、寓京。擅长诗文，工书法，尤其以楷书端正圆润、遒劲清秀深受称许。参与创定《大清商律草案》《大清民法草案》，著有《词林辑略》（附词林姓氏韵编）、《本纪圣训》《中外刑法比较》，以及乡试、会试、廷试的立论七篇和飞来寺石刻《爱山亭记》等，惜大多散失。关心家乡文化事业，先后于1915年、1934年和1937年，编纂有《藏霞集》，受聘总纂《清远县志》和《阳山县志》。

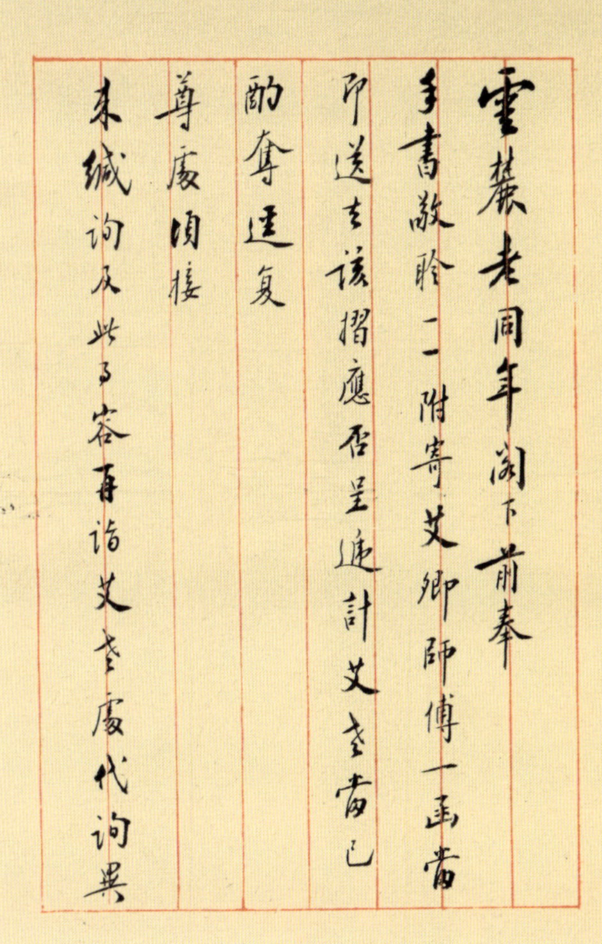

朱汝珍书 第一通

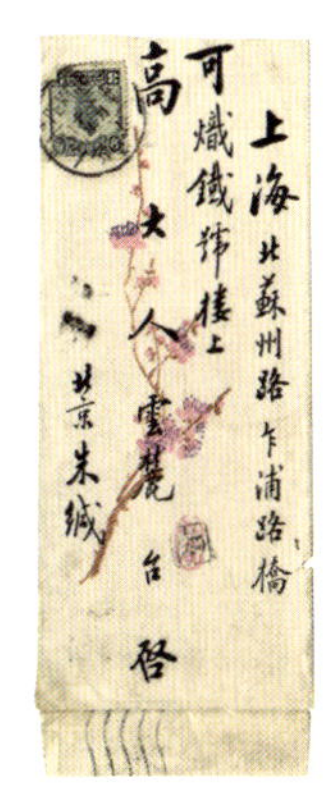


云麓老同年阁下：前奉手书，敬聆一一。附寄艾卿师傅一函，当即送去。该折应否呈递，计艾老当已酌夺，径复尊处。顷接来缄询及此事，容再诣艾老处代询，异日奉复。至文驾解馆旋乡，请再将住址示悉，或有要言奉达，可径寄珂乡也。手复，敬请撰安。唯照不宣。弟汝珍顿首。十二月五日。

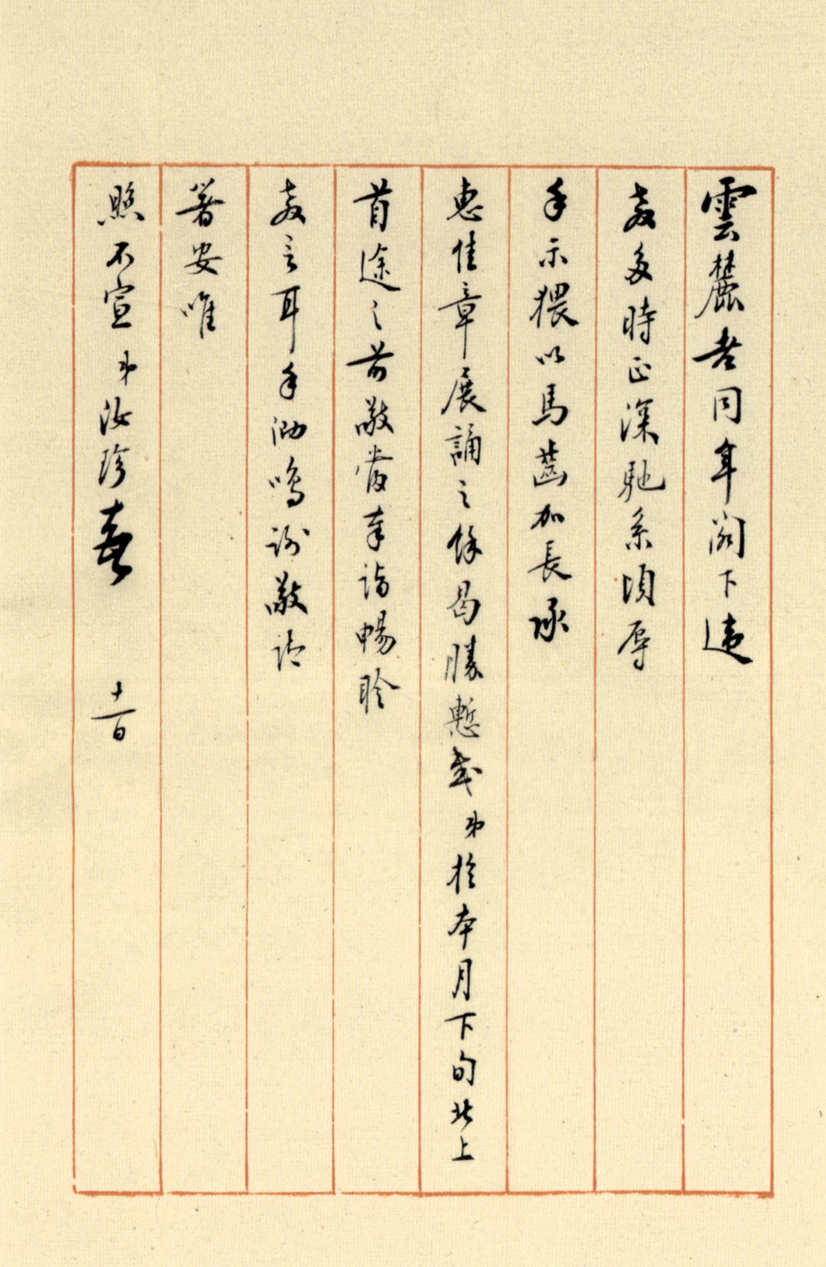

朱汝珍书 第二通

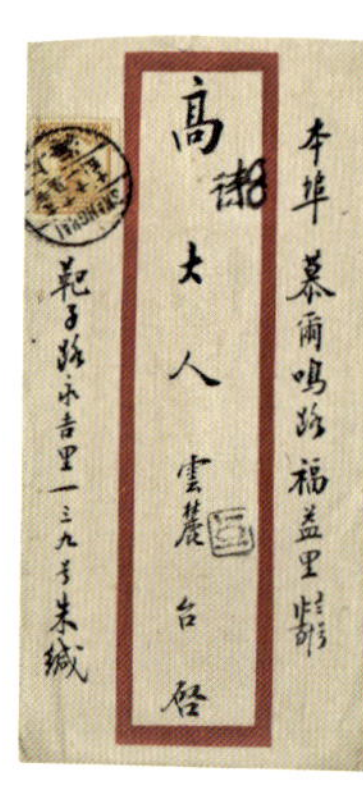

云麓老同年阁下：违教多时，正深驰系。顷辱手示，猥以马齿加长，承惠佳章，展诵之余，曷胜惭感！弟于本月下旬北上，首途之前，敬当奉诣畅聆教言耳。手泐鸣谢，敬请著安。唯照不宣。弟汝珍顿首。十一日。

# 竺麐祥

竺麐祥（1860—1921），字静甫，号浔赋，室名毓秀草堂，浙江奉化人。光绪八年（1882）举人，三十年（1904），会试第二百二十四名；殿士登进士三甲第二名，改庶吉士，散馆授翰林院检讨，加侍讲衔。后进日本法政大学速成班第五科。工诗擅书。1911年辛亥革命后，杜门隐居，卒年六十二。

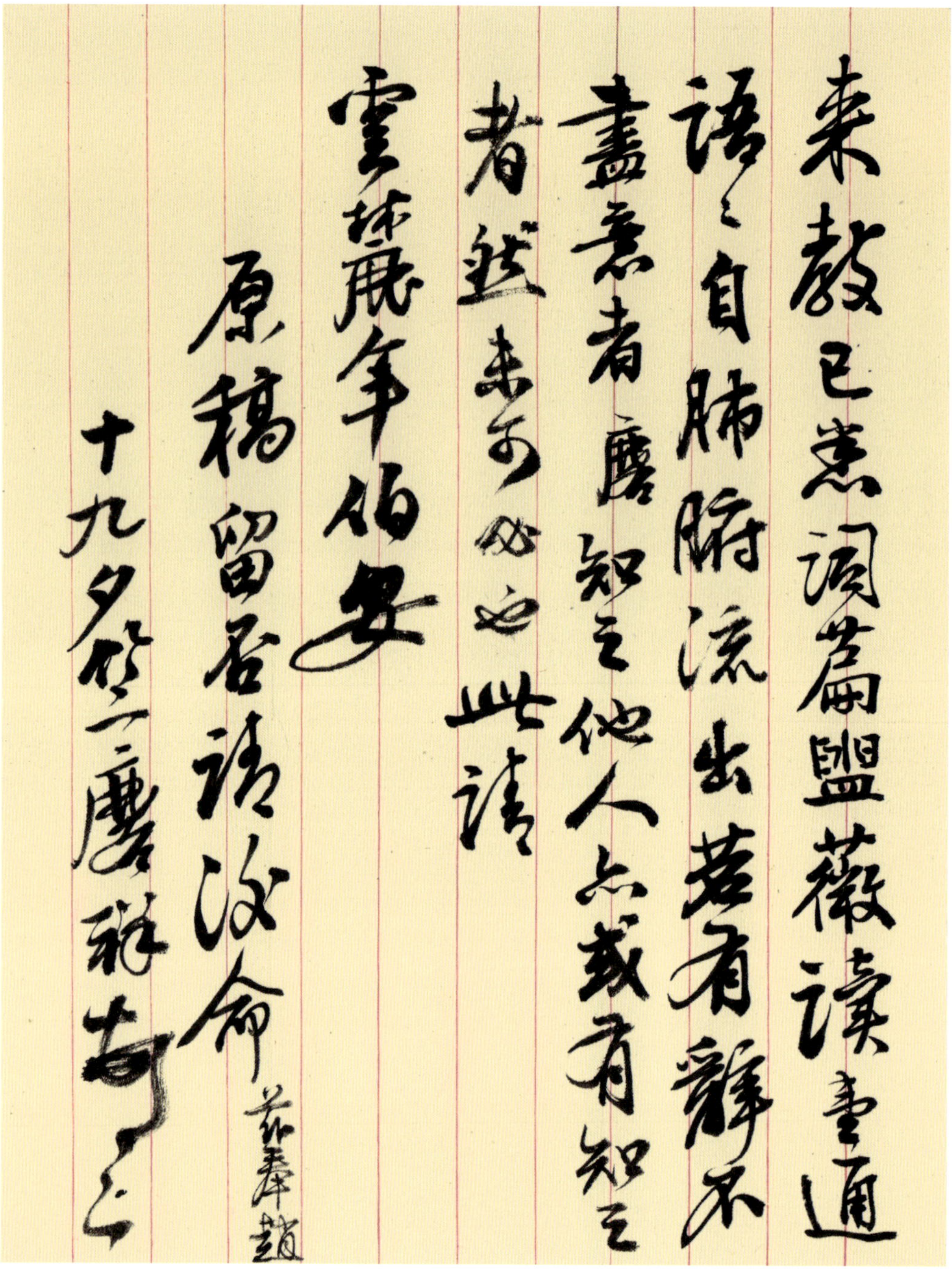

竺麐祥书　第一通

来教已悉，词篇《盥薇》读一通，语语自肺腑流出。若有辞不尽意者，麐知之，他人亦或有知之者，然未可必也。此请云麓年伯安。原稿留否，请复命。兹奉赵。十九夕。竺麐祥顿首。

竺麐祥书 第二通

云麓年伯足下：一别月余矣。长汉横空，去人太远，西窗风入，每起怀思。辰维客地悠游，良朋欢集，息燕畅然，不减曩时为颂。章氏不能安其室，又顾之他。月初于松老处读尊札，所云令人慨然，贫贱移人竟若是哉。虽然三人行必有我师，彼未必不可为我师也。敝庐今日春燕归来，睇其旧巢，不改常度，知其在外原未忘故主，举首凝视，感而心酸。甬上寒暖愆时，本月初二日，松老强麐赴童氏题主，时犹重裘也。初八夕赴蘅窗筵宴，亦重裘也。清明前后则皆夹衣，凡数日而又寒，今尚挟纩。闻汉上天气亦如此，恐上宰降五瘟使于人间世，服食须各慎重耳。有异册数叶，特邮寄奉览。内有哑谜（有季子春，有弘允云云），可发笑，亦可消遣。初五六定可寄到。此请毡安。闰月廿八日。麐祥顿首。

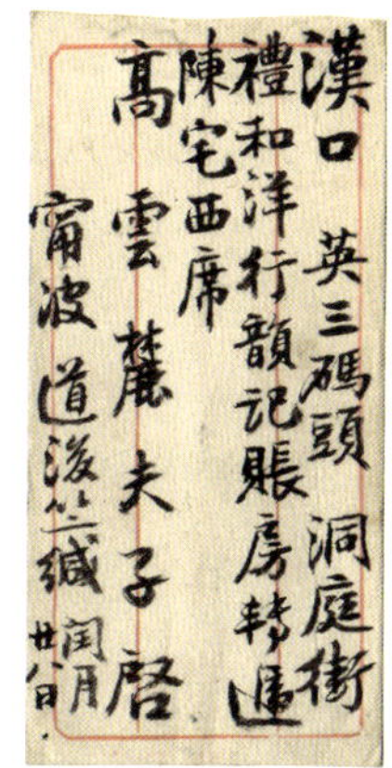
漢口 英三碼頭 洞庭街
禮和洋行韻記賬房轉遞
陳宅西席
高雲麓夫子啓
甯波道後公織 閏月廿八日

竺麐祥书 第三通

云麓年伯阁下：顷读惠函，感铭无既。王家之信今尚未到，想犹有待也，或谈后忘却耶？不测其故。阁下遇荣卿时可再问及否？韵老至甬，适松老病，韵老即日赴育王之东察其寿藏，待其回甬，必可相晤，盖松老病已愈也。蘅窗又索麐书楹联，麐作一联云："黍稷稻粮神农氏后，蒉蘩蕰藻泗洲塘濒。"作隶应之。"梁"作"粮"，见《白石神君碑》。此联闻亦付刻。曩者"海国秋寒"句，世俗人未有知其含意者，惟阁下知之。诵诗论世，舍阁下外更有何人？而麐以题俗人堂幅，惜哉！阁下有近作否？求示一二，此请安隐。不一一。九月十二日。竺麐祥顿首。

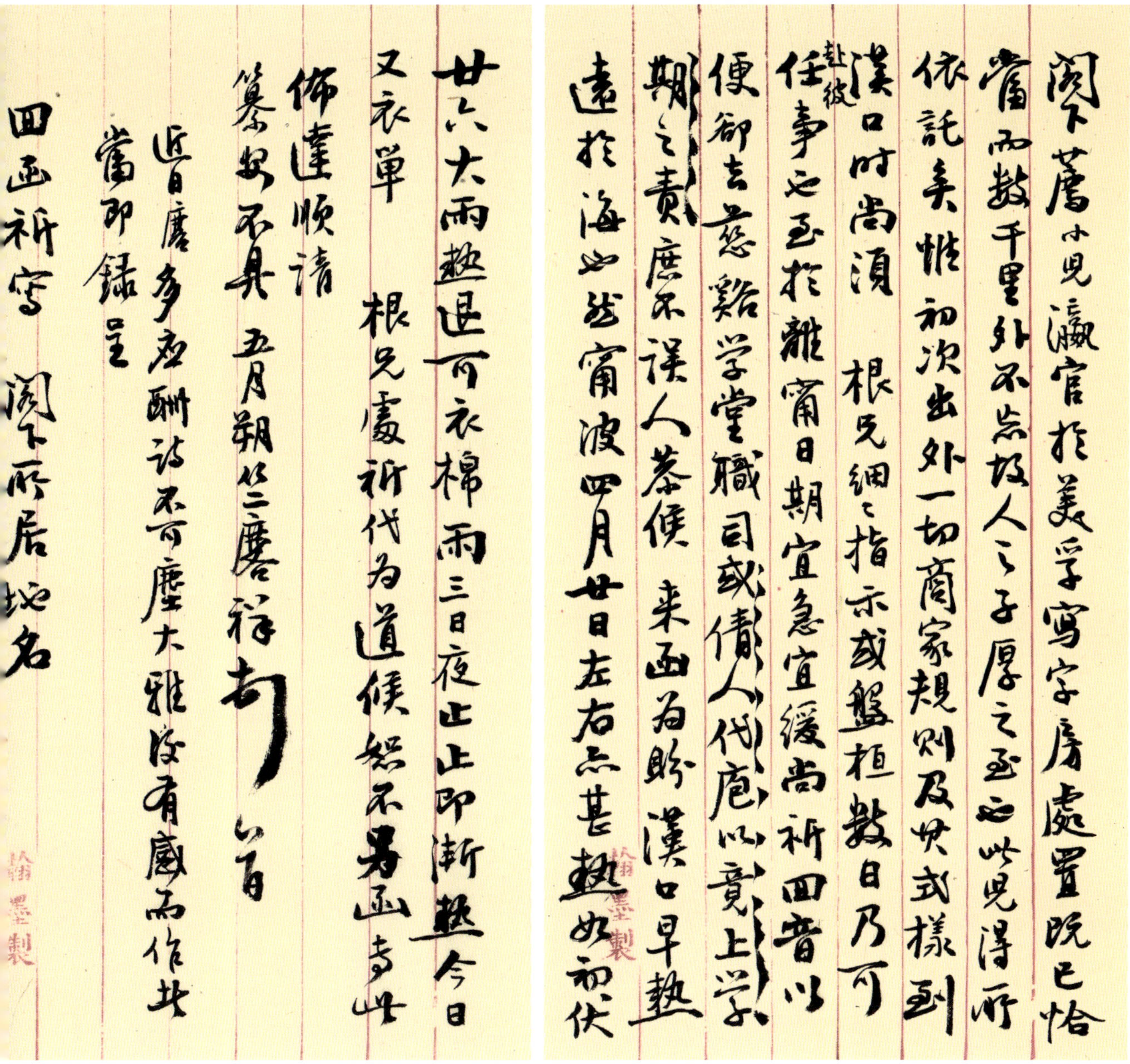

竺麐祥书 第四通

云麓年伯阁下：大驾发时，未得走送。引领西望，每切遐思。今晨一简飞来，喜慰交并，捧读之下，恍如觌面。四月望前一日，内子生辰，曾倩童道士书屏而借名阁下，想阁下必许其借，故未函告。再前一夕，九香年伯及研古老友相聚小楼，独不得与阁下共酌，虽剪烛三更而趣兴减于畴昔，此中意味阁下当已料及。阁下和九香诗、致松老函，尔时并未提得，想寄到时犹在后也。濒端午当造研古室一询。即以阁下今日寄来十一诗交阅，俾得共悉阁下在外得山川之助，诗境大异于家居时，他日汇为巨册，麐当作跋冀附尾名显，则麐亦必传矣。诗中以伯鸾比梁髯，不独姓氏合，志趣尤合也。然梁髯寄迹云外，去天尺五，将终其身于仞利，又似胜伯鸾耳。阁下出为师儒，教人以孝悌忠信，挽回末俗，慎斯术也，以往何在而不可至。若后生小子，处今之世，苟文字粗就，自宜改入商界。阁下荐小儿瀛官于美孚写字房，处置既已恰当，而数千里外不忘故人之子，厚之至也，此儿得所依托矣。惟初次出外，一切商家规则及其式样到汉口时尚须根兄细细指示，或盘桓数日乃可赴彼任事也。至于离宁日期，宜急宜缓，尚祈回音，以便却去慈溪学堂职司，或倩人代庖以竟上学期之责，庶不误人。恭候来函为盼。汉口早热，远于海也，然宁波四月廿日左右亦甚热，如初伏。廿六大雨，热退可衣棉。雨三日夜止，止即渐热，今日又衣单。根兄处祈代为道候，恕不另函。专此布达，顺请纂安。不具。五月朔。竺麐祥顿首。

近日麐多应酬诗，不可尘大雅后，有感而作者，当即录呈。

回函祈写阁下所居地名。

竺麐祥书　第六通

云麓年伯阁下：昨下午接廿三日手教，知阁下将暑假回里，十余日内又得相见畅谈矣，快何如之。瀛儿已于廿四日起程，大约六月初二三可到汉上，求阁下必待其到后接洽一切，乃回宁也。阁下来教谓将令瀛儿在汉上学习，而另派人赴重庆，此最合麐意，甚祈如愿也。余俟晤谈。此请暑安，惟冀朗察，不一一。廿八日。竺麐祥顿首。

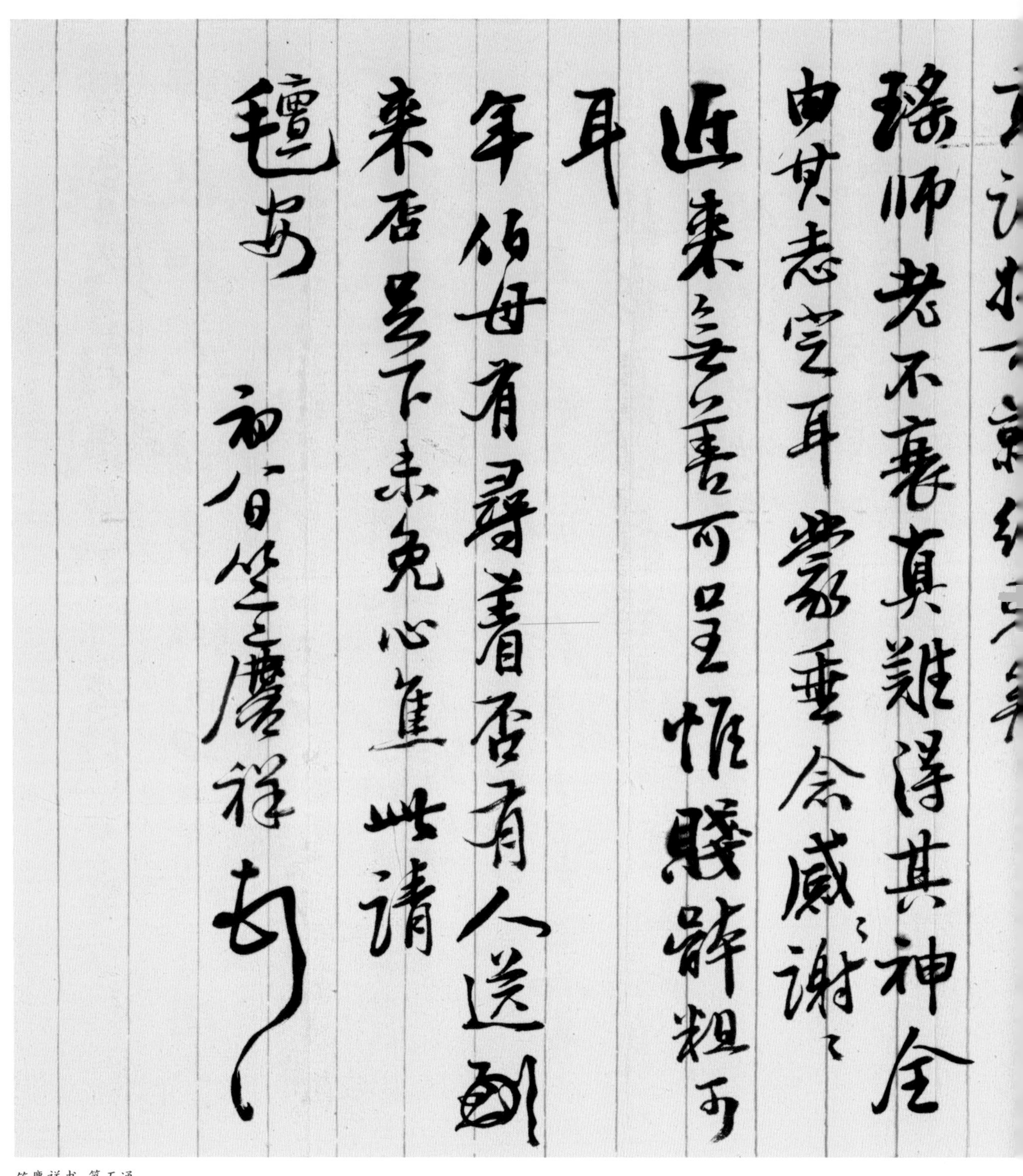
孫师老不衰真難得其神全由其志定耳 紫垂念感謝々 近来無善可呈 惟賤辟粗可耳 年伯每有尋着否 有人送到来否 足下未免心焦 此請
譚安
初八日 竺麐祥 頓

竺麐祥书 第五通

云麓年伯足下：领得初二日手教及朱聘三同年诗片、章吉臣同年诗稿，捧读一过，令人祇肃叹，天理人心仅仅一线之延，在此数人也。惟吉臣之诗当以何报之，抑作空信通忱耶？聘三之诗自当答和，但不能步韵，奈何！足下致紫蓴之信已得闻其约略，知安抵上海，侪辈皆喜航海之不波也。高徒乃伤腕太霄麓年伯足下：領得初二日手教及朱聘三同年詩草、吉臣同年詩稿，捧讀一遍，令人祗肅歎。天理人心僅一線之延，在此數人心。惟吉臣之詩當以何報之，抑作空信通候耶？聘三之詩自當答和，但不能步韻奈何。足下致紫芳儕輩之信已得閱，其約略知安抵上海，皆喜航海之不波也。

趋高耳，卑之毋高论，将可就约束矣。瑶师老不衰真难得，其神全由其志定耳。蒙垂念，感谢！感谢！近来无善可呈，惟贱体粗可耳。年伯母有寻着否？有人送来否？足下未免心焦。此请毡安。初八日。竺赓祥顿首。

# 左孝同

左孝同（1857—1924），字子异，一作子祀，晚号逸叟，又号遁斋，湖南湘阴人。晚清重臣左宗棠四子。光绪十一年中举，钦赐举人。纳资得道员。中日甲午战争起，吴大澂督师辽边时，委其总办营务。后调会办北洋机器制造局，旋改北洋营务处。官至河南、江苏按察使，兼署布政使。辛亥革命后闲居沪上而卒。善书大小篆，能传父法。

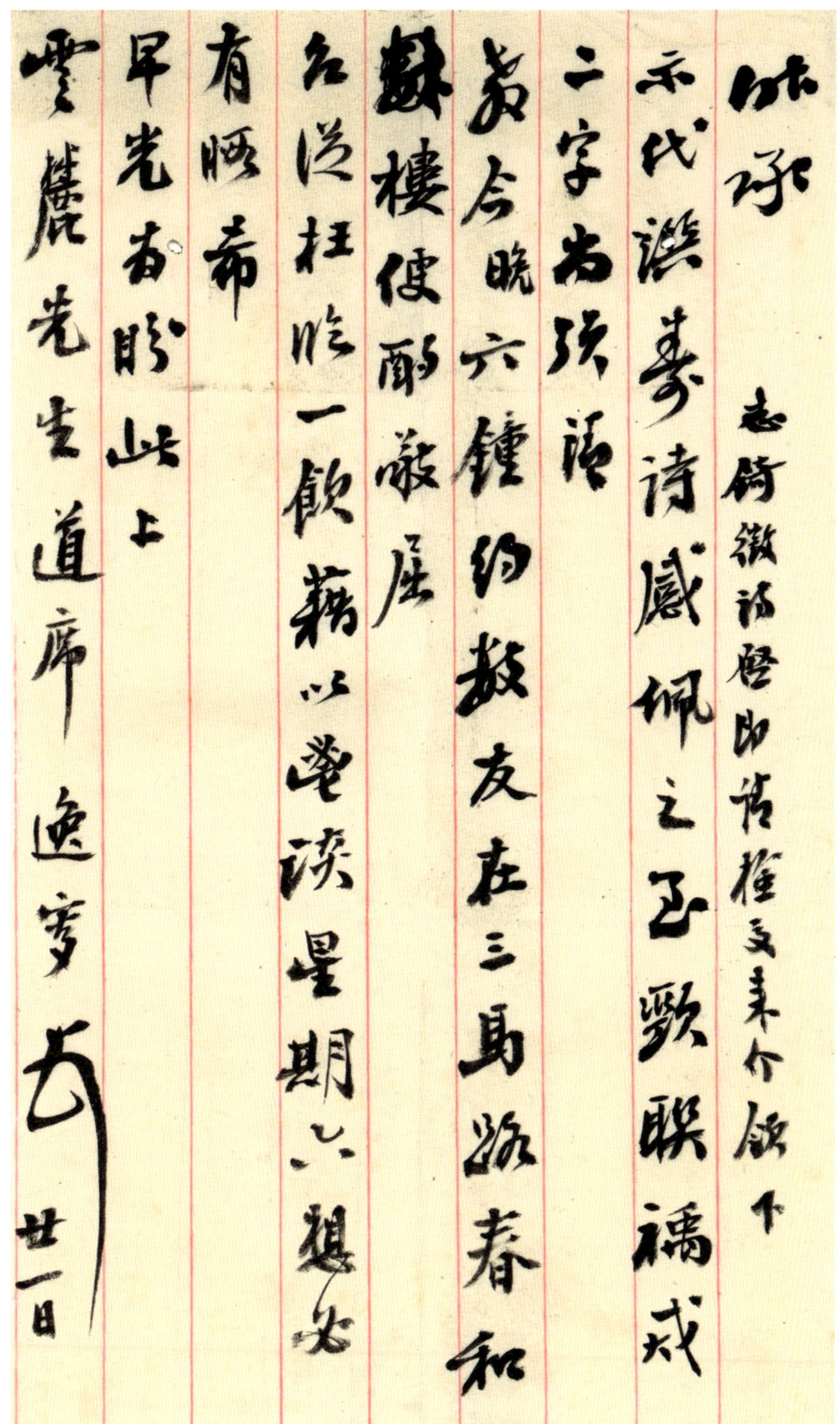

左孝同书 第一通

昨承示代撰寿诗，感佩之至。颈联“禑戒”二字尚须请教。今晚六钟约数友在三马路春和楼便酌，敬屈台从枉临一饮，藉以畅谈。星期六想必有暇，希早光为盼。此上云麓先生道席。逸叟顿首。廿一日。

志锜征诗启即请检交来介领下。

左孝同书　第二通

日前辱枉顾，畅谈为快。昨接志赞羲都统为其太夫人七十征诗启，拟不应酬，而长乐初兄弟为先仲父及门授业，志伯愚兄弟又素交好，有此世谊似难恝然。敬恳代撰诗一章，特将征文启奉览（仍希掷还），幸勿吝珠玉，随意吟哦写示为荷。容日再诣谢。此上，云麓先生经席。孝同顿首。小满节。

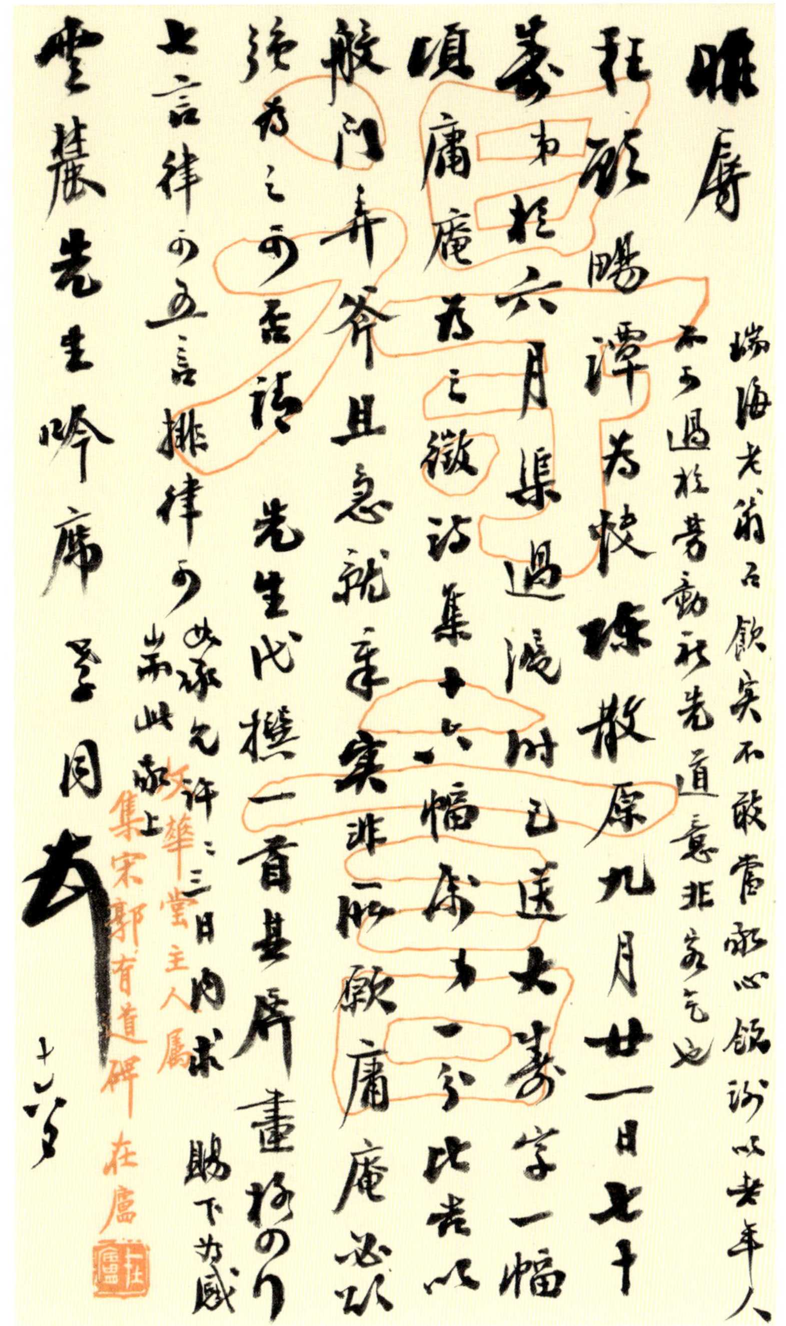

左孝同书　第三通

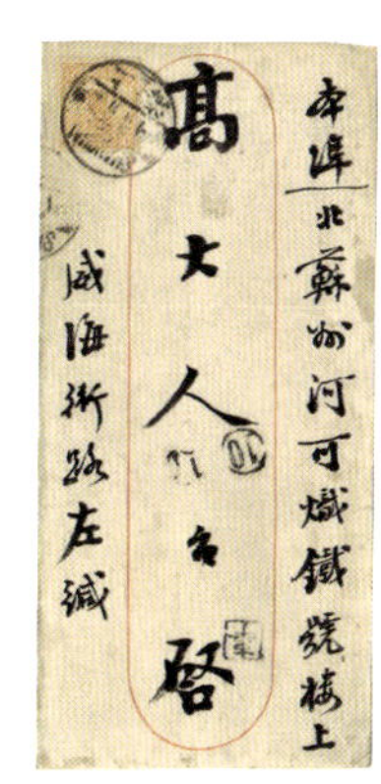

昨辱枉顾，畅谭为快。陈散原九月廿一日七十寿，弟于六月渠过沪时已送大寿字一幅。顷庸庵为之征诗，集十六幅，属弟一分比告。以般门弄斧且急就章，实非所愿，庸庵必欲强为之。可否请先生代撰一首，其屏画格四行，七言律可，五言排律可。如承允许二三日内求赐下为感。耑此，敬上云麓先生吟席。孝同顿首。十六夕。

瑞海老翁召饮，实不敢当，敬心领谢。以老年人不可过于劳动，祈先道意，非客气也。

早间攫儿归，禀知先生昨忽然倾跌，极为悬念，询之尚无大恙。端拱静生，大约用心过度以致昏眩。然急需延医诊视，须防中风，外邪散去则自痊矣。约瑞海一饮，早具此忱。瑶老欲并作主人，不能拂其意。兹具客柬，未填日期，请先生与瑞老商定。初三、五均可，再迟一、二日亦无不可。竺、章二公住址请于单内注明，以便着人去请。陈三、四、五世兄别字亦希注载，庶晤时便称谓也。（曹蔚庐系敝同乡，前吉林提学使，守道不阿，前日始来沪，并以奉闻。）瑞老如已回寓，客柬即存尊处，定日再掷下可耳。马君寿屏昨已书就，送瑶老处，久不作楷，殊愧不工。钟母寿诗亦取去，润资十元奉上，以后如有作此等之作与公合办，并可招徕，如却而不受则不敢请耳。此请云麓太史老夫子痛安。教弟孝同顿首。九月尽日。

左孝同书　第四通

早間藕兄惕稟去

先生昨忽然傾跌，極為懸念，詢之尚無大恙。

瑞按靜生大約用心過度，以致昏眩，然急需

延醫診視，須防中風，或邪散之則自痊矣。

約瑞海一飲，早間此恍瑤老照並作主人，不能

掛甚意。前日客東來滇，日期請

先生與瑞老商定，務之五均可，再遲一二日亦無

不可。送之會二公住址，請於單內注明，以便着

人去請。孫三、四、五世兄別字，亦希注載，應照

曹蔚廬係徽州鄉前吉林提學使，守道不阿，前日始來滇，亞以奉聞

時便行謂也。瑞老昨已回家，客東即存

答覆定日再擬，下可耳。禹君泰屏叩

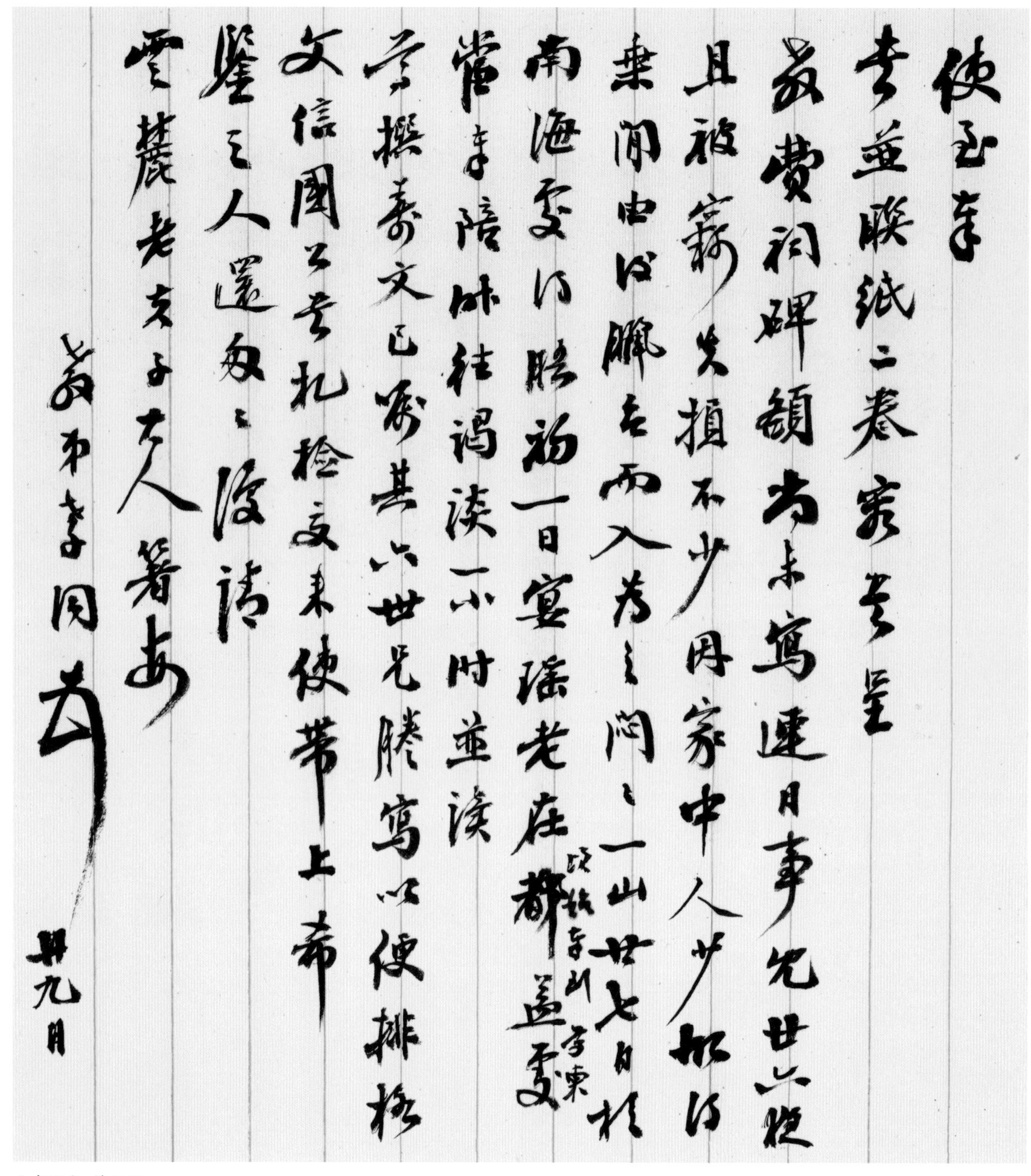

左孝同书　第五通

使至奉书并联纸二卷，容书呈教。费祠碑额尚未写，连日事冗，廿六夜且被窃，失损不少。因家中人少，故得乘间由后晒台而入，为之闷闷。一山廿七日于南海处得晤。初一日宴瑶老，在都益处，顷始奉到尊柬，当奉陪。昨往谒谈一小时并读尊撰寿文，已嘱其六世兄誊写，以便排格。文信国公书札检交来使带上，希鉴之。人还匆匆，复请云麓老夫子大人著安。教弟孝同顿首。廿九日。

左孝同书 第六通

日前奉手示，敬悉。翼日午后二三钟当携小儿晋谒函丈。《通鉴》童而习之最有益，此间无好局版，只有石印小本，容觅得局本呈教。床几承示贵东处可假用，即不带来。统容晤罄，即颂云麓太史先生秋祺。教弟孝同顿首。中秋日。

贵东明日当拜候，名字未悉，尚祈示知。

左孝同书 第七通

今日为家嫂七十寿辰，拟令籰儿前往叩祝，特命车前来，可否准假半日？如中秋不放学，明早即令其上馆也。此颂云麓先生秋祺。弟孝同顿首。十四日。

左孝同书　第八通

云麓太史老夫子经席：日来检点归装，忙未趋候。弟定于明日附江轮归湘，展谒先人松楸，清理家务，约两月方能旋沪。蘐儿受业师门，乞严加善诱，养其气质，收其放心，庶获益匪浅。兹挈小妾、儿女归，即不必回寓。附上洋四元，以备剃头、洗衣、纸笔之资，不交儿手，恐其乱用也。琐渎，皇悚！皇悚！敬请道安。教弟孝同顿首。

瑶公七十寿必须有以致敬，公能代撰诗一章否？或联亦可。回沪再写奉。谨先豫托，至恳！至感！

左孝同书 第九通

手示敬悉，并挽节庵联，展视极佩，语句固佳，书法尤妙。模《夏承碑》神似形肖，愧弗如也。梁公奉恩旨予谥文忠赠宫少保，赏银治丧，赐葬梁格庄，已不朽矣。在沪知好于廿四日午在平桥路清凉下院设位公祭，同深悼叹。并以附闻，尊联容即寄去。复请云麓老夫子道安。孝同顿首。十一月廿一日。

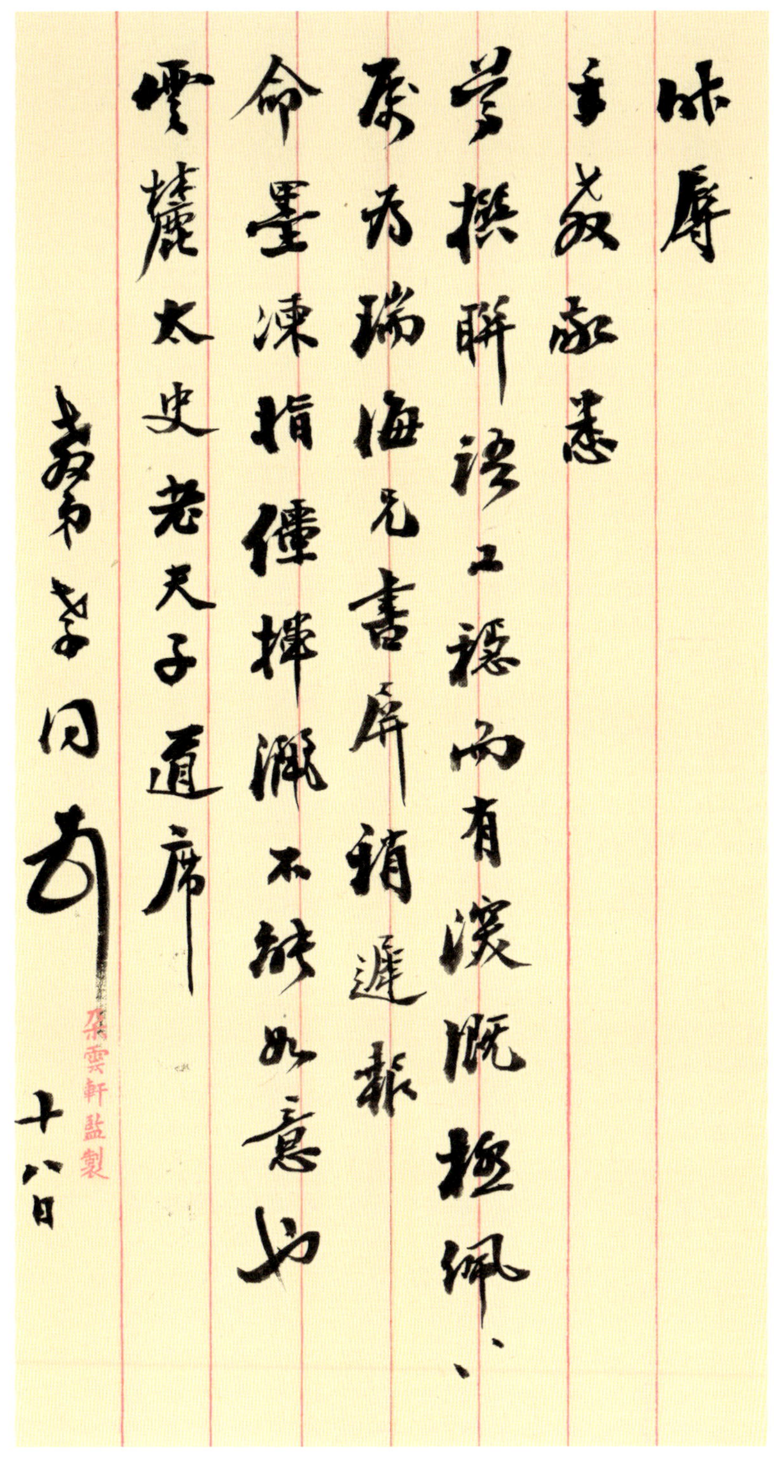
昨辱手教敬悉尊撰聯語工穩而有深慨極佩、屬為瑞海兄書屏稍遲報命墨凍指僵揮灑不能如意也雲麓太史老夫子道席
教弟孝同頓首
十八日


左孝同书 第十通

昨辱手教，敬悉。尊撰联语工稳而有深慨，极佩！极佩！属为瑞海兄书屏，稍迟报命，墨冻指僵，挥洒不能如意也。云麓太史老夫子道席。教弟孝同顿首。十八日。

左孝同书 第十一通

腊鼓迎春，计将解馆，奉上脩金四十元，即希察收。外膳费二十四元，馆童茶敬四元，统祈转交。拙书屏幅即呈贵东瑞海先生雅鉴，并请大书家教正。荣归定于何日，容再走叙。闻明正有鸾续之喜，沪甬远隔，不克躬亲诣贺，附呈喜敬，伏希莞纳。䕶儿应令何日归，乞谕知，便遣介接护也。手此，敬上云麓太史老夫子道席。教弟孝同顿首。己未腊八日。

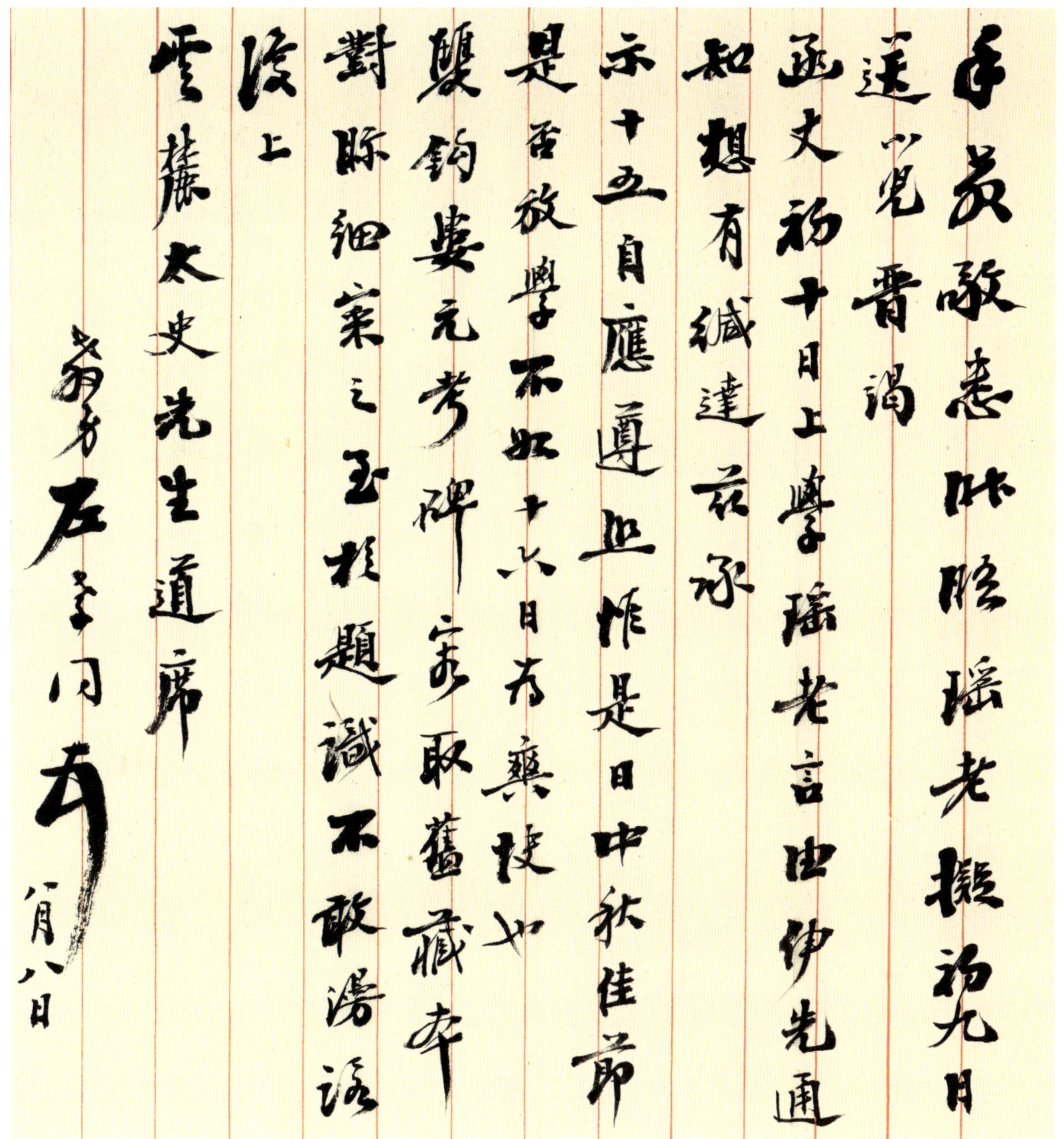

左孝同书　第十二通

手教敬悉。昨晤瑶老。拟初九日送小儿晋谒函丈，初十日上学。瑶老言由伊先通知，想有缄达。兹承示十五日自应遵照，惟是日中秋佳节是否放学，不如十六日为爽快也。双钩《娄元考碑》容取旧藏本对视细审之，至于题识不敢漫咏。复上云麓太史先生道席。教弟左孝同顿首。八月八日。

昨辱手教，知湖山之游甚乐，令我健羡。一别湖山，将近廿载，各胜境曾经饱看，得公书恍若重游。先公祠宇浙人遗爱，以竹素园故址修建（怡亲王旧庄，顷为花神庙），有杨石泉宫傅所撰碑文，陶心云书。适丁变乱，碑则毁，将先公神牌劈裂供奉徐锡麟。浙人明者以先公再造浙江，不可不庙祀，遂另作木主供于蒋果敏祠（蒋本有专祠，来书谓张祠。张勤果公曜，另有一祠在涌金门外）。西泠印社乱后设于蒋祠，当辛壬之间。浙人告我谓宜立主祀于蒋祠，曰“蒋左二公祠”。余曰先公奉敕建有祠，祀不祀在浙人公理。蒋为先公部将，名义不可不审。公所见先公遗像，同在浙时曾见（有王文勤赞，不识何人照片。祠于光绪十二年建，丁崧生先生丙承修），以其不类，出家藏遗照供于祠中，今亦不知存亡。至蒋果敏像未见（同治末年，蒋由粤抚降官，同犹及见之。光绪初元起用，殁于京），果敏去世年不满五十，先公尝悼云：“吾

左孝同书　第十三通

见其进，遽见其止。”盖伤之也。彭刚直本与浙无闻，因与俞曲园交，故得湖山一席。屡有人约同游西湖，因乱党毁先祠祀徐烈士，不能无憾。行宫且竖革命碑，幽胜之处多增污秽，真有目不忍睹闻之流涕不已者，此后恐无好山色矣，可胜愤叹。頀儿姿质顽钝，蒙课督能听训教，或可望读书。是在夫子循循善诱，启发其性灵，感德无量。重阳放假即令其归，兹遣车来接，初十晚仍送上馆。余不多及。敬上云麓太史老夫子经席。孝同顿首。

承索先公遗像影片，行寓只存一纸，有先公廿九岁画像一册。如有暇时枉顾，当奉鉴。乞先示日以便迎候，彼此道远恐相左也。同再拜。己未九月初七夜。

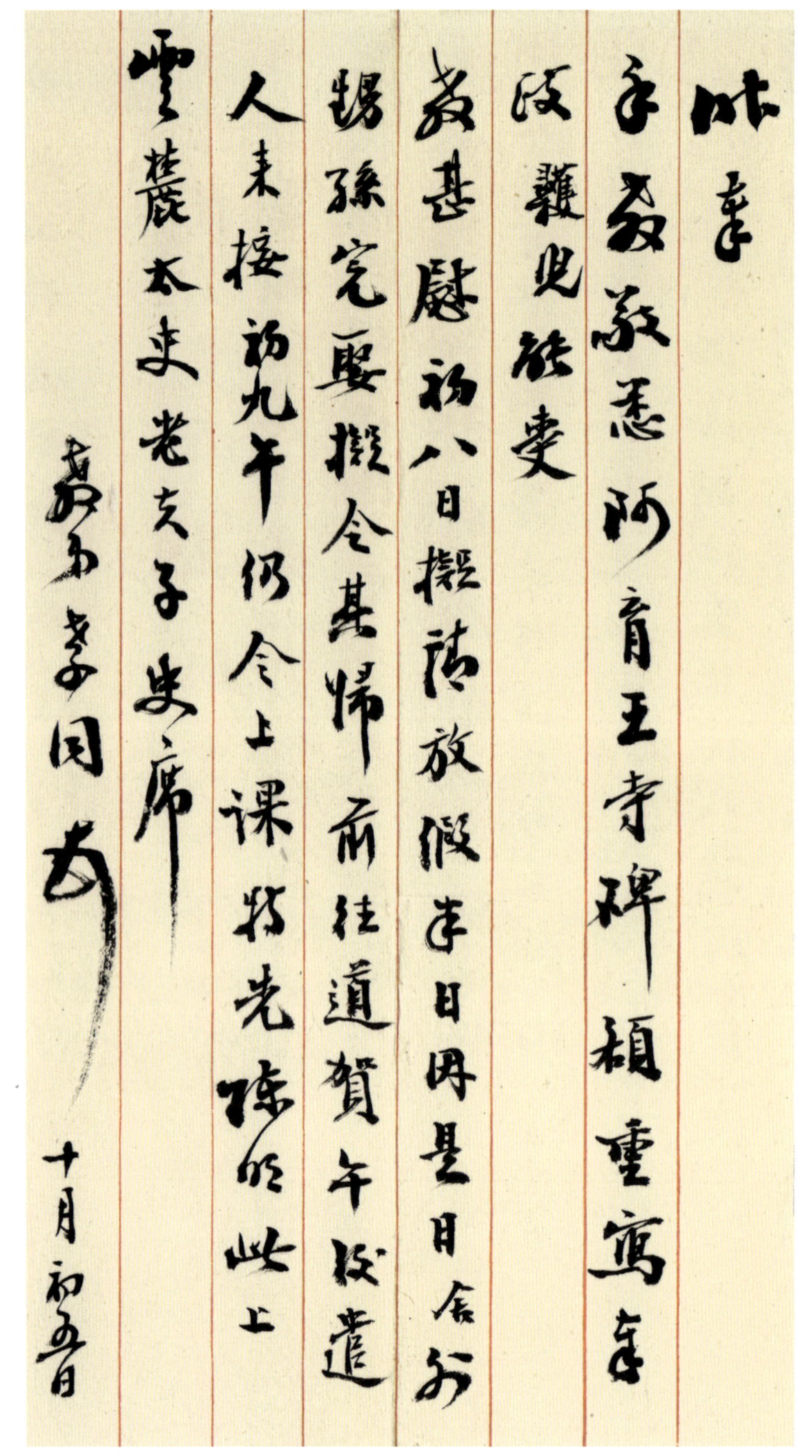
昨奉
手教敬悉阿育王寺碑額重寫奉
政獲兒能受
教甚慰初八日擬請放假半日因是日舍外
甥孫完娶擬令其歸前往道賀午後遣
人來接初九午仍令上課特先陳明此上
雲麓太史老夫子史席
教弟孝同頓首
十月初五日

左孝同书 第十四通

昨奉手教，敬悉。阿育王寺碑额重写奉政。獲儿能受教，甚慰。初八日拟请放假半日，因是日舍外甥孙完娶，拟令其归，前往道贺。午后遣人来接。初九午仍令上课，特先陈明。此上云麓太史老夫子史席。教弟孝同顿首。十月初五日。

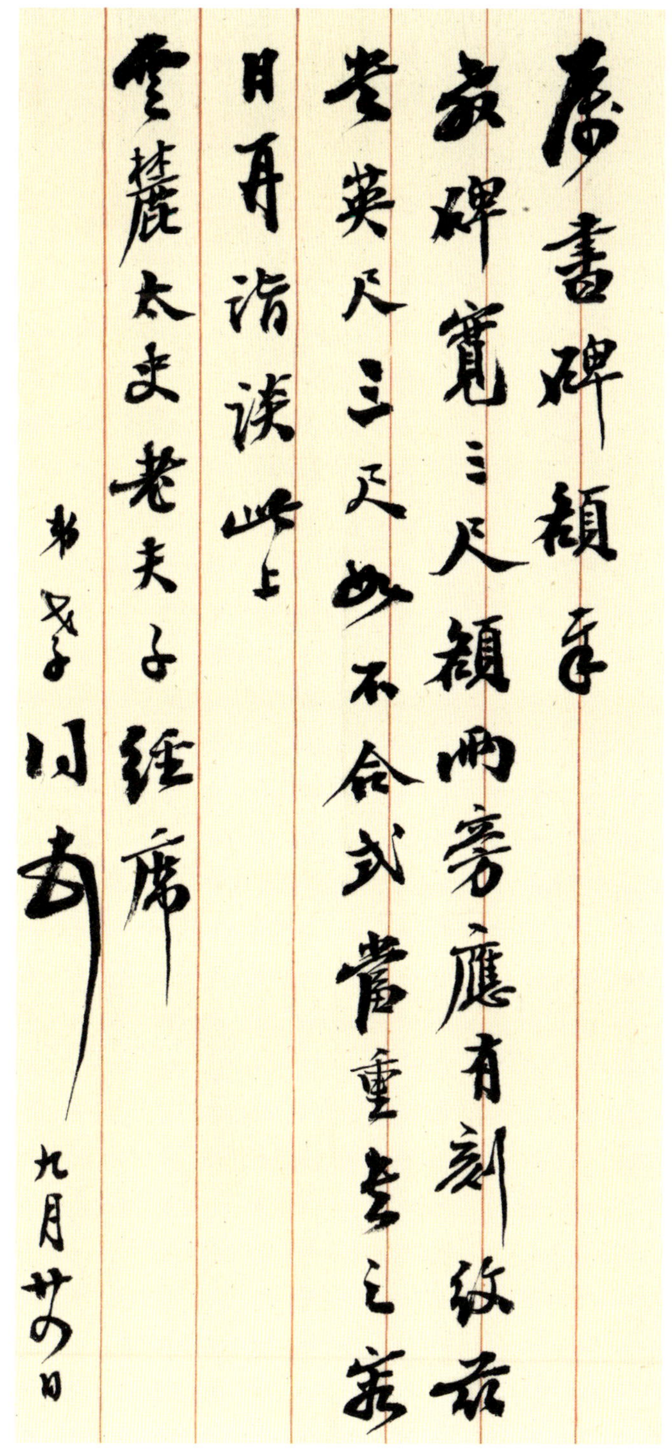

左孝同书　第十五通

属书碑额奉教。碑宽三尺，额两旁应有刻纹。兹书英尺三尺，如不合式，当重书之。容日再诣谈，此上云麓太史老夫子经席。弟孝同顿首。九月廿四日。

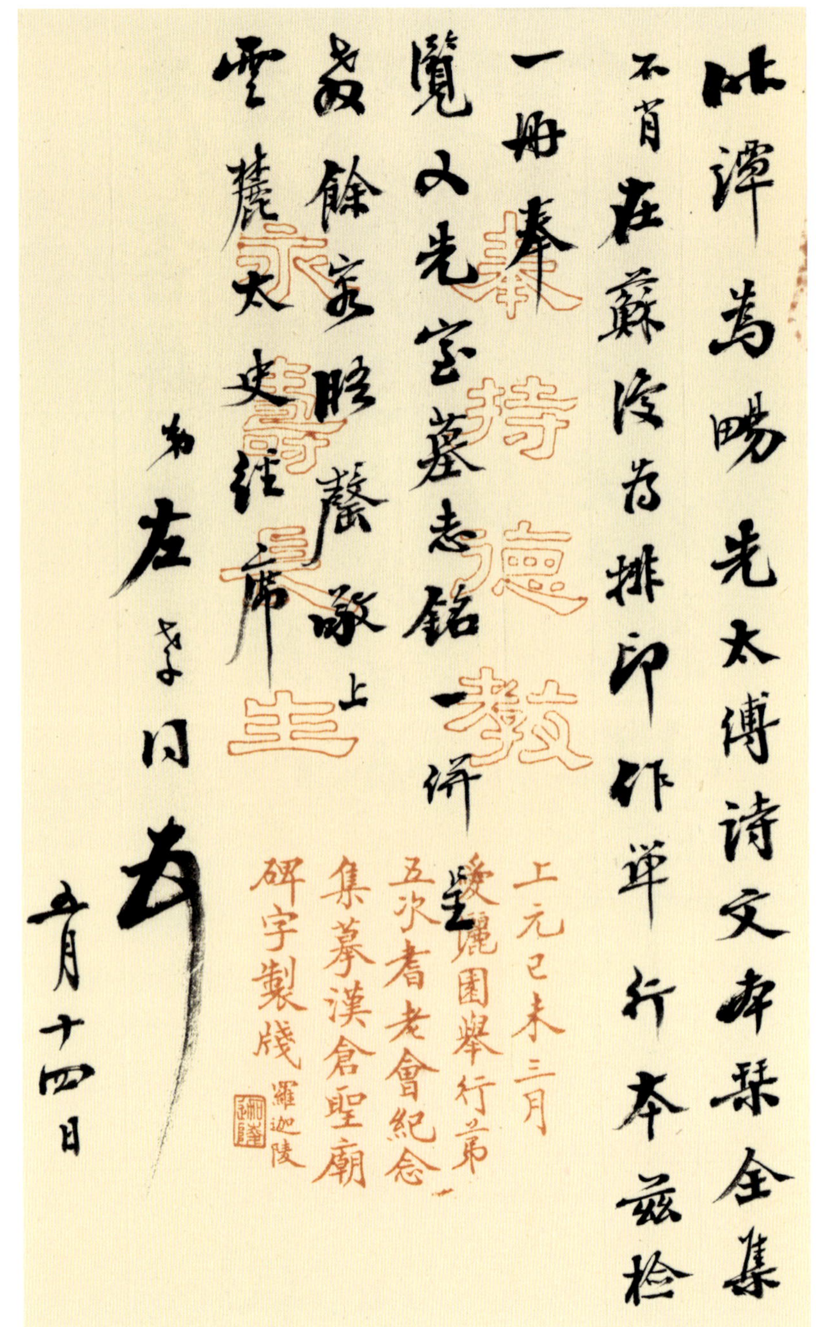

左孝同书　第十六通

昨谭为畅。先太傅诗文本刊全集，不肖在苏复为排印作单行本，兹检一册奉览。又先室墓志铭一并呈教。余容晤罄。敬上云麓太史经席。弟左孝同顿首。五月十四日。

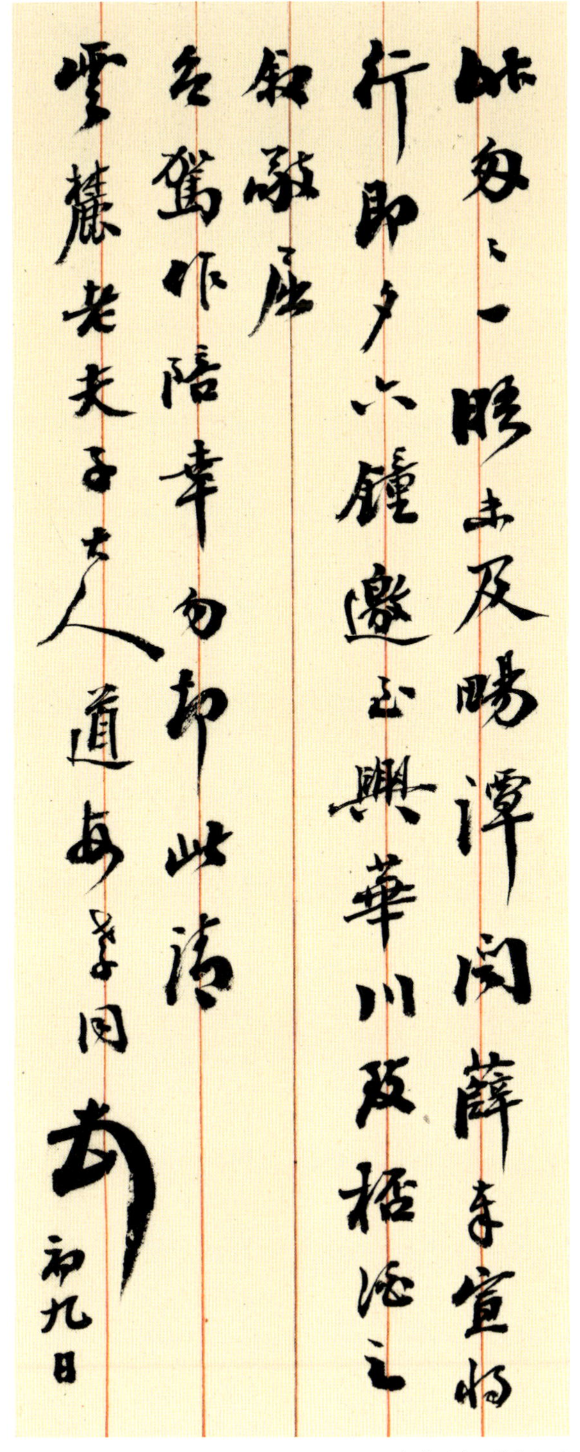

左孝同书　第十七通

昨匆匆一晤，未及畅谭。闻薛奉宣将行，即夕六钟邀至兴华川致杯酒之叙，敬屈台驾作陪，幸勿却。此请云麓老夫子大人道安。孝同顿首。初九日。

本埠
蘇州河北可熾鐵號樓上
高大人安啓
咸海衖弄左緘

早间奉手教，敬悉。小花园之约承订初九日，甚慰。惟阴历九月大建有三十日（人多以为小建），阳历则以为初一日。其实十一月十号今日本十月初二日。展来书，十月初三日是按阴历，则虚一日矣。初九之约则为初八矣（即星期四阳历十八号）。是否如斯，仍祈示我以便走请各宾。瑶老昨过我，邀同至古香斋一看古玩，便至陶乐春小酌。因告我有贵同乡郑松馆君由宁来为先生诊视，即寓尊馆，属为并邀，即请初九日并辔偕临，无任欣迓。即不持柬奉约，务希代达。诗润不敢再渎，以后则难请教矣。獲儿洋帽、小说皆我不知，蒙先生察出诘责，甚感。前在家喜偷看小说，比严斥之，即将其本碎毁，此不知从何来。求先生训饬之，诲淫诲盗，小时万不可寓目也。尊恙自宜静养，幸勿督课为要。此请云麓老夫子大人康安。教弟孝同顿首。十月初二日十一月十二号。

早閒來

手教敬悉小花園之約承訂初九日甚慰非

陰歷九月大建有三十日（人多以為小建）陽歷則以為初一日

其實十一月十號為日本十月初二日辰

來之十月初三日是按陰歷則多一日矣初九

之約則為初八矣即星期四（陽歷十八號）是否如斯仍祈

示我以便去請丘寶瑤老昧過我邀同至吉香

齋一看古玩便至陶樂春小酌因吉我有貴同鄉

鄭松館君由甯來為

先生診視即來萼館處為乘邀即請初九

日並邀偕臨無任欣匯即不持柬奉約務希

左孝同书 第十九通

昨辱惠临，畅谈为快，容日再诣教。病中偶吟李太夫人八徽咏，殊不成句，录请斧削。如以为可则请转交云书鉴正，能不存底则幸矣。擭儿废学月余，今令其趋侍函丈，祈工课加严为荷。此上云麓先生道席。孝同顿首。冬月廿二日。

# 后　记

由上海市文史研究馆编著的《鱼雁雅谊 翰墨流芳——高振霄师友来书信札集》即将由上海书画出版社出版，这对于社会和我们家族来说都是一件非常有意义的事。

我的祖父高振霄先生和父亲高式熊先生同为上海市文史研究馆馆员，与文史馆有着不解之缘。我的祖父高振霄先生曾靠教书卖字为生，生活拮据，新中国成立后，他被聘为上海市文史研究馆第一批馆员，从此生活有了保障并得以安享晚年。我的父亲高式熊先生 1990 年被聘为上海市文史研究馆馆员后，得到上海市文史研究馆历任领导和组织上无微不至的关心和照顾。

这次出版的《鱼雁雅谊 翰墨流芳——高振霄师友来书信札集》既是我们家族的宝贵财富，更是社会的宝贵财富。这些信札涉及内容广泛，我们能从晚清名士间的交往中感受到师生朋友间的真挚情谊，感受到他们对国事、家事、时事的殷殷关切，感受到在诗文艺术探讨中的真知灼见等。近二百封书信经历了七十多年的沧桑岁月，今天能呈现在大家面前，离不开我父亲高式熊先生的精心呵护，他在当年祖父高振霄先生读完来信后一一收藏并打包整理。这些信札由于父亲放在不起眼的地方才躲过文革劫难，使之完整保留至今。

为了影印出版七十多年前的信札，让历史记忆重现，传承中华优秀传统文化，上海市文史研究馆的领导给予了极大的关心、鼎力的支持和无私的帮助。我父亲在世时，郝铁川馆长曾多次登门拜访，与我父亲商讨出版信札事宜。王群一级巡视员负责此书的出版工作，也曾多次听取我父亲的意见，告知工作的进展情况，并向茆帆等馆员征询意见。上海书画出版社社长王立翔、副社长田松青也重视关心此书的出版工作。上海市文史研究馆业务处与上海书画出版社的同志不辞辛劳，通力合作。上海市文史研究馆业务处徐建恒、陈挺、史怡婷、林琳、董浩等同志，馆书画研究社特聘研究员陈彪同志，上海书画出版社的茅子良、王剑、张恒烟、冯彦芹等同志都为此书的出版费心费力。为了更好地呈现信札原貌，高质量地做好信札的编辑出版工作，上海市文史研究馆特意购置精密扫描仪，并聘用专职扫描人员，对信件进行扫描，我也自始至终担任助手参与其中。现在出版的信札是从当时几百封书信中精选编辑的。上海市文史研究馆业务处在此书从立项到最终编辑出版的过程中做了大量认真细致的工作。由于信札涉及面广、辨识难度大，上海书画出版社选调精兵强将，几易其稿，并请资深编审把关。

《鱼雁雅谊 翰墨流芳——高振霄师友来书信札集》的出版实现了我家几代人的夙愿。在此，我代表全家怀着感恩之心，向上海市文史研究馆、上海书画出版社，以及对此书出版付出辛勤劳动的所有同志表示衷心的感谢。

高定珠

2019 年 10 月